LA VILLE KALÉIDOSCOPIQUE

Coordination spatiale et convention urbaine

Une perspective hétérodoxe pour l'économie urbaine

Collection ***Villes et Entreprises***
dirigée par Alain Bourdin et Jean Rémy

La ville peut être abordée selon des points de vue différents : milieu résidentiel, milieu de travail, milieu de culture. Ceux-ci peuvent être entremêlés ou séparés. Il en va de même des groupes sociaux qui communiquent à travers ces divers types d'enjeux. La dimension économique n'est jamais absente, mais elle entre en tension avec la dimension politique.
Ainsi peut-on aborder la conception urbanistique ou architecturale, l'évaluation des politiques sociales ou socio-économiques et les formes d'appropriation par divers acteurs.
Pour répondre à ces interrogations, la collection rassemble deux types de textes. Les premiers s'appuient sur des recherches de terrain pour dégager une problématique d'analyse et d'interprétation. Les seconds, plus théoriques, partent de ces problématiques ; ce qui permet de créer un espace de comparaison entre des situations et des contextes différents.
La collection souhaite promouvoir des comparaisons entre des aires culturelles et économiques différentes.

Dernières parutions

C. CHANSON-JABEUR, X. GODARD, M. FAKHFAKH, B. SEMMOND, *Villes, transports et déplacements au Maghreb,* 1996.
L. VOYÉ (collectif), *Villes et transactions sociales. Hommage au professeur Jean Rémy,*1996.
S. DULUCQ, *La France et les villes d'Afrique Noire francophone*, 1996.
D. BAZABAS, *Du marché de rue en Haïti*, 1997.
B. COLOOS, F. CALCOEN, J.C. DRIANT et B. FILIPPI (sous la direction de), *Comprendre les marchés du logement*, 1997.
C.-D. GONDOLA, *Villes miroirs. Migrations et identités urbaines à Kinshasa et Brazzaville (1930-1970)*, 1997.
O. SÖDERSTRÖM (ed), *L'industriel, l'architecte et le phalanstère*, 1997.
M. MARIÉ, *Ces réseaux qui nous gouvernent*, 1997.
S. JUAN (dir), *Les sentiers du quotidien*, 1997.
J. Faure, *Le marais organisation du cadre bati*, 1997.
D. CHABANE, *La pensée de l'urbanisation chez Ibn Khaldun 1332-1406*, 1997.
M.L. FELONNEAU, *L'Etudiant dans la ville*, 1997.
M. U. PROULX, *Territoires et développement économique*, 1998.

ISBN : 2-7384-6370-3

Pedro Abramo

LA VILLE KALÉIDOSCOPIQUE

Coordination spatiale et convention urbaine

Une perspective hétérodoxe

pour l'économie urbaine

Editions L'Harmattan
5-7, rue de l'Ecole-Polytechnique
75005 Paris

L'Harmattan INC
55, rue Saint Jacques
Montréal (Qc) - Canada H2Y 1K9

"l'imagination et la raison sont
les deux facultés qui font de nous des humains ...
l'analyse de l'économie n'a opté que pour la raison"

Shackle

"les hommes ne font pas l'histoire
de façon arbitraire, mais ce sont eux qui la font"

Rosa Luxemburg

A la mémoire de mon père Fernando, pour qui,

"lorsque les forces de l'oppression semblent avoir
réellement vaincu, par un tour de passe-passe, l'homme affirme sa
vocation essentielle: avoir de l'imagination"

SOMMAIRE

INTRODUCTION

L'image spatiale que le discours économique orthodoxe a offerte à la société comme étant issue de l'analyse "scientifique" du processus d'allocation résidentielle des ménages dans l'espace urbain était celle d'un ordre-équilibre unique, stable et efficient (ou optimal, selon le critère parétien). En outre, cet ordre spatial résulte des actions d'une société où les individus auraient tous la "liberté" de choix en termes de localisation. Nous sommes donc dans une représentation de la société où les seuls "plans" existants sont ceux que formulent des individus maximisateurs: aucun "méta-plan" urbanistique ne coordonnerait les "petits plans individuels" des agents; il n'y aurait pas non plus de règles, normes ou structures permettant la reproduction de l'ordre socio-spatial et aux individus d'obéir à une logique de conduite différente de celle relevant de calculs "intéressés". Dans ce monde-là, on ne trouve au contraire que des individus "égoïstes" qui se battent pour atteindre au "plaisir" d'un bien-être personnel maximal. Cependant, et bien que leurs actions n'obéissent qu'à une motivation strictement individuelle, le discours optimiste néoclassique fait remarquer que cette société d'individus intéressés échappe à l'explosion d'une violence interindividuelle. Pour la pensée orthodoxe, le "filet" qui empêcherait ces hommes de tomber dans la violence ouverte est justement celui de la coordination des actions humaines par le marché.

Mais le détournement du désir violent de l'homme d'accumuler honneurs et prestige vers cette forme particulière (maximiser des utilités-plaisirs) relève avant tout d'une production de l'histoire et de la pensée. A l'inverse de ce que laisse entendre le raisonnement néoclassique orthodoxe sur la nature des rapports entre les hommes, le marché n'est pas la seule façon d'assurer la médiation, ou la coordination, entre les passions humaines, parce que les désirs des hommes se conforment d'abord aux valeurs que la société établit comme étant les "vertus" d'une époque; les mécanismes sociaux visant à acquérir ces "vertus" changent au long de l'histoire. Ainsi, les "passions de la guerre" (de la conquête) vont occuper des terrains de dispute sociale différents selon le moment historique. Comme le fait remarquer Hirschman, les champs de bataille se résumeront à partir d'un certain moment à celui du marché concurrentiel, et les guerres livrées pour défendre l'honneur et assouvir les désirs de conquête seront substituées par la recherche d'intérêt[1]. Cela veut dire qu'un nouveau mécanisme de "coordination" de la violence individuelle des hommes sera désormais mis en place, à savoir celui de la concurrence marchande. De ce point de vue, l'émergence du discours de l'économie politique a fait valoir qu'il était possible de concevoir l'existence d'individus apparaissant, même "aveuglés" par la violence de leurs désirs, comme égaux et surtout libres de leurs décisions dans un ordre social dont le maintien ne ferait plus appel à un non-égal (le souverain ou l'État).

On retrouve ici le "paradoxe de la main invisible" en tant que conception de la constitution du social[2]. En se fondant sur ce paradoxe, la théorie néoclassique a avancé l'idée que les individus motivés exclusivement par leurs intérêts propres et soumis aux seules contraintes budgétaires personnelles pouvaient mettre en œuvre un ordre-équilibre efficient. Mais cela requérait aussi une certaine façon de concevoir l'organisation sociale, ou plutôt de faire appel à un certain "mécanisme" social de coordination des actions individuelles: à la "main invisible" du marché concurrentiel. En termes spatiaux, le discours orthodoxe proposera l'idée d'une "main invisible urbaine" -le marché de la localisation résidentielle- se manifestant à travers un processus d'équilibrage concurrentiel des désirs des individus, un processus qui, en se faisant l'écho de la conception walrasienne de la coordination marchande, déboucherait sur un certain ordonnancement du social: un ordre spatial distribué en cercles concentriques, unique, stable et efficient du point de vue de l'allocation des ressources aux individus, et donc à la société.

Pour dialoguer avec la tradition néoclassique, il nous fallait d'abord reconstruire le discours orthodoxe touchant au marché de la localisation en partant de l'interrogation fondatrice du discours économique, celle qui, selon Caillé, a amorcé le mouvement de "désintrication" des discours tournant autour du social[3]: comment, du

---

[1] Hirschman, 1977. Pour une critique des positions de Hirschman, voir Dupuy, 1992. Pour une perspective historique de l'idée de marché, voir Rosanvallon, 1979, alors qu'une lecture plus philosophique nous est proposée par Perrot, 1982.

[2] Pour l'énonciation du paradoxe de la main invisible soulevé par Smith, voir Dupuy, 1988.

[3] Caillé (1993, p. 68) écrit: "*histoire des sciences sociales est celle d'une lente désintrication des discours (...), désintrication du discours politique et du discours théologique, pour commencer. Désintrication du discours économique et du discours*

chaos des désirs individuels égoïstes, la rencontre marchande permet elle l'émergence d'un ordre (équilibre)? De fait, l'ordre social qui émerge de cette rencontre de marché - l'ordre marchand - n'est pas quelconque: c'est un ordre-équilibre doté des propriétés walrasiennes d'unicité, de stabilité et d'efficience. Au niveau particulier du marché de la localisation, cela veut dire que la liberté que manifestent les individus dans leurs choix décentralisés permet l'allocation (utilisation) la plus efficiente possible de la ressource rare "sol" (localisation).

Cependant, le discours néoclassique s'est heurté à des obstacles considérables dans sa volonté d'établir une identité walrasienne entre la liberté individuelle des choix et l'efficience marchande. Le plus important d'entre eux tenait au fait que ce bien "impertinent" (sol-localisation) s'oppose toujours à la libre concurrence marchande. La théorie de la rente foncière viendra ici secourir l'idée de la liberté marchande des choix de localisation en postulant que la concurrence spatiale peut s'établir sur un plan d'égalité (de la demande), c'est-à-dire en permettant au discours orthodoxe néoclassique de reprendre l'hypothèse de la concurrence spatiale parfaite. Il suffisait pour cela de faire intervenir un "propriétaire absent" et de formuler ainsi une rencontre marchande (autour de la demande résidentielle) réunissant des agents homogènes (des égaux, bien que dotés parfois de ressources différentes). Mais pour réhabiliter le raisonnement de Walras, il fallait aussi se libérer des éléments classiques contenus dans la théorie de la rente foncière de Thünen.

L'astuce des néoclassiques a consisté à revenir à la théorie micro-économique traditionnelle tout en faisant une lecture agrégée de l'ordre spatial urbain. Il nous semble que cette démarche repose sur deux piliers: la représentation de l'espace sous-jacente à la formulation des choix de localisation d'une part, qui permet en effet de faire de ces choix un *trade off* entre accessibilité et espace; l'hypothèse de la rationalité économique paramétrique d'autre part, qui transforme les individus en automates guidés par des calculs de maximisation sous contrainte.

Ces deux points de départ du raisonnement néoclassique, pour ce qui est du marché résidentiel, font effectivement appel à la tradition thünénienne en ce qui concerne la représentation de l'espace et à la tradition walrasienne pour ce qui relève de la rationalité des agents économiques. Il nous semble que cette synthèse walraso-thünénienne, que nous appelons synthèse spatiale néoclassique, a réussi de ce point de vue à mettre en place une théorie autour de la capacité du marché à rassembler le principe de liberté des choix individuels, la neutralité du

---

politique ensuite. Désintrication, enfin, du discours sociologique et du discours économique".

processus d'équilibrage spatial marchand et l'émergence d'un ordre (configuration) spatial efficient (selon les critères de maximisation du raisonnement néoclassique). La synthèse orthodoxe offre ainsi sur la coordination marchande un discours qui prend en compte les principaux éléments de la structure spatiale de la ville résidentielle (distribution des différents "types" de ménages, densité et verticalité urbaines, rôle de certaines externalités, etc.) selon un même critère analytique: le principe d'équilibrage marchand walrasien (identité entre la liberté des choix individuels et l'efficience de l'allocation des ressources rares)[4].

Si l'on se place dans la perspective du retour de la politique urbaine, on peut ainsi supposer que le discours néoclassique, au-delà de son aspiration à produire une "science du marché résidentiel", présente un projet où la liberté du choix de localisation et l'ordre efficient relèvent de l'intérêt envers le social. Autrement dit, c'est le raisonnement néolibéral visant une "reconstruction" du social qui, sous les traits d'une économie urbaine néoclassique, apparaîtrait dans le débat concernant la politique urbaine.

Afin d'analyser en profondeur la participation des néoclassiques à ce débat sur la reconstruction de l'ordre urbain, dont le retour à l'Art Urbain et à l'urbanisme spontanéiste - ou monumentaliste - est aujourd'hui la manifestation, il nous fallait d'abord nous mettre "dans la peau" du discours orthodoxe et chercher les points de fissure susceptibles, tels ces "lignes d'avancement" de l'arc gothique qui mettaient en danger l'équilibre des cathédrales, d'ébranler ce qui a été jusque-là la "forteresse" du discours scientifique autour du marché résidentiel. Il nous semblait en outre nécessaire de revenir sur les deux piliers de la synthèse walraso-thünénienne, à savoir la représentation que se font de l'espace les individus qui participent du marché de la localisation, et l'hypothèse de la rationalité économique sous-jacente à leurs choix spatiaux.

En empruntant la notion d'utilité familiale aux analyses de l'économie du mariage, de la famille et du capital humain de Becker, et en la faisant dialoguer avec le modèle de base de la synthèse walraso-thünénienne, nous sommes arrivé à certaines conclusions très éloignées de celles proposées par les théoriciens orthodoxes du marché de la localisation résidentielle. Tout d'abord, on a vu dans un autre travail[5] que la prise en compte des décisions visant à maximiser le surplus familial en termes inter-temporels pouvait transformer les choix de localisation en choix d'investissement dans la fonction de production

---

[4] Pour la présentation complète de la synthèse spatiale néoclassique, voir Abramo, 1997.
[5] Abramo, 1994.

familiale. Dans ce type d'investissement, la représentation que se font de l'espace résidentiel les familles sera conforme à leurs choix de maximisation inter-temporelle de leur surplus interne. Ainsi, si un couple souhaite maintenir son "contrat de mariage" en termes inter-temporels, il choisira une localisation qui puisse maximiser l'interdépendance de ses fonctions d'utilité individuelle. En principe, personne ne peut garantir d'avance que la localisation choisie par le couple correspondra à celle déterminée par le *trade off*, propre au raisonnement orthodoxe, entre accessibilité et espace. Dans ce cas, nous pouvons dire que le choix résidentiel a été formulé non plus à partir de la représentation thünénienne de l'espace (de la distance entre la résidence et le lieu de travail), mais plutôt selon un critère de recherche d'un "endroit romantique" susceptible de maximiser en termes inter-temporels la complémentarité des fonctions d'utilité individuelle du couple, et donc d'assurer la continuité du "contrat de mariage".

En prolongeant la démarche beckérienne, nous avons supposé qu'un "chef" de famille pouvait formuler son choix de localisation en se demandant si les effets d'externalité dus au voisinage de familles plus aisées étaient capables d'enrichir le "capital humain" que sont ses enfants. Dans ce cas, il s'agit d'un choix inter-temporel qui vise à capitaliser les rapports de voisinage (un capital accumulé par ses enfants) en vue du marché du travail futur. Il est donc évident que la représentation que se fait de l'espace ce "chef" de famille ne se restreint pas au *trade off* de la synthèse spatiale orthodoxe; elle fait appel aux effets de l'interdépendance des choix de localisation des autres ménages (externalité).

Cette démarche beckérienne nous a permis, en partant d'un raisonnement orthodoxe, d'engager une critique à l'égard du "naturalisme" implicite de la théorie de la localisation néoclassique. En effet, en s'appuyant sur la théorie de la rente foncière et sur la représentation thünénienne de l'espace, la synthèse orthodoxe ne prend pas en compte sa dimension sociale, ni, par conséquent, les effets spatiaux de l'interdépendance des choix de localisation. C'est justement cette dimension que les variations beckériennes font ressortir au niveau des choix égoïstes (utilitaristes) des participants au marché résidentiel.

La reconnaissance de l'interdépendance de ces choix et la prise en compte des choix inter-temporels nous ont montré que la décision de localisation était une composante des stratégies de maximisation de la fonction de production familiale, ce qui veut dire que par leurs choix, les ménages peuvent changer leurs dotations initiales de ressources. En tenant compte des choix inter-temporels, l'équilibrage marchand perdrait alors sa neutralité, c'est-à-dire qu'il serait possible de réaliser des transferts de richesse par le biais de la coordination spatiale marchande. Ce point nous semble d'autant plus intéressant qu'on aboutit ici à des conclusions hétérodoxes en adoptant une démarche qui s'inscrit dans un raisonnement orthodoxe (beckérien). En outre, les variations beckériennes nous ont conduit à représenter l'espace en tant qu'ensemble d'externalités produites par l'interdépendance des choix de localisation, et c'est cette représentation alternative, donc, à celle de Thünen que nous appelons mosaïque d'externalités.

Cependant, en tant que mosaïque d'externalités issues de l'interdépendance des choix que font les participants au marché résidentiel, l'espace nous révèle les limites du deuxième pilier de la synthèse orthodoxe: de la rationalité paramétrique. Sachant que l'ordonnancement spatial sera le résultat *ex post* des choix de tous les individus, il est évident qu'aucun d'eux ne formulera le sien en "aveugle", c'est-à-dire en se livrant à des calculs de maximisation qui ne seraient restreints que par une contrainte budgétaire individuelle. Chaque individu sera donc amené à faire son choix en se posant des questions sur ceux des autres participants au marché. Ce faisant, il raisonnera non plus selon la rationalité paramétrique des calculs différentiels, mais selon la rationalité stratégique caractéristique, entre autres, de la théorie des jeux.

En outre, dans un mode de coordination (le marché) où les individus prennent des décisions décentralisées, l'interdépendance des choix peut conduire à certains phénomènes (ou effets) agrégés inattendus. C'est pour souligner ces effets que nous avons fait appel au modèle de ségrégation et au "processus d'effritement" proposés par Schelling[6]. Si l'interdépendance des décisions peut entraîner une logique de réactions en chaîne qui bouleverseront les attentes de départ et finiront par produire ce que certains sociologues appellent des "effets pervers", il nous semble que l'aspect le plus intéressant de cette logique tient au fait qu'elle introduit les notions de temps et d'environnement d'incertitude dans le cadre des prises de décision, autrement dit que les individus ne sont plus "myopes" quand ils formulent leurs choix de localisation. C'est précisément ce que nous avons voulu observer en abandonnant l'hypothèse de la rationalité paramétrique au profit de celle de la rationalité mimétique.

Concernant le rôle du temps et de l'économie des anticipations, nous introduirons une rupture avec la tradition orthodoxe, qui se fera en deux mouvements. Tout d'abord, nous ferons appel au débat que Shackle rapporte aux "années de haute théorie", et qui retrace la place de la notion de temps historique dans l'analyse du marché. De ce débat s'est dégagée la proposition d'une "économie des anticipations" dont le

---

[6] Schelling, 1971.

profil hétérodoxe a introduit une perspective critique vis-à-vis du raisonnement tenu par la théorie orthodoxe des décisions. Dans ce sens, nous suivrons les conseils de Keynes concernant l'orientation de l'analyse du marché vers la "psychologie de masse" afin de dessiner les contours d'un "projet radical" de lecture du marché de la localisation résidentielle. Mais, l'économie des anticipations étant devenue dans les dernières décennies le domaine de la "contre-révolution" orthodoxe, il nous fallait évoquer la critique que la perspective hétérodoxe lui a adressée. Nous serons ainsi amené à présenter celle qu'a formulée Davidson à l'égard du "monde ergodique" des nouveaux classiques. Cette critique nous semble particulièrement importante, dans la mesure où, en même temps qu'elle rejette l'hypothèse de la convergence des anticipations subjectives et objectives de la théorie des anticipations rationnelles, elle va nous permettre d'énoncer l'incertitude radicale. La clé, selon nous, pour comprendre ce double mouvement critique se matérialisera dans l'idée de "décision cruciale urbaine", que nous développerons dans le premier chapitre.

Le fait de nous interroger sur l'existence et le rôle des décisions cruciales urbaines nous amènera à la notion d'incertitude urbaine. Pour cela, nous parlerons des décisions de localisation (celles prises par les ménages aussi bien que celles formulées par les entrepreneurs urbains) qui ont la capacité de changer la configuration spatiale espérée. C'est l'éventualité de telles décisions qui va instaurer le doute au niveau des anticipations des participants au marché résidentiel et faire que les choix de localisation interviendront dans un environnement d'incertitude urbaine radicale. Si les décisions cruciales urbaines relevant des ménages dévoilent des stratégies "opportunistes" visant à mieux profiter des externalités de voisinage, ces stratégies pourront, cependant, déclencher un processus de migration généralisée et inattendue; c'est ce processus, que Schelling qualifie d'"effritement", qui montre en quoi le choix des ménages peut devenir une décision cruciale urbaine. Nous envisagerons toute fois celle-ci comme étant une composante des pratiques du marché de la localisation en prenant en compte le rôle actif des entrepreneurs urbains et en introduisant la figure de l'entrepreneur schumpétérien, pour rejeter l'idée, défendue par la synthèse spatiale orthodoxe (modèle de Muth), de la neutralité de l'allocation des facteurs de la fonction de production de logements. La recherche d'innovations (différenciation) concernant les biens résidentiels nous renverra aux stratégies de destruction créatrice des stocks (parcs) résidentiels et à la capacité des entrepreneurs schumpétériens à imposer aux ménages des *mark up* urbains. Nous verrons ainsi que les décisions cruciales urbaines traduisent le fait que les participants au marché de la localisation formulent leurs anticipations spatiales dans un horizon d'incertitude urbaine radicale, c'est-à-dire que l'avenir ne pourra plus être exprimé en raisonnant selon la théorie des probabilités, comme le fait la théorie des décisions orthodoxe.

Dans ce cadre d'incertitude urbaine radicale nous nous demanderons dans le second chapitre comment le marché peut faire émerger une configuration spatiale. Pour répondre à cette question, nous reprendrons le débat sur les anticipations croisées, et en particulier les formulations qui soulignent le contexte cognitif dans lequel sont prises les décisions. Nous verrons ainsi que les anticipations qui sont faites de l'avenir urbain (configuration future des externalités de voisinage) produisent un "environnement spéculaire" où chaque participant au marché cherche à imaginer les stratégies de décision des autres. Ce jeu spéculaire pourra conduire à l'émergence d'une croyance commune quant à la configuration des externalités de voisinage, et donc permettre la convergence des acteurs du marché de la localisation. Cette croyance, qui en effet induit la coordination marchande, nous l'avons appelée "convention urbaine". Le mécanisme qui permet la coordination des choix de localisation décentralisés apparaîtra par conséquent comme une production du jeu spéculaire des participants au marché résidentiel. Cette dimension cognitive de la coordination marchande est importante: elle dévoile la dimension subjective de l'émergence de l'ordre spatial. Ceci nous rapprochera de Keynes et de Shackle, pour qui la coordination par convention s'avère un mécanisme fragile de maintien de l'ordre marchand. Ce sont les "bruits urbains", les soupçons, les doutes, la peur - bref, toutes ces réactions que Keynes a nommées de "caprices humains"- qui, selon nous, pourront déclencher la "défaillance" de la coordination spatiale par convention et plonger les participants au marché dans l'incertitude urbaine et dans le désordre spatial. En outre, on verra que la convention urbaine est fréquemment mise en échec par la pratique de l'innovation spatiale propre aux les entrepreneurs urbains schumpétériens. Ces innovations, qui visent à proposer de nouvelles conventions urbaines, tantôt réussiront, tantôt échoueront à bouleverser les conventions en place: l'issue sera déterminée par le jeu spéculaire. Cependant, la convention urbaine devant assurer la coordination des actions durant un certain temps et risquant d'être bouleversée à tout moment, des mécanismes de réitération vont se mettre en place pour asseoir la "confiance" en elle des participants au marché. C'est pour identifier ces mécanismes que nous reprendrons la notion de "couloir" de Leijonhuvud et le rôle des contrats monétaires. Dès lors, une autre étape s'imposera à nous: introduire la monnaie en tant qu'élément qui permet de lier les actes marchands du présent et ceux du futur

Dans le troisième chapitre, nous verrons que la prise en compte de la monnaie pour traduire la dimension cognitive de la coordination marchande fait ressortir la nécessité d'aller au-delà des limites strictes de la coordination cognitive des anticipations et montre que les intentions de localisations doivent s'exprimer en actes marchands. Le rapport entre le monétaire et le réel sera ensuite établi par l'introduction de la notion d'économie de production. Ainsi, la monnaie nous permettra d'articuler les termes de l'économie des anticipations (coordination marchande) aux formulations hétérodoxes de l'économie de production. En un mot, elle matérialisera le passage du cognitif (prophétie urbaine) au réel (matérialité résidentielle). Pour éclairer ce passage, nous nous rapporterons à la théorie du circuit monétaire et dresserons une taxonomie des divers personnages du marché de la localisation à partir des relations monétaires hiérarchisées qu'ils établissent entre eux. Sur ce point, nous rejoindrons la perspective hétérodoxe selon laquelle le marché serait composé d'agents hétérogènes.

Le dernier volet de notre parcours hétérodoxe consistera, dans le quatrième chapitre, à identifier la dimension de long terme des changements survenant dans l'ordre résidentiel sous l'effet de la convention urbaine. Le processus de configuration de la matérialité résidentielle (stocks) sera vu sous l'angle du "cycle de vie" propre aux localisations urbaines, et qui représente l'enchaînement des différentes conventions qui, au fil du temps, ont modifié les caractéristiques d'une localisation. Nous supposerons que ces changements ont été proposés sous forme d'innovations (différenciations) spatiales et que ces innovations se sont reproduites par imitation dans l'espace-temps urbain, pour arriver à la conclusion que la dynamique spatiale comporte un double mouvement: d'un côté, une tendance à la différenciation spatiale réfléchissant les pratiques des entrepreneurs innovateurs et, de l'autre, une tendance à l'homogénéisation qui traduit les pratiques des entrepreneurs "imitateurs". C'est la conjugaison de ces deux tendances qui va définir les contours de la dynamique spatiale.

Enfin, nous refermerons notre livre en rejoignant la vision pessimiste des grands hétérodoxes de la pensée économique, ceux pour qui la capacité de coordination du marché est toujours limitée. Notre lecture du marché de la localisation résidentielle nous aura montré un ordre spatial coordonné par des conventions urbaines dont la "fragilité" (l'instabilité) et la sensibilité aux bouleversements (l'ordre kaléidoscopique) impliquent le recours à des instruments non marchands pour que soit assurée la coordination des décisions de localisation, et donc l'ordre spatial. En ce sens, nous croyons que la politique urbaine demeure un outil indispensable dans la configuration de la structure spatiale de la ville. Cet exercice de relecture était pour nous l'une des réponses possibles au discours néolibéral qui, en rejetant l'idée d'un ordre régi par la planification, nous invite en fait au "meilleur des mondes" urbains en faisant l'éloge du marché. Nous interpellons en l'occurrence ceux qui se disent les "apôtres" de la science du marché et tiennent un discours néoclassique. Notre intention était d'ouvrir des pistes, de poser des jalons, de répandre des bruits, des soupçons; notre ambition, de contester et d'être contesté. Notre plaidoyer pour une lecture hétérodoxe de l'économie urbaine relève donc avant tout, à travers une remise en cause de l'"impérialisme" du discours libéral et du retour au marché, d'un désir de suggérer une voie pour ceux qui croient encore à la politique urbaine. Notre démarche s'inscrit ainsi dans une lecture hétérodoxe du marché de la localisation, et dans la mouvance que l'on peut qualifier de résistance au discours de l'urbanisme néolibéral.

PARTIE I

LA COORDINATION PAR CONVENTION

Dans cette partie, nous commencerons par suggérer l'introduction d'une dimension nouvelle dans le choix de localisation résidentielle des ménages : la notion de temps. Nous verrons que cette "variable" bouleverse les termes traditionnels de la représentation de la configuration de l'ordre urbain quand celle-ci est le produit de prises de décision marchandes et décentralisées. La prise en compte du temps renvoie en effet ici à un contexte où les agents économiques formulent leurs intentions de localisation (et de production) résidentielle sans connaître les résultats de leur choix, c'est-à-dire dans un contexte d'incertitude.

Le comportement d'agents confrontés à un tel environnement est devenu l'un des thèmes majeurs du débat économique contemporain. Cependant, la question des choix effectués dans ce contexte avait déjà attiré l'attention des économistes et des mathématiciens (statisticiens), puisque, dès le début des années vingt, des néoclassiques et des "dissidents" se sont interrogés sur l'optimisme de ceux qui voulaient représenter les "relations" économiques comme si tout était déjà inscrit dans le présent. En effet, du fait qu'ils raisonnaient selon la représentation atemporelle walrasienne ou selon la temporalité marshalienne du court et du long terme, la plupart des économistes orthodoxes ont avancée l'hypothèse que rien n'échappait à la perception et à la connaissance marchande des individus, et donc que la rencontre marchande se faisait dans un contexte de certitude et d'optimisme.

Mais si ces derniers partageaient l'idée que le décideur économique raisonne comme si le futur n'existait pas ou était contenu dans le présent (puisque tout pouvait être mis en cause en raison du principe de la flexibilité parfaite), autres ont émis, au début des années vingt, des doutes quant à la capacité, défendue par le discours orthodoxe, de l'individu marchand à choisir. Deux noms s'imposent tout de suite parmi les voix dissidentes. Keynes tout d'abord, dont la notion d'incertitude par rapport à l'avenir des grandeurs marchandes a été l'un des thèmes les plus chers. Comme bon nombre de commentateurs l'ont souligné, le concept d'incertitude traverse presque toute l'oeuvre théorique de Keynes; il est présent aussi bien dans ses premiers écrits, en particulier dans son Traité sur la probabilité, que dans ses textes tardifs, comme dans ses articles datant de 1937[7].

[7] Dillard (1954), Minsky (1974) et Davidson (1977) ont été les premiers à souligner le rôle central de la notion d'incertitude dans la pensée de Keynes. A partir de ces relectures fondamentalistes, toute une littérature post-keynésienne a vu le jour pendant les années quatre-vingts. Pour un bilan de cette littérature, voir Carvalho, 1992.

Knight[8], ensuite, qui, en rejetant l'image avancée par la théorie orthodoxe d'un marché capitaliste où la notion de profit serait absente, a réhabilité la figure de l'entrepreneur et le choix de ce dernier pour proposer une certaine distinction entre la notion d'incertitude et celle de risque économique.

Cette "typologie" du doute concernant la certitude économique a eu des répercussions sur certains des économistes les plus attachés à la tradition utilitariste. Ces derniers ont exploré ce qui, dans la typologie de Knight, relevait du domaine du "certain mitigé", à savoir les notions de risque et d'incertitude probabilisables. Il en a résulté des développements théoriques qui ont suivi des directions différentes de celles de la plupart des modèles qui raisonnaient selon l'image optimiste du décideur omnipotent et sûr de soi. Ainsi, comme dans les écrits de Keynes, on peut identifier dans la tradition néoclassique des critiques aux propositions de choix économique effaçant toute trace de doute à l'égard des résultats de l'action des participants au marché. Pour certains orthodoxes, il existe donc des actions marchandes "risquées", c'est-à-dire dont le résultat ne peut être assuré d'avance. Dans ce sens, ces "voix de la dissonance", qu'elles viennent de la tradition utilitariste ou d'une perspective critique vis-à-vis de celle-ci, ont apporté des visions différentes concernant les prises de décision économiques, et donc la rationalité des participants au marché, en faisant du "doute" un élément de la formulation des actions économiques.

Il est clair que les doutes et les connaissances énoncés par Keynes à propos des grandeurs du marché sont assez différents de ceux que l'on trouve dans la tradition néoclassique. En dehors de sa critique à l'égard de l'hypothèse d'un marché où il n'y aurait que des certitudes, les réponses qu'apporte Keynes au problème de la coordination des décisions économiques individuelles et la perspective "fondamentaliste" (post-keynésienne) s'avèrent incompatibles avec les solutions de la tradition utilitariste néoclassique, en premier lieu parce que la définition de l'incertitude que donnent les premières fait appel à des représentations de l'avenir très différentes de celles que lui associe cette dernière. En effet, le rapport entre les actions passées et futures penche vers la tradition de la statistique dans le cas de l'utilitarisme orthodoxe, tandis qu'il fait référence à la psychologie de masse chez Keynes. Ainsi, le lien qui est établi dans l'une et l'autre perspectives entre l'incertitude et la formulation des décisions individuelles (rationalité) conduit à deux conceptions distinctes de la coordination marchande.

---

[8] Knight, 1921.

Ce débat sur la remise en cause de l'hypothèse de la certitude du marché a été longtemps laissé de côté par la plupart des théories néoclassiques ou même keynésiennes. Après le choc initial provoqué par la Théorie Générale, en particulier par ses chapitres 5 et 12, la "reconversion" opérée par la courbe IS-LM de Hicks a largement effacé la "problématique" de l'incertitude radicale de Keynes. En effet, pendant les premières décennies ayant été marquées par l'œuvre de celui-ci, la notion d'incertitude qu'il a présentée dans sa Théorie Générale n'a pas débouché sur une problématique des choix (comportements) opérés en conjoncture d'incertitude, comme Keynes en avait manifesté le souhait dans ces deux chapitres. Pour reprendre les termes de Coddington, nous dirons que la lecture de Hicks a réduit la possibilité d'une insuffisance de la demande effective non attendue (incertitude) à un problème d'équilibrage "hydraulique" du sous-emploi.[9] La dimension des comportements individuels intervenant dans un environnement incertain a été ainsi éclipsée par celle, macro-économique, de l'équilibre.

D'une façon un peu analogue, on pourrait dire que les doutes émis par les utilitaristes néoclassiques sur les prises de décision économiques intervenant dans un contexte de certitude, et qui se sont manifestés par le biais des débats sur la fonction d'utilité espérée, ont été "résolus" dans le cadre de l'axiomatique de l'équilibre général walrasien proposée par Arrow et Debreu. La notion de marché à terme et complet et celle de maximisation de l'espérance (mathématique) des fonctions d'utilité ont, d'une certaine façon, rétabli le principe de la certitude des participants à la coordination marchande. Selon la formulation d'Arrow-Debreu de l'équilibre général, il suffirait de prendre, en compte, d'un coté, les agents qui ont de l'aversion pour le risque et ceux qui n'en n'ont pas, et, de l'autre, l'hypothèse des marchés contingents pour réduire l'incertitude aux probabilités et le temps aux contrats à terme.[10]

Ainsi, le débat orthodoxe sur l'incertitude, et la place de celle-ci chez les différentes "écoles" de la "théorie" de la probabilité, qui avait animé le début des années vingt, et ensuite les années cinquante, a été replacé en quelque sorte dans une discussion entre les "théoriciens de la probabilité" qui s'intéressaient aux problèmes soulevés par la "théorie de la décision", se situant ainsi quelque peu en marge des développements liés aux modèles économiques. En effet, pendant que les recherches micro-économiques suivaient plutôt la tradition marshalienne de la théorie du consommateur et de la firme (dans le

---

9 Cf. Coddington, 1976.

10 Pour la présentation de cette formulation, voir Arrow et Hahn, 1971.

cadre d'une information parfaite),[11] on assistait à l'émergence de l'âge d'or de la modélisation macro-économique. En refusant l'explication micro-économique des régularités macro-économiques[12], ces modèles agrégés ont vu dans les exercices économétriques de véritables "baguettes magiques" permettant de prédire l'avenir. La "certitude économétrique" régnera alors en maître absolu sur la théorie économique; en dernière instance, elle était le garant de l'hypothèse de la rationalité paramétrique.

Cependant, dès le début des années soixante-dix, et plus particulièrement pendant les années quatre-vingts, la notion d'incertitude revient au premier plan du discours économique. D'abord sous l'impulsion des keynésiens, qui incités par la publication d'écrits inédits de Keynes, ont proposé une lecture "fondamentaliste" où la notion d'incertitude radicale ressortait en tant que concept capable de rendre intelligible le bouleversement théorique qu'avait suggéré ce dernier[13] Pourtant, la deuxième moitié de la décennie de 1970-80 et surtout celle de 1980-90 vont consacrer paradoxalement une "nouvelle école" de la pensée économique qui, en reprenant un certain nombre de principes "classiques" - ceux-là même qu'avait critiqués Keynes dans sa Théorie Générale -, gagnera l'étiquette d'école "des nouveaux classiques" ou, plus courante, d'école "des anticipations rationnelles". Ses penseurs réintroduiront la problématique du choix micro-économique fait en conjoncture "incertaine" dans les modèles agrégés, et cela tout en essayant d'établir les liens entre les décision micro-économique et leurs effets agrégés que les principes de l'individualisme méthodologique utilitariste revendiquaient comme étant le meilleur moyen de construire une représentation des phénomènes sociaux.[14]

Le problème du choix lié à un contexte d'incertitude faisait ainsi sa réapparition dans la théorisation de la pensée économique, suivi en cela par les modélisations relatives aux rapports marchands[15]. Il existe

---

[11] Pour un aperçu de cette théorie, voir Possas, 1988.

[12] Si l'on en croit la plupart des modèles macro-économiques des années cinquante et soixante, il suffirait d'introduire des hypothèses *ad hoc* pour expliquer certaines régularités (rigidités) macro-économiques.

[13] lire à ce propos Lawson, 1985.

[14] Comme le souligne Lucas (1981), les "nouveaux classiques", en reconsidérant les rapports micro-macro à partir de l'hypothèse des anticipations rationnelles, sont aussi revenus au thème de l'intégration cycle-tendance.

[15] Dans l'interview accordée à Kramer (1988), Lucas a souligné le rôle de l'hypothèse des anticipations rationnelles au niveau du développement et du renouveau de la modélisation économique. Comme nous le verrons plus avant, il semble paradoxal, pour une lecture proche du projet keynésien, que la prise en compte de l'incertitude débouche plutôt sur la déification de l'économétrie. Dans le projet radical de Keynes, l'incertitude ouvre en effet

bien entendu différentes définitions même de l'incertitude, et même des différences de taille, dès lors que la nature de cette incertitude (radicale ou probabilisable) va décider de celle du rôle du marché dans de la coordination des agents. Et nous cheminerons ici de l'éloge que font du marché les orthodoxes contemporains au pessimisme du projet radical de Keynes.

Par ailleurs, définir l'incertitude a permis à la théorie orthodoxe de formuler des hypothèses sur le comportement (rationalité) des agents. Sur ce point, le "programme de recherche" des nouveaux classiques est un exemple de la façon dont une hypothèse sur la rationalité peut changer l'analyse des relations de marché. Ainsi, le rôle que joue la notion d'incertitude dans presque tous les discours concernant les relations de marché est aujourd'hui incontestable.[16] Mais nous reviendrons plus loin sur la question de savoir si l'incertitude est probabilisable ou non, et si elle entraîne ou non de nouvelles formes de comportements économiques, et donc d'autres processus d'équilibrage. Quoi qu'il en soit, une chose est devenue courante dans le discours économique: la relativisation de la figure de l'agent économique myope, c'est-à-dire qui prend ses décisions sans formuler d'anticipations sur les variables économiques. L'enjeu de la confrontation marchande impose en effet que les agents expriment leurs actes à partir d'anticipations, et donc qu'ils cherchent à recueillir le plus d'informations possible. Ici, un vrai tournant semble avoir été pris dans la façon dont les économistes représentent les individus qui participent du marché; les décisions décentralisées seraient prises dorénavant dans un environnement où l'information est un élément-clé. Si tel est le cas, il est alors permis de se demander si l'ordre (équilibre) qui ressort de la rencontre marchande pourra être différent de celui proposé par la théorie de l'équilibre général. Pour répondre à cette question, certains économistes vont réitérer leur "foi" dans le "projet" walrasien, et d'autres non.

Nous tenterons pour notre part d'aborder ce débat selon une perspective spatiale urbaine. Pour cela, nous serons amené à entreprendre quelques démarches éclectiques. Tout d'abord en nous proposant de nous livrer à un exercice dont l'objectif sera de souligner que l'existence d'une externalité de localisation résidentielle peut déclencher, au niveau du calcul prospectif des choix individuels, des raisonnements qui soumettent la logique du *trade off* entre

---

la voie à des comportements que les outils statistiques ne seraient pas capables de classer (ni de prévoir) en se fondant sur la fréquence des actes du passé.

[16] On pourrait dire que les "nouveaux keynésiens" partagent, eux aussi, une partie du programme de recherche des nouveaux classiques, dans leur souci d'expliquer les rigidités du marché, et donc de justifier la nécessité d'une politique économique plus volontariste.

l'accessibilité et l'espace propre à la synthèse spatiale orthodoxe à d'autres logiques économiques quant à ces choix de localisation résidentielle.

C'est ainsi en nous plaçant sous l'angle d'une pluralité des mécanismes de coordination des décisions décentralisées, et donc dans une perspective critique à l'égard de la synthèse néoclassique, que nous nous proposerons dans les prochains chapitres d'aborder la coordination spatiale, et la configuration spatiale qui en résulte. Selon cette perspective hétérodoxe, les localisations et les prix ne seront plus conçus comme n'étant que le résultat de la rencontre sur le marché d'individus anonymes et indifférents les uns aux autres. Il ne sera plus question de réduire toutes les actions (choix de localisation résidentielle) individuelles à une opération "aveugle" et "muette", et encore moins enfermée dans cette sorte de bulle atemporelle qu'est le marché walrasien.

En nous situant dans une tradition issue en partie de la critique autrichienne adressée à la conception néoclassique du marché (Hayek), mais surtout de Keynes, dont Shackle est l'un des représentants actuels les plus représentatifs, nous poserons l'hypothèse que la coordination spatiale se fait à partir de l'émergence de conventions autour de l'ordre spatial. Dans ce sens, les "grandeurs" urbaines, c'est-à-dire les localisations, les prix, la verticalité et la densité populationnelle, seraient le plus souvent des "valeurs" établies par convention. En outre, nous suggérerons qu'il existe une "asymétrie de pouvoir" entre les agents qui participent du processus d'émergence des conventions marchandes liées à la structure résidentielle urbaine, et que, en raison de cette "asymétrie", certains des participants au marché de la localisation pourront imposer des marges de gain (mark up) aux autres, ou même chercher à introduire des "différenciations" spatiales (innovations) qui les amèneront à des gains supplémentaires.

De nouveau, nous nous retrouverons en compagnie d'auteurs attachés à l'héritage hétérodoxe: dans le premier cas, en faisant appel à Kalecki et à Eichner pour énoncer le "mark up urbain" et, dans le second cas, en empruntant à Schumpeter et à la tradition qui porte son nom quelques idées qui nous permettront d'avancer dans le sens d'une dynamique-trajectoire de l'ordre urbain où les innovations spatiales et leur diffusion seront vues comme jouant un rôle déterminant sur le plan de la configuration résidentielle. Cette façon de présenter le processus de coordination des décisions décentralisées nous éloignera de toute analyse qui envisage la structuration résidentielle intra-urbaine à partir de la théorie de la rente, qui a été (et est toujours) à la base de l'économie urbaine[17].

Mais ce que nous voulons aussi, c'est développer un discours hétérodoxe en partant de certaines difficultés (et thèmes) auxquelles l'orthodoxie spatiale est confrontée quand les choix sont inter-temporels et interdépendants. Les conclusions de nos variations beckériennes ont souligné le fait que les ménages pouvaient faire leur choix résidentiel selon une logique d'investissement dans l'espace, autrement dit effectuer leurs calculs de localisation en cherchant à augmenter leur surplus familial en termes inter-temporels. C'est ce qui nous fait dire que, dès lors que les décisions spatiales prennent en compte le futur, le choix de localisation devient un choix d'investissement. Dans le cadre de nos exercices beckériens, l'investissement dans l'espace avait pour but soit le maintien du mariage, soit un placement en capital humain (les enfants); dans les deux cas, il n'était qu'un moyen d'accroître le surplus familial, ce qui nous a amené à conclure que le processus de localisation permettait alors de modifier les ressources familiales. Et dès lors que la coordination spatiale marchande n'est plus neutre, on peut supposer que l'espace est susceptible de devenir objet d'investissement pour les participants au marché de la localisation.

Partant de là, nous envisagerons les choix résidentiels en tant qu'investissements liés à différents motifs. En premier lieu, concevoir la décision de localisation en tant qu'investissement spatial met tout de suite en valeur la dimension temporelle des choix, et donc des repères nécessaires à la prise de décision. Concernant ces "incitations" à la délocalisation, nous proposerons deux motifs : la résidence proprement dite et la spéculation. Le lecteur qui connaît Keynes peut déjà entrevoir les analogies que nous établirons entre sa logique des choix d'investissement et la structure spatiale intra-urbaine.

Mais pour que les individus éprouvent un réel intérêt à investir dans l'espace, ils doivent se faire une certaine "représentation économique" de cet espace dont la version traditionnelle est celle de Thünen. Or, c'est justement la représentation thünénienne de la synthèse néoclassique que nous avons mise en cause dans nos variations autour du modèle de la ville raciste de Rose-Ackerman, qui, en faisant appel au comportement stratégique des agents, visaient un double objectif[18]. Elles nous ont d'abord montré que, dès l'instant où des facteurs d'externalité interviennent au niveau des préférences des

---

[17] Nous faisons ici référence aux analyses de la structure intra-urbaine où la théorie de la rente foncière s'articule à la théorie de la valeur, que ce soit dans la tradition néoclassique (utilité) ou classico-marxiste (travail).

[18] Voir Abramo, 1994, partie II.

ménages et où ces externalités sont dues à des choix de localisation interdépendants, l'analyse se doit de prendre en compte les phénomènes d'anticipation chez les preneurs de décisions. En outre, comme les localisations des uns interviennent dans les préférences des autres (et c'est ce qui, au bout du compte, peut conduire à des changements au niveau de la configuration de la structure intra-urbaine), on assiste ici à un processus d'anticipations croisées. Ces exercices nous ont ainsi amené à la conclusion que les individus ne peuvent pas prendre leurs décisions de localisation en ignorant leurs possibles effets futurs sur la structure résidentielle.

Tout en restant dans un cadre d'analyse néoclassique, nous avons ainsi mis en avant une certaine problématique de l'incertitude urbaine montrant des individus obligés d'anticiper les actions des autres pour prendre la décision qu'ils jugent la meilleure au vu de leurs propres préférences. Bref, en raisonnant de l'intérieur même du discours néoclassique de la synthèse spatiale, et à partir des concepts et notions propres à cette tradition de la pensée économique, nous en avons conclu que les individus ne pouvaient plus emprunter leur représentation de l'espace à la nature (distance), c'est-à-dire recourir à une représentation exogène (paramétrique) à leurs actions. L'espace, ou plutôt sa représentation au niveau des préférences individuelles, serait en ce sens le résultat des actions (décisions de localisation) décentralisées des individus, des actions que, par ailleurs, ceux-ci ne connaissent pas d'avance.

Autrement dit, au niveau des choix résidentiels, l'espace ne serait plus conçu selon un mode topographique[19] où la distance au centre représenterait la variable spatiale de ces choix ; il suffit d'introduire, au plan des préférences individuelles, une dimension d'aversion à l'égard des types de ménages de revenu inférieur (externalité de voisinage) pour que l'espace soit désormais représenté non plus par une distance donnée par la "nature", mais surtout par la localisation intra-urbaine des divers types de ménages (externalité). Ce qui revient à dire que, dès lors que des individus se montrent sensibles à la localisation des autres, commence un mouvement de "dé-naturalisation" de la représentation thünénienne de l'espace économique.

Il nous semble que cette façon alternative de représenter l'espace dévoile une dimension centrale du processus de configuration urbaine dans la mesure où elle souligne davantage encore le fait que l'analyse de la localisation résidentielle des individus (de l'ordre résidentiel) n'a

---

[19] Nous utiliserons ici le terme topographie selon la définition qu'en donne *Le Robert*, à savoir : "Technique du levé des cartes et des plans de terrains faits en supposant la terre plane".

de sens que quand ceux-ci sont conçus comme formant des "types" différents de ménages. L'analyse spatiale que nous proposerons s'inscrit de ce point de vue dans la tradition qui essaie de comprendre comment l'espace intra-urbain aboutit à un ordre résidentiel "segmenté" par des relations de marché et comment cet ordre segmenté change (ou se maintient) au fil du temps. En énonçant la coordination spatiale marchande à partir des différences de ressources entre ceux qui s'installent dans l'espace résidentiel, nous nous faisons l'écho de la tradition critique qui a depuis toujours élu le thème de la division socio-spatiale comme étant l'objet de l'analyse de l'urbain.

Cependant, nous chercherons à nuancer les déterminants de la structure (ou des normes) sociale(s) en termes d'actions des individus. En partant d'une "logique du social" où les choix sont décentralisés et où le marché joue le rôle de coordinateur (lien social), nous nous demanderons comment un ordre segmenté peut apparaître, se reproduire, se désagréger ou se métamorphoser. Nous connaissons déjà la réponse néoclassique, qui s'avère indéfendable dès lors que les décisions de localisation se complexifient quelque peu. Or, pour qu'apparaissent des fissures dans la stabilité et l'optimalité de l'ordre ségrégué orthodoxe, il suffit d'introduire des "actions stratégiques"[20] qui donneront lieu à une représentation alternative de l'espace où les individus fondent leurs choix résidentiels sur la position (spatiale) relative des uns par rapport aux autres. Aussi la configuration, la reproduction et les modifications de la structure urbaine réfléchiront-elles alors les décisions interdépendantes des divers "types" de ménages et les actions possibles (anticipations spéculatives) que les agents économiques vont envisager.

Ce résultat nous renvoie d'une certaine manière à la vision qui conçoit l'espace en tant que "point fixe endogène"[21] dans le sens où il est en même temps l'objet et le fruit des jugements que portent les individus sur la localisation résidentielle (réelle ou anticipée) des autres (externalité), et non plus le résultat de la monétarisation (coût) de la distance entre leur résidence virtuelle et le centre des emplois (CBD). Ainsi, nous avons à la fois rejeté l'idée de la naturalisation de l'espace et fait de celui-ci une variable endogène de l'émergence de l'ordre spatial. Nous dirons donc que les choix résidentiels des individus sont motivés par une "recherche d'externalité" en termes inter-temporels (investissement spatial). Mais dans ce cas, leur prise de décision se trouve confrontée au problème incontournable de l'anticipation.

---

20 Dans le sens que la théorie des jeux donne à ce terme. Voir à ce propos Shubik, 1982 et le chapitre précédent.

21 Cf. Dupuy, 1992.

Cependant, ces conclusions n'ont pas servi uniquement à déconstruire ou à provoquer des ruptures au sein de la synthèse spatiale néoclassique; les fissures que nous avons relevées nous ont aussi permis de poser de jalons et d'ouvrir des pistes pour d'autres lectures de la configuration résidentielle intra-urbaine. Grosso modo, quatre axes ont été ainsi tracés, qui répondent à quatre constats centraux :

a) l'espace résidentiel urbain serait conçu avant tout en tant qu'ensemble d'"externalités locales" (position relative des différents types de ménages dans l'espace), ce qui conduirait l'analyse spatiale à celle de la distribution socio-spatiale des ménages[22];

b) la possibilité de réaliser des gains en fonction de la localisation (non-neutralité du processus de coordination spatiale marchande), et donc l'existence d'une logique individuelle d'investissement dans l'espace[23];

c) l'interdépendance des choix résidentiels et le rôle du déroulement du temps dans la configuration d'un ordre spatial ;

d) la place centrale des anticipations croisées quand les individus prennent leurs décisions dans un environnement qui change en fonction de leurs propres actions.

L'idée qui se trouve à l'"arrière-plan" de ces questions est que la configuration spatiale (résidentielle) est le résultat agrégé des décisions marchandes décentralisées des individus[24]. La configuration de l'espace n'est donc pas donnée d'avance (de façon exogène); il émerge du processus de coordination des choix résidentiels. Dans ce sens, les deux derniers constats renvoient au fait que ces décisions de localisation sont prises le plus souvent dans un contexte d'incertitude quant à la configuration de l'espace[25].

Dans cette perspective critique et hétérodoxe, l'idée-clé est celle de l'incertitude radicale, c'est-à-dire d'un avenir non probabilisable et non réductible au calcul stochastique. Nous nous rapprocherons ici du projet radical de Keynes pour analyser le processus de coordination spatiale dans le cas où les participants au marché de la localisation

---

22 Selon les termes néoclassiques, il faudrait parler d'une analyse de la ville ségréguée, tandis que si l'on se plaçait dans une tradition marxiste, comme le fait par exemple Lipietz (1974), il s'agirait d'analyser la division économico-sociale de l'espace résidentiel (une sorte de DESER).

23 Cette conclusion nous éloigne des analyses qui font de la théorie de la rente foncière l'outil de neutralisation des avantages relatifs que rend possible l'espace.

24 Signalons que nous nous plaçons toujours au plan du "discours de l'économie" sur les rapports marchands, et donc que les notions et les conclusions évoquées se rattachent largement à cette option de départ.

25 Pour un bref aperçu de l'évolution du choix en contexte d'incertitude dans le discours orthodoxe, voir Machine, 1987.

résidentielle sont confrontés à un environnement d'**incertitude urbaine radicale**. Nous verrons que, dans cet environnement, les comportements économiques (rationalité) des "acteurs" du marché, le mécanisme de coordination (équilibrage) et les caractéristiques des (dés)ordres résidentiels sont très différents de ceux proposés par la synthèse spatiale néoclassique. Ces résultats, et notamment le principe de la **coordination par conventions urbaines**, nous conduiront à montrer une image beaucoup plus pessimiste que celle qu'en donne cette dernière du marché en tant que mécanisme de coordination des actions marchandes.

I

L'INCERTITUDE URBAINE RADICALE : LE CHOIX DE LA LOCALISATION EN TANT QUE DÉCISION CRUCIALE

Précédemment, nous faisions remarquer que la représentation de l'espace que nous serions amené à adopter est celle qui ressort des critiques adressées au modèle de l'ordre ségrégué orthodoxe. Dans ce sens, nous avons proposé l'idée que les acteurs économiques opéraient leurs choix résidentiels en représentant l'espace en tant qu'ensemble d'externalités définies par les localisations relatives des divers "types de ménages" qui composent le marché résidentiel de la ville. La décision de localisation que nous analyserons à partir du projet radical de Keynes aura donc comme point de départ une représentation spatiale (résidentielle) de nature différente de celle qui relève de la tradition thünénienne, où l'espace (pour les preneurs de décision) n'était défini que selon la distance (ou sa traduction en coût monétaire) au centre des affaires (ou aux centres des affaires secondaires dans le cas d'une ville polynucléaire[26]). Cette perspective alternative nous rapproche par conséquent des modèles d'externalités, avec la différence toutefois que l'externalité sociale (due à l'interaction des décisions de localisation) devient "la" variable sur laquelle les individus fondent la formulation de leurs choix résidentiels.

Les débats contemporains sur les prises de décision relatives au choix résidentiel, ainsi que les exercices que nous avons développés autour du modèle de la ville raciste de Rose-Ackerman[27], nous ont conduit à la conclusion que les individus doivent faire des anticipations pour prendre leurs décisions de localisation. Nous avons ensuite emprunté une certaine voie de l'"économie des anticipations" afin de

---

26 Les villes polynucléaires sont couramment classées comme un cas particulier (analytiquement) de la ville ayant un seul centre des affaires.

27 Voir Abramo, 1994.

déceler des éléments analytiques susceptibles de nous aider à comprendre la dynamique de la configuration spatiale urbaine quand la confrontation des relations marchandes s'impose comme le moyen de coordination des décisions de localisation. A une certaine étape de ce parcours, nous avons été amené à évoquer la "contre-révolution" des nouveaux classiques en tant que référence paradigmatique du discours scientifique de l'économie orthodoxe visant à montrer que la problématique des anticipations était désormais du domaine de la "science du marché" et qu'elle pouvait être développée à partir de l'hypothèse des anticipations rationnelles.

Pour faire écho au projet de la contre-révolution orthodoxe, nous pouvons imaginer que les anticipations auxquelles se livrent les agents économiques autour de l'ordre urbain vont être formulées sur la base du modèle "canonique" et "scientifique" de la synthèse spatiale, comme le suggèrent par exemple Capozza et Helsley pour leur "ville stochastique"[28]. En reprenant le modèle de base de la synthèse, selon lequel la rente foncière (prix d'équilibre) déterminerait l'équilibre spatial (unique et efficient) par le biais du libre jeu du marché, et en posant que la ville est ouverte (qu'il y a une croissance urbaine), Capozza identifie la structuration urbaine à un processus stochastique dynamique, c'est-à-dire à une conception de l'équilibrage qui fait intervenir le déroulement logique du temps. Sa conclusion est que les rentes qui concernent les terres agricoles proches de la ville auront valeur de rentes urbaines dans la mesure où les propriétaires fonciers, en tant qu'agents (hyper)rationnels, refuseront les propositions se situant au-dessous des anticipations qu'ils ont faites à partir des modèles économétriques de simulation dont ils disposent[29]. Etant donné que, selon ces mêmes références objectives (théorie de la synthèse spatiale avec anticipations basées sur la théorie de la probabilité objective), la demande de localisation anticipe aussi ces valeurs, nous dirons que cette demande offrira en moyenne les valeurs foncières anticipées par la théorie. La conclusion est simple: la dimension du temps (et l'incertitude probabilisable) peut être incorporée au raisonnement qui

---

28 Capozza et Helsley (1990). Notons que la plupart des modèles résidentiels d'anticipations rationnelles, comme celui que l'on trouve chez Poterba (1985), sont plutôt tournés vers la relation qui existe entre le marché des logements et les variables monétaires macro-économiques telles que le taux d'intérêt, le taux d'inflation, etc. Pour une brève présentation de quelques-uns des ces modèles, voir Fujita, 1990 et pour une présentation pédagogique du modèle de Poterba, voir Sheffrin, 1982.

29 Il faut se souvenir que dans les modèles d'anticipations rationnelles, les agents utilisent toutes les informations disponibles (sur un marché efficient) pour faire leurs choix.

préside aux choix résidentiels sans que cela bouleverse le modèle "canonique" proposé par la synthèse spatiale néoclassique.

Si l'on étend le raisonnement des anticipations rationnelles à la ville ségréguée, on peut imaginer que les blancs de la ville raciste de Rose-Ackerman vont faire le même calcul anticipateur que la demande de la "ville stochastique", c'est-à-dire préjuger de la structure urbaine ségréguée et opérer ces projections à partir de cette référence objective donnée par la théorie. La distribution subjective serait dans ce cas, en moyenne, égale à celle de la théorie. En résume, la démarche des agents n'invaliderait pas le modèle de référence orthodoxe dès lors que l'on raisonne selon l'hypothèse des anticipations rationnelles; tout comme dans les modèles macro-économique des nouveaux classiques où les agents anticipent les résultats des politiques keynésiennes du gouvernement et les font échouer[30], anticipation rationnelle des blancs pourra prévoir les comportements des noirs que nous avons précédemment qualifiés d'expansionnisme opportuniste, et donc leur faire échec[31].

Les hypothèses liées aux anticipations rationnelles peuvent donc facilement être envisageables dans une perspective orthodoxe urbaine, et ainsi actualiser le discours (et les modèles) de la synthèse spatiale tout en gardant son corpus: les individus pourront se livrer à des anticipations subjectives (toujours probabilisables), mais dont la distribution gravitera autour de la valeur objective, ce qui signifie grosso modo que la théorie donnera sur l'ordre urbain des indications identiques à celles qu'auront anticipées les individus. Le discours orthodoxe pourrait ainsi arguer que la représentation des agents n'est plus celle d'individus "aveugles", puisqu'ils anticipent. Cependant, et c'est bien là le défi lancé par l'hypothèse des anticipations rationnelles, ces individus qui ont retrouvé une certaine "liberté" de choix reproduisent invariablement la théorie du marché. En outre, le discours des anticipations rationnelles réaffirme la "foi" dans le marché comme étant le moyen le plus efficient de coordination des actions, et cela parce que, en formulant leurs intentions selon cette hypothèse, les agents peuvent anticiper les politiques urbaines gouvernementales (et leurs conséquences sur la structure urbaine) comme le font les modèles macro-économiques des nouveaux classiques[32]. C'est ici, c'est le

---

30 Voir à ce propos Lucas, 1987, chap. 2.

31 Rappelons que les variations autour de la ville raciste (à partir de situations de jeu) nous ont conduit à des conclusions très éloignées de celles du modèle orthodoxe. Voir à cet égard, Abramo, 1994.

32 Pour un bref aperçu des modèles urbains, voir Pogodzinski et Sass (1990) et les articles réunis dans le numéro spécial de la revue Land Economics d'août 1990. Pour une

projet néolibéral d'une coordination résidentielle par le marché qui resurgit dans le cadre d'une "économie des anticipations". Lorsque l'on voit le quasi-anéantissement de la tradition keynésienne que l'hypothèse des anticipations rationnelles a produit dans le débat macro-économique, il est permis de croire à la survie de la perspective critique dans les études urbaines. La contre-révolution est bien présente, prête à lancer des "attaques" dans tous les domaines de la théorie économique.

Que peut-on faire pour barrer la route à une telle offensive? Il nous semble que la l'hétérodoxie urbaine devrait ici chercher des analogies avec la critique qui a été adressée à l'ergodicité du processus stochastique[33]. Si l'ordonnancement de la ville est identifié à un processus stochastique, il faut alors se demander s'il existe une "décision cruciale urbaine" qui puisse détruire le caractère ergodique de ce processus, et ainsi dévoiler la véritable incertitude spatiale radicale qui entourerait les décisions de localisation résidentielle urbaine. Pour répondre à cet objectif critique, nous diviserons notre démarche en deux mouvements. Dans un premier temps, les preneurs de décision seront tous vus comme de simples "consommateurs" de résidence-localisation, et, dans un second temps, nous introduirons la figure de l'entrepreneur schumpétérien.

En gros, l'enjeu concurrentiel de la localisation-structuration résidentielle adopté dans le premier mouvement est bien celui du discours orthodoxe: la demande peut être différenciée, mais tout se passe au niveau strict de la concurrence entre les demandeurs de résidence-localisation. Autrement dit, le processus de structuration interne de la ville résidentielle est ici commandé par la "souveraineté" de la demande, qui se compose de "types" de ménages classés selon leurs ressources ("segmentation" sociale selon le revenu), tandis que du point de vue de la définition du "jeu marchand" urbain, tous les agents sont égaux: aucun d'entre eux n'est dans la position d'offrir des résidences-localisations. Nous sommes ici dans un cas de figure assez conforme à celui d'un "monde marchand" néoclassique urbain qui ne met en scène que la demande et le propriétaire absent. En outre, selon l'expression de Richardson[34], nous aurions alors affaire à une "ville de tentes" où il n'y aurait d'autre entrave à la migration des individus que celle des ressources des différents types de ménages. Pour démontrer

---

réponse qui fait intervenir des arguments proches du raisonnement des nouveaux keynésiens, voir Quigley (1990).

33 Pour une critique de la dimension ergodique des hypothèses de la théorie des anticipations rationnelles, voir Davidson, 1991.

34 Richardson, 1977.

l'existence des décisions cruciales urbaines à ce stade de notre démarche, nous ferons appel au *tipping model* de Shelling[35].

Dans la seconde étape, nous introduirons une dimension déjà hétérodoxe en faisant remarquer que l'espace urbain est constitué de stocks (parcs) résidentiels[36], qui, parce qu'ils relèvent de biens produits selon une logique marchande, ne seraient offerts que par les entrepreneurs urbains[37]. La perspective hétérodoxe souligne en effet les différences économiques (hétérogénéité) existant entre les personnages constitutifs du marché[38]. Notre idée est que ces entrepreneurs - ou du moins une partie d'entre eux - ne seront plus neutres, comme ils l'étaient dans le modèle de Muth-Mills[39]; ils pourront faire preuve d'un "esprit entreprenant" de type schumpétérien. Autrement dit, par la recherche de profits exceptionnels, ils introduiront sur le marché des décisions auxquelles celui-ci ne s'attend pas dans le but principal de "surprendre" leurs concurrents. Ces "décisions surprises" marqueront une rupture avec les caractéristiques du passé, et elles prendront couramment la forme d'innovations. Animées ainsi par des entrepreneurs schumpétériens, elles vont s'apparenter à des décisions cruciales, capables de changer le profil de la configuration intra-urbaine précédente dans un sens que les projections offertes par la théorie de la probabilité n'auraient pas pu prévoir, et donc à même d'engendrer un contexte d'incertitude urbaine radicale.

1.1. Les décisions de localisation "opportunistes" et l'incertitude urbaine: le bouleversement spatial à la portée de tous

La ville résidentielle qui nous intéresse est celle qui serait composée par différents "types" de ménages (ou de travailleurs) se distinguant selon les ressources dont ils disposent pour faire face à

---

35 Schelling, 1971.

36 Cette démarche n'est pas étrangère à la tradition orthodoxe, puisque certains modèles néoclassiques introduisent le facteur stocks et la dimension "historique" de ceux-ci. Pour un survol de ces modèles, voir Miyao, 1989.

37 Dans le chapitre sur le circuit monétaire urbain, nous présenterons l'entrepreneur urbain comme étant celui qui, ayant accès à la monnaie, peut investir dans des biens et des salaires susceptibles de capter à son profit un flux de revenus futurs; ce qui le distingue des autres entrepreneurs ne concerne que les biens finaux offerts sur le marché (stocks résidentiels) et la prise en compte de la dimension spatiale lors de chaque décision d'investissement (anticipation urbaine).

38 Pour la présentation des hypothèses de l'homogénéité et de l'hétérogénéité des participants au marché. voir Cartelier, 1990.

39 Voir Abramo, 1997 chapitre 2.

leurs dépenses. Tout d'abord précisons que, nous acceptons l'hypothèse orthodoxe selon laquelle la dynamique marchande qui aboutit à la configuration de l'ordre spatial se restreint à la confrontation des différents "types" de ménages, mais nous supposerons aussi que ces derniers briguent des lieux de résidence urbaine dont les ménages dotés de ressources inférieures aux leurs seront absents. Nous aurons ainsi des choix de localisation formulés à partir d'une "recherche d'agglomération" entre ménages du même type en raison des effets positifs de la "synergie" ainsi produite, c'est-à-dire tournés vers des "externalités de voisinage". Si l'on descend du plus haut au plus bas échelon de la distribution des ressources familiales selon cette même logique de recherche d'externalités, on s'aperçoit qu'a chaque palier les ménages ayant des revenus plus élevés excluent ceux de plus faibles revenus, engendrant une dynamique d'exclusion qui va produire une structure de ville segmentée. L'espace résidentiel sera alors défini non plus en fonction de la distance au centre des affaires, mais plutôt au vu des localisations relatives des divers "types" de ménages.

La configuration spatiale qui émerge de ce processus pourrait être revendiquée aussi bien par la tradition orthodoxe (dès lors que la recherche d'externalités s'aligne sur le *trade-off* entre espace et accessibilité en fonction des préférences des ménages) que par la sociologie urbaine marxiste des années soixante-dix (dès lors que la lutte politique de classe entre propriétaires fonciers urbains et capital, entre capital et travailleurs ou mouvements sociaux et entre propriétaires fonciers urbains et mouvements sociaux est prise en compte dans les "structures" assurant la production et la distribution de l'excédent[40]). Il nous semble qu'une "division économico-sociale de l'espace résidentiel" (DESER) telle que la proposait Lipietz, ou en tant que "ville segmentée" selon la terminologie courante chez les néoclassiques, traduirait en effet une configuration regroupant les différents types de ménages dans des quartiers relativement homogènes[41]. Indépendamment de la filiation théorique, nous trouvons dans les deux cas des profils de structure résidentielle plus ou moins semblables.

---

[40] Il suffit de se reporter aux contributions classiques de l'époque telles que celles de Castells (1972), Topalov (1979, 1984, 1989), Harvey (1977, 1985), Lipietz (1974) ou Harley (1977) pour retrouver l'image de l'ordre urbain "segmenté" comme résultat de la lutte des classes. Pour une reprise de certains de ces travaux dans une perspective proche de la stylisation historique proposée par la "théorie" de la régulation, voir Abramo, 1996.

[41] Gaubert, Ibbon et Tutin (1993) identifient pour la région parisienne une configuration résidentielle dont les contours renvoient à une distribution de l'occupation du sol selon des catégories professionnelles relativement homogènes. Pour la ville de Rio de Janeiro, Smolka (1991) retrouve les mêmes caractéristiques, c'est-à-dire un espace segmenté en zones homogènes selon les ressources familiales.

La question centrale est donc celle de l'identification des mécanismes qui produisent cette structure urbaine et sa configuration globale. Les néoclassiques l'assimilent à un ordre en ceintures concentriques homogènes (en termes de "types" de ménages). Si l'équilibrage walrasien représentait la coordination marchande et l'ordre qui émerge des décisions décentralisées comme des processus aussi efficients qu'uniques et stables, la sociologie urbaine marxiste proposera une lecture identifiant la structuration de la ville à un processus d'"accumulation urbaine" et d'"appropriation" de l'espace qui fait surtout appel aux forces du "capital en général" et aux rapports de force entre les classes sociales (ou les mouvements sociaux). Dans ce dernier cas, l'analyse se place plutôt sur le plan des macro-déterminations (capital contre propriété, etc.), ce qui veut dire que l'étude des décisions de localisation au niveau micro-économique n'a pas véritablement sa place dans ce discours. En outre, du point de vue analytique, les études marxistes présentent le plus souvent la forme urbaine de façon statique[42]. Il nous semble que c'est précisément sur ce point que le discours néoclassique a su s'imposer, en donnant une explication claire de la configuration de l'ordre urbain à partir des actions individuelles des participants au marché de la localisation résidentielle. Ainsi, au moment où s'amorceront le "retour de l'individu (acteur)" et le "retour du marché" en tant que moyen de coordination sociale, la tradition critique sera très mal placée pour faire obstacle aux attaques orthodoxes.

Et c'est parce qu'il manquait une explication micro-économique des choix résidentiels et de la coordination qu'ils suscitent qu'une lecture hétérodoxe nous a paru s'imposer pour retrouver l'esprit critique des analyses urbaines des années soixante-dix; c'est en cherchant à comprendre la dynamique du changement des configurations résidentielles urbaines marchandes que l'héritage critique pouvait combattre la théorie (auto-proclamée) "scientifique" du marché de la localisation. Mais pour cela, il fallait accepter l'hypothèse d'une forme d'organisation sociale où les décisions sont décentralisées et motivées par des intérêts personnels, et où, comme l'orthodoxie l'a toujours fait remarquer, elles convergent toutes vers le marché.

Par hypothèse, nous sommes donc dans un cadre d'analyse où l'ordre résidentiel urbain émerge de la confrontation marchande des

---

42 Dans les travaux de Topalov (1985, 1989), l'ordre urbain est rapporté à trois types de "marchés"; cependant, l'analyse de la configuration spatiale et des altérations spatiales à propos ces marchés reste à un plan plutôt descriptif, où l'auteur fait souvent appel à l'histoire. De même, le concept de DESE proposé par Lipietz (1974) s'en tient toujours à une sorte d'analyse en "cross-section" de la configuration intra-urbaine; s'il nous donne une bonne description spatiale, il n'en demeure pas moins d'ordre statique.

décisions de localisation. Dans cet environnement, on trouve des "types" de preneurs de décisions (ménages) qui sont classés selon les ressources dont ils disposent et cherchent à se regrouper entre eux: c'est le principe de l'externalité de voisinage qui guidera leurs choix résidentiels[43]. Comme des ménages de tous les types prennent leurs décisions simultanément et que celles-ci sont par définition décentralisées, personne ne peut savoir d'avance où chacun d'eux va décider de se localiser. Il existe alors un problème de coordination des choix à résoudre, auquel les néoclassiques ont répondu en s'appuyant avant tout sur la rationalité paramétrique des individus, c'est-à-dire sur le modèle des cercles concentriques basé sur la théorie de la rente foncière.

Dans une perspective où le temps revêt une dimension importante et où les agents savent que des changements sont possibles, ces derniers vont formuler des anticipations sur la localisation des autres individus et choisir leur lieu de résidence en fonction de la position relative des différents "types" de ménages. En anticipant ainsi l'ordre urbain futur, ils vont pouvoir choisir la localisation qui maximise leurs propres préférences, c'est-à-dire établir des rapports de voisinage avec des ménages du même "type". Si l'on voulait relancer le débat sur les anticipations, on pourrait se demander à partir de quelles préférences ces ménages anticipent l'ordre urbain. D'un point de vue orthodoxe, la réponse serait évidemment celle des anticipations rationnelles. C'est en s'appuyant sur la théorie de la ville segmentée, sur les informations du passé disponibles et sur celles affichées sur le "marché efficient" que les ménages calculeront alors l'espérance mathématique des valeurs de localisation. Forts de cette donnée objective, ils feront valoir une certaine dose de subjectivité dans leurs anticipations (en raisonnant selon la théorie de la probabilité subjective) pour formuler définitivement leur choix résidentiel. Au bout du compte, la moyenne des anticipations subjectives équivaudra aux indications de la théorie objective (espérance mathématique), le problème de coordination des anticipations étant alors résolu.

Mais pour que ce processus réussisse, il faut que les preneurs de décisions "croient" que la dynamique stochastique qui le sous-tend est de nature ergodique, puisque c'est là la condition nécessaire qui garantit la convergence des valeurs. Cependant, il est concevable qu'un ménage fasse de sa décision de localisation un moyen d'investissement dans le capital humain de ses enfants[44]. Il souhaitera alors s'installer

---

[43] Dans sa discussion des modèles de ségrégation, Schelling (1978, p. 139) note que "choisir un quartier, c'est choisir des voisins. Opter pour un quartier ayant de bonnes écoles, par exemple, c'est opter pour le voisinage de gens qui veulent de bonnes écoles."

[44] Pour la présentation de l'argument beckérien, voir Abramo, 1994, chap.4.

dans une zone où les autres ménages auront des ressources supérieures aux siennes: pour reprendre la terminologie des jeux, nous dirons que ce ménage est un entrant (potentiel) dans une zone résidentielle de "type" supérieur. Il est clair qu'il ne prend pas sa décision de localisation selon la logique du *trade-off* accessibilité-espace propre à la "théorie" qui sert de guide aux anticipations rationnelles; ce ménage fait un choix inter-temporel dont l'objectif est de maximiser son "profit" familial. Du point de vue de la théorie "scientifique" de la localisation, il s'agit bien d'un choix non rationnel qui, de ce fait, ne devrait pas être pris en compte par les anticipations des autres ménages.

Ce choix étant fait, ce ménage va donc s'installer dans une zone dont le profil populationnel lui est étranger, les autres ménages ayant majoritairement un revenu supérieur au sien. Et c'est bien ce à quoi il aspirait: voir ses enfants grandir dans un milieu de niveau social supérieur et, toujours selon le raisonnement beckérien, leur faire ainsi accumuler un certain capital humain. Et la stratégie qui consiste à profiter de la localisation pour augmenter ses propres préférences (ou profits) procède bien, en termes inter-temporels, d'un "comportement opportuniste" puisqu'elle va permettre au ménage qui l'adopte de retirer un avantage d'une externalité de voisinage (interaction avec des ménages plus aisés) que, de fait, il ne contribue pas à créer[45].

Une question tout à fait concrète se pose néanmoins dans ce cas de figure: quelle va être la réaction des ménages majoritaires face à ce "type" différent, dans la mesure où l'arrivée de l'intrus signifie pour eux une réduction de l'externalité positive due à l'"effet d'agglomération" de ménages de même "type". Ils pourront y voir une menace ou, à l'inverse, juger que ce ménage "différent" (et solitaire) ne va pas modifier de façon significative les externalités de voisinage qui les ont poussés à choisir cette localisation[46]. Dans le second cas, ils adopteront un comportement plutôt "pacifique" vis-à-vis de l'entrant opportuniste.

Mais il suffit qu'un seul des ménages habitant le quartier ainsi "envahi" décide de déménager (en raison de ce rapport de voisinage nouveau et inattendu) pour qu'un processus de transformation de la composition sociale de ce quartier se déclenche. Ce processus, théorisé

---

45 Ce comportement opportuniste nous renvoie au jeu classique d'Olson (1978) qui met en avant le problème du passager clandestin (free rider paradox).

46 Si l'on adopte un raisonnement orthodoxe, on peut imaginer par exemple que le voisinage d'un ménage de revenu inférieur sera pour les autres une façon de faire preuve d'une certaine "vertu" de tolérance, dont l'utilité resterait supérieure à celle consécutive au déménagement (en raison de la perte de satisfaction occasionnée par la réduction de l'externalité de voisinage).

par Schelling[47] sous le nom de *tipping model* , pourra obéir à des dynamiques diverses. Si la place laissée vide par ce départ est occupée par un autre ménage de revenu inférieur, cette nouvelle arrivée pourra déclencher à son tour le départ d'autres ménages plus aisés. Par un processus réitératif où les nouveaux venus feront partir d'anciens ménages de la zone, la composition de celle-ci va désormais entrer en effet dans une phase de transformation: "l'arrivée de quelques personnes appartenant à une minorité, dans un quartier dont la population était précédemment homogène, a souvent suscité des départs ou au moins des signes de départ. Ces départs ont laissé des places vides, de sorte que d'autres membres de la minorité ont pu s'installer; l'accroissement du nombre des nouveaux résidents a incité d'autres anciens résidents à partir, et ainsi de suite"[48]. Et ce processus intervient en dépit des postulats de la "théorie" du marché de la localisation résidentielle qui servent de référence aux anticipations rationnelles des agents.

D'une certaine façon, au vu de la transformation ainsi mise en œuvre dans leur quartier, les ménages vont commencer à douter du pouvoir de prévision objective de la théorie. En effet, ce que Schelling nomme le processus d'"effritement"[49], et qui est au départ le produit d'une décision "opportuniste" d'investissement (par le biais du choix résidentiel), va bouleverser les projections basées sur le principe des anticipations rationnelles, les doutes qui s'ensuivent pouvant créer un environnement de plus en plus incertain pour les ménages déjà installés, dans la mesure où la dynamique de ce processus "*n'est pas toujours claire; il y a des réactions en chaîne, des perceptions exagérées, des réponses décalées, des spéculations quant à l'avenir, et des efforts organisés qui peuvent réussir ou échouer* "[50].

Dès lors, les décisions de localisation seront prise dans un cadre d'incertitude urbaine radicale et généralisée; les ménages ainsi mis en fuite n'ayant plus de références pour anticiper l'ordre spatial, ils pourront être amenés à s'installer auprès de ménages dotés de ressources plus importantes que les leurs. S'il en va ainsi, d'autres processus de transformation vont se déclencher, qui vont gagner d'autres zones situées de plus en plus haut dans l'échelle de la distribution socio-spatiale des localisations résidentielles.

---

47 Cf. Schelling, 1971, 1978.

48 Schelling, 1978, p.103.

49 Schelling (1978, p.151) définit ce processus à partir du fait que "tout individu qui choisit un nouvel environnement affecte l'environnement de ceux qu'il quitte et de ceux qu'il rejoint".

50 Schelling, 1978, p.147.

De la même façon, il est concevable que les ménages ("opportunistes") qui se déplacent vers des zones de revenu supérieur laissent derrière eux des places qui seront (potentiellement) occupées par des ménages ayant des revenus inférieurs aux leurs, générant ainsi un processus de transformation de leur ancienne zone résidentielle. En fonction des changements engendrés par cet autre phénomène d'effritement, les ménages qui au départ n'envisageaient pas de stratégie "opportuniste" seront à leur tour, et de plus en plus, confrontés à un éventuel déménagement. Et si l'on prolonge ce raisonnement jusqu'au bas de l'échelle des ressources familiales, on voit que l'altération de la composition des zones résidentielles pourra s'étendre à l'ensemble de la ville, donnant lieu à une transformation généralisée des quartiers d'habitation, dans laquelle les indications données par la théorie du marché de la localisation ne seront plus d'aucune aide aux ménages dans la formulation de leurs choix. Les décisions seront alors prises dans un véritable environnement d'incertitude par rapport à la configuration urbaine future. Autrement dit, dans un contexte d'incertitude urbaine radicale.

Ce processus de changement de l'ordre résidentiel, qui dévoile une vraie rupture avec la représentation du passé que donnent la théorie économique du marché et la "fréquence" des actes "comptabilisés" par la théorie de la probabilité, démarre bien sur la décision solitaire d'un ménage (famille) qui souhaite faire de son choix résidentiel un moyen d'investissement (accumulation de capital humain). Mais il est possible d'envisager d'autres "raisons" liées à cette décision (capter des flux de revenus futurs) qui peuvent effectivement déclencher des ruptures par rapport à la représentation spatiale du passé, et donc par rapport au caractère ergodique du processus stochastique du marché résidentiel. La décision de localisation d'un ménage quelconque pourra revêtir ainsi la dimension d'une "décision cruciale" telle que Shackle l'a définie[51], c'est-à-dire d'une décision qui, parce qu'elle est prise dans la temporalité historique, change les caractéristiques sur lesquelles les autres choix résidentiels se sont fondés, et cela sur un mode inattendu.

Si la décision d'un ménage peut acquérir la dimension d'un choix crucial, et si elle peut intervenir à chaque moment du processus de configuration de l'ordre urbain, il faut alors en conclure que les décisions de localisation sont toujours confrontées à la possibilité d'aboutir à une configuration spatiale différente de celle imaginée au moment de leur formulation, les anticipations urbaines devant alors faire face à un ordonnancement résidentiel futur inconnu.

---

[51] Shackle, 1961.

Autrement dit, dans une société où le marché est le moyen de coordination de décisions décentralisées et où ces décisions sont interdépendantes - puisque le jugement qui accompagne la prise de décision dépend lui-même du résultat (espéré) de celle-ci - , les agents se trouvent face à une incertitude urbaine radicale. Ils ne peuvent plus réduire leurs prévisions à des valeurs probabilisables et raisonner, comme le ferait un agent (hyper)rationnel, selon l'hypothèse des anticipations rationnelles; il est donc impossible dans ce cas d'envisager l'opération orthodoxe de réduction de l'incertitude au risque knightien, dès lors que la décision cruciale efface le caractère ergodique du processus marchand. Nous sommes bel et bien ici dans un contexte d'incertitude radicale keynésienne, mais où celle-ci s'inscrit cette fois dans une perspective strictement spatiale.

Si l'on reprend l'image d'un marché kaléidoscopique qu'a proposée Shackle, on en arrive naturellement à la conclusion que chaque décision des différents "types" de ménages aura le pouvoir virtuel de bouleverser l'ordre-image précédent. Il suffira d'un léger mouvement non prévu par la "théorie scientifique" du marché résidentiel (d'une décision opportuniste) pour bousculer les "certitudes probabilisées" affichées par la théorie fréquentiste et déclencher une dynamique de configuration spatiale qui sera placée sous le signe de l'incertitude urbaine radicale. Nous aurons désormais une ville-marché résidentielle kaléidoscopique dont l'ordonnancement spatial ne pourra plus être connu d'avance: chaque décision de localisation portera en soi, comme l'a souligné à maintes reprises J. Robinson, le pouvoir de "faire l'histoire"[52]. Une "micro-décision" individuelle sera susceptible d'aboutir à une macro-transformation de l'ordre urbain, et c'est bien là une décision cruciale, qui concerne la dimension spatiale urbaine. Ce choix crucial apparaît ainsi comme l'une des composantes de la dynamique de configuration de l'ordre résidentiel, celle qui nous a permis de proposer la notion d'incertitude urbaine radicale.

1.2. La pratique de la décision cruciale urbaine dans une économie de production: l'esprit de l'entrepreneur schumpétérien

Il nous semble qu'il existe une autre façon de souligner le caractère non ergodique du marché de la localisation résidentielle. Pour ce faire, il convient d'abandonner l'hypothèse forte des modèles de

---

52 Robinson, 1962.

base de la synthèse néoclassique qui supposait la ville composée uniquement de "résidences-tentes"[53]. C'est cette hypothèse qui donne leur caractère de flexibilité spatiale aux modèles orthodoxes[54]. Dès lors que les résidences sont bâties selon des critères plus durables, on assiste à l'émergence de stocks (parc résidentiel) et donc d'une dimension irréversible et temporelle dans les décisions.

Quelques approches néoclassiques ont formulé cette dimension en parlant de "capital daté" et en soulignant l'importance de l'"histoire" de la ville (en termes de stocks) au niveau des prises de décision individuelles, et donc du processus d'équilibrage. Cependant, il faut dire que ces modèles orthodoxes sont en général partiels et qu'ils ont une certaine difficulté à incorporer la dimension "historique" des immeubles dans l'armature théorique walrasienne[55], ce qui risque de les conduire dans une impasse dans la mesure où cette difficulté s'avère de plus en plus critique pour les théoriciens walrasiens "purs". En effet, les tentatives de l'axiomatique walrasienne d'incorporer les stocks dans une économie séquentielle n'ont apparemment pas encore abouti à des solutions formelles satisfaisantes[56]. Sans doute ces walrasiens "purs" continueront-ils à "bricoler" autour de ces exercices d'axiomatique, tout en sachant que les utilisations plus disciplinaires (comme celle de la synthèse spatiale urbaine) persistent à "croire" aveuglément au caractère scientifique de l'équilibre général walrasien[57]. On voit ainsi que, la prise en compte des stocks et d'une économie séquentielle par la démarche walrasienne de l'économie orthodoxe soulève des difficultés axiomatiques additionnelles que le "demi-noyau"

---

53 On peut dire que l'image d'une "ville de tentes" se rapproche davantage de la logique non marchande de "localisation résidentielle" des déshérités, des sans-abri, dont les "invasions", caractéristiques et fréquentes dans le tiers monde, obéissent aux contraintes du "non-choix" marchand et donc à une logique extérieure au marché (ou d'exclusion du marché).

54 Nous pourrions établir une analogie avec le débat sur le capital et l'image de "plasticité" du capital qu'a fréquemment utilisée le discours orthodoxe. Ainsi, la ville qui ressort des modèles de la synthèse spatiale se rapproche d'une "ville Leggo" qui se défait et se refait à chaque processus d'équilibrage walraso-thünénien.

55 Pour un débat plutôt macro-économique, mais qui soulève les mêmes problèmes que ceux qui nous occupent pour les modèles de structuration urbaine, voir par exemple les commentaires de Hahn (1984) sur la démarche de la théorie walrasienne et la prise en compte des stocks d'une économie séquentielle.

56 Pour une présentation critique des modèles walrasiens qui essaient de résoudre ce problème axiomatique, voir Cartelier, 1990.

57 C'est l'hypothèse méthodologique qu'a proposée Lavoie (1991), et c'est aussi le point central de la critique que Hahn (1984) a adressée aux hypothèses des anticipations rationnelles.

du programme de recherche néoclassique cherche généralement à ignorer[58].

Si l'on se place dans la ligne de l'héritage hétérodoxe, on voit que la prise en compte des stocks pose une interrogation quant au comportement de l'acteur qui les a mis sur le marché et au rapport que celui-ci établit entre les nouvelles offres (flux) et celles du passé (stocks). Cet acteur, que nous appellerons le capitaliste-entrepreneur urbain[59], et que les néoclassiques assimilent à l'industrie du logement, aura dans l'émergence de l'ordre résidentiel urbain des rôles différents selon la perspective théorique que l'on adopte[60]. Pour la tradition liée à la synthèse néoclassique, le capitaliste de l'industrie du logement est vu comme un agent économique neutre au niveau de ce processus d'ordonnancement. Cela veut dire que la demande du bien résidence dériverait de la demande de sol-localisation, et donc que tout le processus se déroulerait au plan des rapports de concurrence entre les demandeurs d'espace résidentiel (les différents "types" de ménages) et de la "non-action" marchande du "propriétaire absent". L'industrie de la construction (qui offre les parcs résidentiels) ne relèverait alors les signes du processus d'équilibrage spatial (prix fonciers) que pour choisir la meilleure combinaison possible de facteurs de production (pour une technologie donnée)[61]. Dans cette représentation, le seul "rôle" que joue l'offre de résidences du point de vue de la configuration de l'ordre urbain est celui qui consiste, en choisissant la combinaison optimale entre les facteurs capital et terre (par rapport aux prix relatifs), à établir la distribution vertical des stocks résidentiels de la ville. Il faut noter que ce choix est prédéterminé par la distribution des valeurs foncières (théorie de la rente) que définit le processus d'équilibrage spatial, puisque, dès lors qu'il y a détermination exogène du prix des facteurs, la courbe de verticalité résultant des offres de logements sera inversement proportionnelle à celle de distribution des prix fonciers.

---

58 Cf. Lavoie, 1991.

59 Nous nous proposons ici de reprendre la terminologie usuelle des auteurs qui ont choisi l'approche de l'économie monétaire de production. Pour une présentation générale de cette perspective, voir Carvalho (1992) et Barrère (1985, 1991), et pour son utilisation dans le cadre du marché de la localisation résidentielle, voir notre chapitre sur le circuit monétaire urbain.

60 Pour la sociologie urbaine marxiste, c'est le "promoteur" qui deviendra la figure déterminante de l'offre de stocks résidentiels; voir à ce propos Topalov (1974, 1979, 1989), Lipietz (1974) et, pour une taxonomie plus récente, Carassus (1988). Pour une approche assez similaire mais qui utilise une autre taxonomie, voir Ball (1983) et Ball et Harloy (1991).

61 Pour la présentation du modèle, voir Abramo, 1997.

Si l'on suppose que le bien résidence (ou services) est homogène (que ces services sont identiques en n'importe quelle localisation), que la technologie est commune à tous les industriels du logement et que les prix sont déterminés de façon exogène, on voit qu'il ne reste aux capitalistes de l'ordre urbain néoclassique qu'un rôle assez réduit: celui de véritables "robots" qui n'opèrent que des calculs relevant d'une rationalité paramétrique. Là où il faut verticaliser parce que le prix du terrain est cher, ils investiront davantage de capital; là où le terrain est bon marché, il épargneront sur l'apport de capital. Il suffirait ici d'un petit ordinateur doté d'un programme de maximisation assorti de calculs différentiels pour prendre la place de ce qui est l'expression vivante de l'"âme" d'une forme particulière d'organisation de la société[62]. Autrement dit, tout serait du domaine du programmable dans le monde des capitalistes de l'industrie du logement; ces derniers auraient la capacité d'utiliser de façon optimale les ressources capital et sol sans intervenir dans le processus d'équilibrage spatial du marché résidentiel. En outre, le profit serait nul, puisqu'ils seraient alors rémunérés pour les "bons services" rendus par leur choix de l'allocation optimale des facteurs.

C'est contre cette image néoclassique du capitaliste que Schumpeter va s'insurger. Pour lui, parler de capitalisme n'a de sens que dans une société où, tout d'abord, la notion de profit est le mécanisme d'incitation des actions et où, ensuite, on trouve des individus attirés par le profit, c'est-à-dire des capitalistes. Le Schumpeter encore optimiste de la "Théorie de l'évolution"[63] fait remarquer que le rôle du capitaliste-entrepreneur est d'aller toujours plus loin dans sa recherche d'un profit supérieur à celui de ses concurrents. Ce faisant, il serait le moteur de la dynamique évolutive du système économique; en bousculant la régularité des actions de marché, c'est lui qui reconduirait les états stationnaires de l'économie vers d'autres points d'équilibre[64].

Autrement dit, les capitalistes redeviennent avec Schumpeter de vrais acteurs du marché: en proposant des innovations que, au départ,

---

62 Si pour Marx les capitalistes étaient les "esclaves" d'un certain rapport social (du capital), le capital transforme ici sa manifestation vivante (les capitalistes) en capital fixe (machines à calculer programmables). C'est bien ce paradoxe qui ressort de l'image que donnent les néoclassiques des capitalistes.

63 Schumpeter, 1911.

64 On connaît la position ambiguë de Schumpeter (1911, p. 64) par rapport aux équilibres walrasiens; pour lui, les innovations déclencheraient des vagues de changements qui, au fur et à mesure que ces innovations se dispersent dans le tissu économique, tendent à aboutir à un nouvel équilibre walrasien. Selon ses propres termes, l'innovation "change et déplace l'état d'équilibre (walrasien) antérieurement existant".

le marché ne prévoyait pas, ils retrouveraient une capacité d'intervention dans le jeu marchand que le discours orthodoxe n'avait pas envisagée. Et c'est justement ce rôle de déstabilisateur, pourrait-on dire, de l'ordre marchand établi que l'entrepreneur shumpétérien incarne. Il est donc, par définition, un "producteur" de l'histoire[65] des rapports de marché dans le sens où il introduit de façon systématique des faits nouveaux que n'auraient pas codifiés les actes du passé. Ce capitaliste-entrepreneur actif apparaît donc très éloigné de l'image proposée par la synthèse spatiale d'un capitaliste qui ne fait que suivre les indications de routine établies par la règle de l'allocation optimale des facteurs de la fonction de production - l'image d'un "petit bonhomme" confortablement installé dans sa rationalité paramétrique de machine à calculer et n'attendant que sa rémunération de "profit nul": un capitaliste "bâtisseur" d'une "ville Leggo" dont toutes les pièces (résidences) seraient identiques.

A l'inverse, il suffit d'observer le comportement intéressé du capitaliste en quête incessante d'un profit qui lui octroierait une position de marché privilégiée par rapport aux autres capitalistes pour comprendre l'adjectif dont Keynes l'a gratifié. Cet agent désireux d'empocher des profits aurait un vrai "esprit animal"; son sens "intuitif" des bonnes affaires l'entraînerait sans cesse dans des tentatives nouvelles susceptibles - même si cela ne s'avère pas toujours - de lui apporter des profits. Le capitaliste urbain producteur de biens résidentiels (logements) pourra lui aussi, de non-acteur, devenir ce personnage (hyper)actif avide de profits. Mais s'il acquiert éventuellement l'esprit animal keynésien, il pourra également choisir la voie de l'entrepreneur schumpétérien: celui qui, en introduisant des innovations, bouleverse les caractéristiques habituelles du marché.

Mais comment deviendra-t-il cet entrepreneur schumpétérien urbain? D'abord en refusant cette "détermination impérialiste de la demande" que défend le discours orthodoxe. Même si la demande doit toujours valider socialement (sur le marché) les actes de production (l'offre), les firmes pourront chercher à inverser (ou à relativiser) cette "souveraineté des consommateurs" si chère à l'hypothèse de la concurrence parfaite, ceci en aspirant à des situations de marché capables de les mettre en position soit oligopolistique, soit monopolistique.

La tradition critique de la sociologie urbaine a toujours fait remarquer que l'offre résidentielle détenait en elle-même un pouvoir

---

65 Il s'agit là d'un "sujet historique" selon la terminologie marxiste, parce que le "moteur" de l'histoire (du capitalisme). C'est ce qui fera dire à Schumpeter (1954) que l'esprit entrepreneurial était alors en train de mourir. Sur ce point et sur l'utilisation du terme "sujet historique", voir Milgate, 1989, p.80-85.

"quasi monopoliste": chaque localisation étant unique, celui qui en a la possession (ou la propriété temporaire) serait en mesure d'imposer certaines conditions à la demande[66]. Dans ce cas, le pouvoir dont l'entrepreneur urbain (l'offre de résidences) jouirait dans son rapport à la demande (marché de la localisation résidentielle) ne résulterait que du transfert du pouvoir juridique du propriétaire foncier vers les firmes, et cela parce que les parcs doivent être bâtis sur un terrain quelconque. Pour la plupart de ces auteurs, cela revient à dire que ce "pouvoir" qui s'exerce sur la demande ne doit être lu qu'à partir de la théorie de la rente foncière: c'est toujours le rapport entre la demande et le propriétaire (où la valeur en jeu sera bien entendu déterminée par les conditions structurales du capital) qui serait l'enjeu central de la configuration de l'ordre urbain, dans le cas où le pouvoir d'imposition juridique des propriétaires aurait été éventuellement transféré aux firmes[67].

Cependant, il est concevable que ce pouvoir qu'exerce l'offre sur la demande ne soit pas réductible aux seules dimensions juridiques de la propriété foncière. Autrement dit, nous pouvons envisager d'autres moyens dont disposerait l'offre de résidences (les firmes) pour imposer à la demande des conditions marchandes davantage liées à la pratique des entrepreneurs capitalistes. L'un des ces moyens consiste à prendre en compte la pratique de l'innovation dans l'analyse du marché de la localisation résidentielle, et donc de la configuration de l'ordre urbain marchand. La littérature schumpétérienne souligne que l'innovation peut affecter aussi bien le processus de production lui-même que le produit. Dans le premier cas, elle sera couramment appelée innovation de processus, tandis que dans le deuxième elle conduit à un renouveau des caractéristiques du produit final qui est offert sur le marché[68].

---

66 C'est là l'esprit général des contributions de Lipietz (1974) sur le "tribut foncier urbain" et du rôle accordé au "promoteur immobilier" dans les travaux de Topalov (1974, 1985).

67 Le débat de la sociologie urbaine marxiste gravitait déjà autour de la manière d'utiliser les concepts de rente absolue, différentielle ou de monopole au niveau urbain. Il est clair que l'utilisation de ces concepts de rente faisait en général appel à des définitions différentes de l'appropriation de l'excédent (distribution). Ainsi, la rente absolue faisait intervenir des transferts par le biais du prix de production (ce qui renvoie aux différences dans la composition organique du capital), tandis que la rente de monopole renvoyait plutôt à des impositions à l'égard de la demande. Pour une présentation schématique du débat entre Topalov et Lipietz, voir Krifa, 1979.

68 Labini (1987, p. 25) écrit à ce propos: "Schumpeter envisage les catégories d'innovations suivantes: a) l'introduction d'un nouveau bien; b) l'introduction d'une nouvelle méthode de production; c) l'ouverture d'un nouveau marché; d) la conquête d'une

L'innovation de processus est liée en général aux innovations technologiques *stricto sensu*, ce qui (le plus souvent) renvoie à des possibilités de production nouvelles permettant des gains de productivité et/ou de viabilité économique jusque-là inconcevables[69]. Dans ce sens, on peut imaginer des entrepreneurs urbains innovant en termes de production de biens résidentiels par l'introduction de techniques liées à l'"art de bâtir" qui viabiliseront l'offre résidentielle dans des endroits qui n'avaient pas été conçus jusque-là en tant qu'espaces urbains d'habitation[70].

Dans ce cas, l'innovation technique donnera lieu à des décisions "nouvelles" qui vont bouleverser la configuration spatiale sur laquelle s'étaient fondés les autres choix de localisation (de la demande, mais aussi de l'offre résidentielle) n'ayant pas pris en compte les opportunités offertes par cette innovation. Autrement dit, les innovations établissent ici une rupture avec les prévisions faites jusque-là grâce aux outils de la théorie (fréquentiste) de la probabilité. Ces décisions de localisation que prend l'offre de biens résidentiels (les constructeurs urbains) à partir d'une innovation de processus sont donc de véritables décisions cruciales urbaines; elles dissipent la configuration spatiale prévue (les anticipations urbaines) par les données objectives du passé. Autrement dit, ces innovations liées à la production de stocks résidentiels effacent les traces d'ergodicité que la ville-marché pourrait encore conserver; elles sont donc annonciatrices d'une incertitude urbaine.

Mais les innovations peuvent être aussi d'une autre nature. De plus en plus, la concurrence capitaliste introduit une logique de différenciation des objets qui sont offerts sur le marché[71]. La

---

nouvelle source de matière première; e) l'introduction de nouvelles méthodes d'organisation avec création ou destruction d'une position monopoliste".

69 Voir Le Bas, 1990, et l'introduction du livre de Foray et Freeman, 1992.

70 Nous pouvons envisager toute un série d'exemples d'innovations de processus qui visent soit à réduire le temps moyen de production en substituant de nouveaux matériaux et équipements aux outils usuels de construction résidentielle, soit à réorganiser le processus de travail. Pour une discussion sur la particularité de l'organisation non fordiste de l'industrie du logement, voir De Terte, 1990.

71 L'illustration paradigmatique de cette perspective doit sans doute être trouvée chez Piore et Sabel (1988). Notons que le discours sur la flexibilité industrielle a nettement souligné le rôle et la capacité des entrepreneurs dans la différenciation et la diversification de la gamme de ces offres comme enjeux de la concurrence capitaliste contemporaine. Les études spatiales qui se sont penchées sur ce processus soulignent surtout les nouvelles configurations industrielles (telles que le "retour des districts industriels") d'une production flexible, tandis que les études sur le rapport entre la pratique de la différenciation et la configuration urbaine restent assez rares, exception faite, peut-être, du travail de Harvey (1989), qui se tourne davantage vers le débat sur la post-

dynamique innovatrice qui se traduit en termes de diversification des produits est devenue en effet une composante importante de la stratégie marchande des firmes. L'esprit d'entrepreneur schumpétérien pourra ainsi se manifester en proposant soit des innovations de processus, soit des innovations de produit[72]. Dans les deux cas, c'est la recherche d'un profit (ou de l'augmentation des parts de marché) qui pousse ce type d'entrepreneur à l'innovation.

Étant donné que la recherche d'un profit (exceptionnel) impose inévitablement des redistributions de ressources entre les acteurs du marché, les différences entre les innovations nous renvoient à des processus différents de transfert de richesse. C'est dans ce sens que la littérature fait parfois remarquer que les innovations (celles qui en principe ne changent pas la productivité) reposent le plus souvent sur une stratégie de différenciation du produit[73]. Pour les firmes, cette stratégie aurait pour objectif soit d'attirer une demande nouvelle susceptible de réorienter la consommation dans le sens d'une réduction des parts de marché de ses concurrents (et donc d'un transfert de richesses entre les entrepreneurs), soit d'imposer un *mark up* à la demande[74], c'est-à-dire un transfert additionnel de ressources de la demande vers les entrepreneurs innovateurs. De ce point de vue, le profit que réalisent les entrepreneurs schumpétériens en introduisant des innovations et des différenciations de produit fait appel à des mécanismes de redistribution de la richesse différents de ceux qui régissent les gains de productivité associés aux innovations de processus. La conquête de parts de marché et l'imposition de *mark up* reflètent plutôt des stratégies liées au produit, tandis que les gains de productivité se manifestent généralement au niveau de la concurrence marchande par le biais des prix. S'il est vrai que les innovations

---

modernité. Pour une présentation de la nouvelle géographie économique de la production flexible, voir Scott, 1986 et Scott et Harvey, 1990.

72 Voir à ce propos Labini, 1987. Pour un aperçu des travaux plus récents sur le sujet, voir Le Bas, 1990.

73 En général, la notion d'innovation est utilisée pour décrire la création de nouveaux produits (de biens qui n'existaient pas sur le marché) capables de créer de nouveaux marchés et/ou de "détruire des marchés (biens) plus anciens". Ces pratiques seraient particulièrement importantes pour les biens ayant une longue durée de vie. La pratique de différenciation des biens s'inscrit par conséquent dans une logique de "dépréciation précoce". Notre préoccupation allant avant tout au bien résidence, dont la vie matérielle est effectivement de longue durée, nous utiliserons les notions de différenciation et d'innovation de produit en tant que synonymes.

74 Cette stratégie peut être identifiée soit à une "rente de situation" marshallienne, soit à un *mark up* kaleckien. Nous nous situerons quant à nous dans la perspective hétérodoxe et dans la tradition kaleckienne pour appeler *mark up urbain* l'imposition d'un transfert de richesses de la demande résidentielle vers les entrepreneurs urbains par le biais d'une proposition de changement de la configuration de l'ordre résidentiel.

peuvent porter en elles ces deux types de mécanismes de distribution des richesses, ils entraînent cependant l'un et l'autre, du point de vue de la dynamique du marché, des pratiques entrepreneuriales distinctes.

Ces brèves remarques sur la redistribution des richesses que les décisions innovatrices peuvent déclencher sont d'autant plus importantes pour nous qu'elles dénotent une distanciation assez claire par rapport aux hypothèses orthodoxes qui tendaient toujours à faire croire à un processus d'équilibrage spatial neutre en ce qui concerne la dotation des agents de l'échange en ressources. L'idée que nous voulons suggérer ici est que, dès lors qu'ils ont l'esprit de l'entrepreneur schumpétérien, les constructeurs urbains qui offrent des biens résidentiels par le biais du marché vont surtout formuler leurs décisions de localisation en introduisant des innovations de produit, ceci afin d'imposer un *mark up* urbain. Pour ce faire, ils proposeront de changer l'ordre résidentiel urbain. Autrement dit, l'innovation concernera surtout ici la différenciation des logements et la logique de "destruction créative" qu'elle déclencherait. Comme le bien logements est indissolublement lié à la dimension résidentielle (spatiale), ces "destructions créatives" de biens seront aussi des propositions de "destruction" des caractéristiques de la configuration résidentielle. Comme nous le verrons, ces décisions acquièrent ainsi une dimension cruciale. S'agissant de pratiques touchant au marché de la localisation résidentielle, elles vont confirmer le caractère radical de l'incertitude urbaine.

1.3. La tentative néoclassique de récupération de la thématique de l'innovation

Lorsqu'elles font référence à la différenciation du produit, les études qui se rangent dans la tradition orthodoxe de l'économie industrielle s'inscrivent dans une logique stricte de "souveraineté" du consommateur[75]. La plupart de ces études ont essayé d'introduire la dimension de la différenciation du produit dans la discussion sur la structure du marché, le but final étant d'introduire la notion d'"espaces

---

[75] Comme le note Gaffard (1990, p. 1-4), cette façon de raisonner laisse apparaître un certain paradoxe dans l'approche de l'économie industrielle orthodoxe, qui "*met en cause son existence même en tant que champ particulier de l'économie théorique et appliquée* ". En effet, l'utilisation des instruments analytiques et de la logique du raisonnement micro-économique remet en cause la problématique particulière de l'économie industrielle.

de produits"[76] pour établir les "lois naturelles" de la structure des monopoles et oligopoles[77]. Nous dirons, pour reprendre la perspective critique schumpétérienne, que la démarche orthodoxe consiste à anéantir l'esprit entrepreneurial en imposant une certaine dimension "naturelle" aux structures de marché qui échapperaient au cas axiomatique de référence de la concurrence parfaite.

En effet, la stratégie orthodoxe consiste justement à inverser le rôle causal souligné par Schumpeter; ce n'est plus l'entrepreneur qui imposerait des structures monopolistes par le biais des innovations (ou des différenciations), mais, à l'inverse, le bien différencié (selon les limites imposées par la demande) qui permettrait des structures de marché caractérisées par une concurrence imparfaite. Dans ce cas, l'analyse de la différenciation - et des groupes de produits différenciés - aura comme point de départ la fonction de consommation de Lancaster et la définition des biens qu'il propose[78].

Pour cet auteur, les biens ne sauraient être définis uniquement en fonction de quantités, comme le fait l'approche classique de l'équilibre général[79]. Il avance ainsi l'hypothèse que les biens devraient être conçus comme réunissant des "caractéristiques" servant de données objectives aux consommateurs: "*chaque bien peut ainsi être décrit comme un panier de caractéristiques: qualité, emplacement, temps, disponibilité, information des consommateurs sur son existence et sa qualité, etc.*"[80] L'intérêt des consommateurs serait tourné vers ces caractéristiques et les combinaisons de celles-ci propres à chaque bien. Ce sont donc ces références objectives qui intéresseraient l'individu - en tant que consommateur, ses préférences individuelles pour telle combinaison renvoient aux caractéristiques de chaque bien particulier. Selon Gaffard, "*les biens sont considérés, non comme des entités, mais comme des faisceaux de caractéristiques* "[81], ce qui définit un rapport du consommateur aux biens différent de celui proposé par la fonction de consommation traditionnelle; et l'auteur ajoute que "*les*

---

76 La notion d'espaces de produits se veut une manière plus réaliste de définir un secteur ou un marché (Tirole, 1988; trad. fr. 1992, p. 188).

77 Selon ces études orthodoxes, les structures naturelles "sont déterminées à la fois par la technologie et les préférences des consommateurs. En d'autres termes, les structures naturelles, au lieu de correspondre à une situation d'efficacité technologique, traduisent une situation de différenciation optimale" (Gaffard, 1990, p.58).

78 Cf. Lancaster (1966, 1971, 1979).

79 Sur le rapport avec l'équilibre général, voir Tirole, 1988, p.195 (traduction française).

80 Cf.Tirole, p.188.

81 Gaffard, 1990, p 58.

préférences sur les biens sont alors dérivées des préférences sur les caractéristiques"[82].

Dans un autre livre consacré à l'ordre urbain néoclassique, nous avons souligné que la fonction de consommation de Lancaster avait été utilisée dans les modèles orthodoxes soit pour introduire la notion de "services de logement" dans le modèle de Muth, soit, dans les modèles économétriques relatifs au marché du logement qui reprenaient l'hypothèse de Lancaster d'un bien doté de plusieurs caractéristiques, pour attribuer des "fonctions hédoniques" au prix des logements[83]. Ce qui nous intéresse à présent, ce sont surtout le cadre général de la typologie des différenciations de produit que Lancaster a proposée et les possibilités qu'elle offre pour comprendre la dynamique des innovations (différenciations) de produit (bien résidentiel)[84]. En d'autres termes, nous à reprendrons la typologie de Lancaster selon une perspective schumpétérienne.

Etant donné que les biens sont définis par des caractéristiques qui leur sont propres et que les préférences individuelles sont dérivées de ces caractéristiques, c'est en fonction de celles-ci que Lancaster se propose de regrouper les biens (en espaces de biens). Il est clair qu'il s'agit de groupes non pas de caractéristiques, mais de biens (automobiles, réfrigérateurs, etc.). Et c'est après avoir défini des groupes de biens dotés de caractéristiques particulières qu'il introduira la notion de "différenciation du produit", qui lui servira *grosso modo* à identifier les variations de contenu pour les caractéristiques des biens appartenant à un même groupe. Ces variations feront alors apparaître des "modèles" de biens à l'intérieur d'un même groupe.

Par ailleurs, il va distinguer ces différenciation en fonction de la "spécification" des biens et les classer ainsi en deux grands groupes: les différenciations verticales, correspondant à un changement strict des qualités du bien (changement du nombre absolu des caractéristiques pour chaque unité de ce bien), et les différenciations horizontales, qui surviennent quand la spécification change (changement dans l'ordonnancement des caractéristiques du bien). L'exemple d'une automobile ayant différents modèles représente une différenciation horizontale, tandis que deux automobiles de qualité différente - une Volvo et une Hyundai par exemple - relèvent d'une différenciation verticale.

---

82 Ibid., p.59.

83 Voir Abramo, 1997.

84 Il faut souligner que les études orthodoxes traitant des fonctions hédoniques des prix recourent généralement à une matrice walraso-thünénienne pour représenter l'ordre résidentiel urbain. Voir à ce sujet Abramo, 1997.

La différenciation horizontale fait ainsi appel aux changements intervenant dans les préférences de consommateurs répondant à un "type" de ménages dont les revenus sont compatibles avec l'achat de ce bien différencié, tandis que la différenciation verticale introduit une dimension qualitative qui impose des restrictions de choix au niveau des ressources budgétaires des consommateurs. Comme le dit Tirole, la plupart d'entre eux "s'accordent à dire qu'une qualité supérieure est préférable - par exemple la Volvo - mais les consommateurs qui peuvent s'acheter une Hyundai sont plus nombreux. Ce sont leurs revenus et le prix des voitures qui déterminent le choix ultime des consommateurs"[85]. L'intérêt de cette distinction entre différenciations verticale et horizontale tient selon nous au fait qu'elle permet d'introduire des dynamiques qui prennent en compte les différents "types" de ménages présents sur le marché de la localisation résidentielle. Cependant, à l'inverse des orthodoxes qui invoquent la restriction des ressources de la demande pour assouplir l'"esprit schumpétérien" des entrepreneurs, il nous semble plus raisonnable de supposer que ces entrepreneurs schumpétériens vont profiter de la segmentation de la demande pour introduire davantage de stratégies de différenciation de produit. Autrement dit, nous pouvons imaginer qu'une demande composée de plusieurs "types" de ménages permettrait de multiplier d'autant les différenciations verticales (par le recours à l'endettement familial), qui, par la suite, pourraient donner lieu à des différenciations horizontales.

D'autre part, si l'on suppose que le bien logement peut lui aussi être l'objet d'une logique de différenciation et que les ménages sont définis selon des "types" dotés de ressources différentes, il est alors possible d'envisager des stratégies de différenciation alternative. Celles de type vertical établiront des offres de biens-logements de qualités distinctes qui feront ressortir les différents "types" de ménages composant la demande de localisation, alors qu'à l'intérieur d'un même "type" de ménages nous aurons des stratégies de type horizontal qui induiront des variations dans les caractéristiques du bien logement, ce qui renvoie à des "modèles d'immeubles" différents. La ville se composerait ainsi de biens-logements ayant des caractéristiques distinctes de celles d'autres de qualité différente, mais aussi de "modèles" divers de qualité semblable. Il faut souligner que nous raisonnons ici comme si cette ville, qui ne serait composée que de biens-logements, était conçue dans une dimension a-spatiale, comme si la localisation dans l'espace de ces biens n'avait pas encore été prise en compte. Dès lors, et dans la mesure où l'on envisage des "types"

---

85 Tirole, 1988 (traduction française, 1993, p.189).

différents de ménages, l'espace à partir duquel ces biens-logements seront perçus s'apparentera à une mosaïque d'externalités.

Dans ce cas, l'analyse de la différenciation des biens résidentiels (et donc du parc ou du stock) va considérer un ordre spatial segmenté. Les différenciations horizontales et verticales seront développées à partir de la perception qu'auront les entrepreneurs d'un espace composé d'externalités de voisinage, et du fait que ces externalités correspondent en effet aux positions relatives des différents "types" de ménages dans l'espace. Les stratégies de différenciation des biens-logements adoptées par les entrepreneurs urbains seront alors conçues en tenant compte de l'interdépendance spatiale des localisations résidentielles et de la distribution (segmentation) des ressources de la demande[86]. Cela nous conduit naturellement à l'idée que la dynamique de différenciation des logements peut être un moyen (pour les entrepreneurs) de proposer des changements dans l'ordre spatial, sans oublier la redistribution des richesses que ce processus pourra déclencher. Il apparaît par conséquent que la dynamique de différenciation des logements s'articule avec le processus de coordination résidentielle et les éventuelles redistributions de richesses dont les changements occasionnés dans la configuration de l'ordre urbain marchand seraient porteurs.

En outre, la notion de différenciation de Lancaster peut être appliquée dans le cas où la modification spatiale se poursuit au fil du temps. Dans ce sens, il faudrait sortir du cadre statique de l'analyse orthodoxe où ces notions ont été énoncées et faire appel à l'approche de Schumpeter, pour qui le changement et l'innovation doivent être conçus dans une temporalité séquentielle (ou selon une perspective évolutive)[87]. Il nous semble pour notre part que les vraies différenciations de produit, et en particulier celles liées au bien logement, devraient être envisagées dans le déroulement du temps, c'est-à-dire dans le temps historique. En effet, c'est dans ce temps-là que les phénomènes d'irréversibilité et l'enjeu économico-spatial des différenciations de stocks se manifestent en tant que véritables ruptures avec les biens du passé. Les décisions qui ont été prises en projetant

[86] Plus avant, nous suggérons une lecture de la dynamique de long terme dans la structuration des stocks résidentiels (ceux qui sont offerts par le marché) basée sur les différenciations horizontales concernant les ménages de même "type", et sur les différenciations verticales quand on envisage des transferts de ressources entre les acteurs urbains.

[87] Selon Gaffard (1990, p.220), "*la position de Schumpeter sur la question de la concurrence peut, en effet, être analysée comme signifiant que la performance d'un mécanisme de création/affectation des ressources doit être envisagée comme s'inscrivant dans le temps plutôt qu'à un instant du temps* ".

l'avenir sur la base des caractéristiques de tels biens pourront donc échouer, la différenciation étant susceptible d'engendrer des situations inattendues. Autrement dit, celle-ci devient alors innovation, et son entreprise une décision cruciale. Et, notons-le, nous retrouvons ici la perspective hétérodoxe.

1.4 La pratique de la différenciation des biens: la rupture avec l'orthodoxie à travers les propositions de "destruction créatrice" de stock (parc) résidentiel

Il suffit de parcourir une ville quelconque pour s'apercevoir que les caractéristiques du bien logement changent au fil du temps. Ces changements peuvent être vus comme des différenciations du "produit" logement, comme des innovations survenues à un certain moment sur le marché et ayant ensuite suivi (ou non) une trajectoire de diffusion[88]. Les entrepreneurs urbains innovateurs feront ainsi appel aux architectes et à leurs débats sur la forme du bien bâti pour modifier la conception (et le concept) des immeubles résidentiels; aux savoir-faire des artisans du bâtiment pour proposer des variations dans les décors interne et externe des immeubles[89]; aux ingénieurs pour apporter des solutions nouvelles à la "technique de l'intérieur de l'habitat" et au développement des innovations concernant les autres biens durables que la résidence devrait "accueillir"[90]; et à tous ceux qui pourraient fournir des éléments de différenciation du bien logement. Bien que chargé du symbolisme de la sécurité (à l'abri des effervescences du

[88] Dans le chapitre sur la dynamique longue de la configuration spatiale, nous reprendrons les concepts d'innovation et de trajectoire des objets résidentiels pour énoncer la notion de "cycle de vie" des localisations urbaines et celle de dynamique spatiale.

[89] Le style "art déco" est un bon exemple d'innovation architecturale (opérée avec l'aide des maîtres artisans) qui a déclenché une vague de modifications sans changer de façon significative la structure des bâtiments, comme cela s'est produit dans le cas du modernisme architectural. Ce dernier proposait une conception nouvelle de la forme bâtie qui introduit une dimension autre quant à la disposition spatiale des objets (prise en compte des trois dimensions de l'objet bâti), tandis que l'art déco n'a apporté que des modifications concernant les façades et l'intérieur. Voir à ce sujet Ragon, 1986.

[90] Munford (1950) et surtout Giedion (1948) nous offrent une histoire très intéressante des changements internes aux logements qui reflète bien la dynamique complexe des innovations relatives au bâtiment et aux autres biens durables de la "vie domestique". Dans le même sens, l'ouvrage classique de Munford (1961) nous donne plusieurs indications sur les innovations de produit et l'histoire de la technique. En Abramo (1996), nous soulignons le rapport historique (régime urbain fordiste) existant entre le développement de la production de masse de biens durables et l'offre de résidences.

monde...) et, apparemment, prémuni contre la contagion de la logique de différenciation des produits, ce bien est désormais un objet marchand; la logique de la concurrence marchande l'a fait entrer dans le "ballet" de la différenciation systématique des biens, et dans la dynamique qui s'ensuit. De plus, sur le marché du logement, son caractère durable constitue une motivation pour l'esprit entrepreneurial schumpétérien.

On sait que sur tous les marchés de biens durables il existe une tension constante entre les décisions présentes et passées, ces dernières occasionnant des stocks en raison même de la durabilité du bien et pouvant ainsi faire concurrence aux offres nouvelles[91]. Concernant le marché des logements, ce problème devient d'autant plus important que la durée de vie de ce bien peut s'étendre sur des décennies (parfois des siècles). A cette caractéristique s'ajoute le fait qu'il s'agit d'un bien dont le support - le sol - ne peut être déplacé. Autrement dit, le bien résidence est non mobile et indissolublement lié à la localisation qui le porte. Dans ce sens, les stocks résidentiels ne peuvent être offerts sur d'autres marchés-villes qu'en tant que biens inséparables de la ville où ils ont été bâtis. Il s'agit d'un "immeuble" dont l'irréversibilité spatiale et la longue durabilité font que la décision de l'offrir sur le marché nuancera le pouvoir de l'offre sur le marché futur, toute nouvelle offre devenant un concurrent virtuel.

En principe, l'offre capitaliste de logements est déterminée par les variations démographiques et le taux de reconstitution des stocks périmés[92]. Il faut bien admettre qu'à ce niveau du raisonnement marchand, l'esprit schumpétérien est véritablement prisonnier de la nature: biologique d'abord en ce qui concerne la première variable, et matérielle ensuite par rapport à la vie des stocks[93]. Les entrepreneurs redeviendrait ainsi des "automates" ou des "robots", la plupart des modèles orthodoxes de marché du logement donnant d'eux l'image de "petits fonctionnaires" de la rationalité paramétrique qui prennent leurs

---

[91] Ce problème est énoncé en général en termes de limites du pouvoir monopoliste quand les biens sont durables: l'offre de biens durables va reproduire à l'infini la concurrence par le biais des stocks. Le monopoleur peut ainsi faire le choix entre les louer ou les vendre. Pour la présentation de quelques-uns de ces modèles issus de la théorie des jeux, voir Tirole, 1985, p.12-18 et Tirole, 1988, trad. fr. 1993, p.154-172.

[92] Dans la plupart des modèles économétriques orthodoxes, ces deux variables apparaissent comme étant indépendantes du modèle (de même que les variables monétaires). Pour un survol de ces modèles, ainsi que de ceux de maintien des stocks (investissement en entretien ou en production), voir Strazheim, 1974, 1987.

[93] Pour reprendre une terminologie proche de celle de Marx, nous pouvons dire que le capital aura perdu son indépendance en tant que grandeur qui s'auto-valorise, sa dynamique d'auto-expansion étant alors entravée non plus par son propre mouvement, mais par la nature.

décisions d'offre de biens-logements en anticipant les variations démographiques et les taux de dépréciation physique des stocks résidentiels. Nous sommes ici dans le monde de la certitude (ou du risque knightien) et des actions routinières, où la confrontation marchande en effet ne réserve guère de surprises à ses participants.

C'est là que l'innovation (la différenciation) pourra apporter un "espoir d'indépendance" à l'auto-valorisation du capital, à l'esprit animal des producteurs de logements urbains. Elle va permettre aux entrepreneurs de soumettre les stocks résidentiels à une "dépréciation" différente de celle régie par les lois physiques de la dégradation matérielle. L'innovation peut ne pas avoir l'effet dévastateur d'une bombe sur les quartiers résidentiels, qui, en raison de leur durabilité, perdurent et continuent de concurrencer l'offre nouvelle[94]; cependant, elle est capable d'anéantir de façon "fictive" ces stocks résidentiels. Mais comment l'innovation pourra-t-elle devenir cette "bombe fictive"?

En modifiant les caractéristiques des immeubles-résidences (différenciation), les entrepreneurs schumpétériens seront à même de produire (induire) des changements dans les préférences des consommateurs, à savoir une dépréciation "socio-marchande" des stocks existants qui puisse réorienter la demande vers une offre nouvelle qui échappera à l'effet de concurrence des stocks. L'entrepreneur peut ainsi soit proposer de modifier les caractéristiques existantes du bien résidence et offrir ainsi de nouvelles compositions (différenciation horizontale), soit introduire de nouvelles caractéristiques et donc une différenciation verticale des stocks résidentiels. Dans les deux cas, c'est un "nouveau" bien logement qui est proposé, le stock existant devenant alors un bien "non substituable" à ceux nouvellement offerts, même si ce bien différencié remplit exactement le même rôle au niveau de la consommation. En effet, la stratégie de différenciation a pour objectif de produire un changement au plan des préférences des ménages, une sorte d'effet de mode grâce auquel, en se périmant, les stocks perdront leur capacité concurrentielle. L'innovation-différenciation confère en ce sens aux entrepreneurs schumpétériens un certain pouvoir qui va leur permettre d'imposer un *mark up* au marché de la demande; en les libérant de la concurrence des productions du passé (les stocks), l'innovation les placera dans la condition virtuelle de "*price makers* ".

Globalement, la dynamique marchande (évolution) du changement de la structure urbaine réfléchira cette recherche d'un profit (*mark up* urbain) par le biais des innovations. Cependant, les chances de réussite des stratégies individuelles d'innovation vont dépendre de la

---

94 Pour qu'une telle destruction survienne, il vaudra mieux faire appel à la guerre, aux attentats ou attendre une catastrophe naturelle.

configuration de l'ordre résidentiel. C'est-à-dire que les actions individuelles des entrepreneurs urbains seront dépendantes, elles aussi, du processus de coordination (validation) spatiale des offres.

Cette dépréciation, qui, parce qu'elle est "fictive" (modification des préférences des consommateurs), ne détruit pas physiquement le stock de biens, serait dans le cas des résidences urbaines restreinte à certains "types" de ménages[95], et elle est appelée par Schumpeter "destruction créatrice"[96]. Créatrice dans le sens où elle libère l'offre du processus de resserrement progressif du marché que la concurrence des stocks lui imposait et ouvre ainsi la voie pour la production de nouvelles résidences (croissance-évolution urbaine)[97]. Et il s'agit d'une destruction dans le sens où, de par la dimension séquentielle des actes marchands, une nouvelle référence sera établie pour l'objet résidentiel. En outre, parce que cet acte marchand de "destruction créatrice" est une innovation, il va octroyer à ceux qui l'introduisent (les innovateurs) un profit auquel le marché ne leur donnait pas accès auparavant. Comme l'écrit Gaffard, "*Schumpeter met l'accent sur le rôle des pratiques monopolistes en tant qu'éléments fondamentaux du processus d'évolution entendu comme processus de destruction créatrice*"[98]. Si les entrepreneurs sont attirés par ce profit, ils chercheront les moyens d'établir les conditions de ce monopole, et le marché sera alors l'objet de propositions fréquentes d'innovations, avec pour conséquence la dépréciation fictive des stocks existants. Si l'on considère que ces biens ont une grande durabilité, il est facile de conclure que cette dynamique d'innovation-différenciation des biens logements représente une source

---

95 Parce que la ville est composée de plusieurs "types" de ménages ayant des possibilités différenciées de faire face à des changements de localisation résidentielle, que l'offre est aussi structurée par rapport aux particularités des "types" de ménages et que, en raison de la valeur unitaire élevée des biens logements, l'accès à un nouveau logement est conditionné à une offre éventuelle de l'ancienne résidence sur le marché secondaire d'occasion, la dépréciation fictive dont feront l'objet certains "types" de ménages permettra à d'autres "types" d'accéder à un bien plus "sophistiqué". Cette logique d'enchaînement des déplacements résidentiels sera développée dans le chapitre sur la dynamique de long terme de l'ordre spatial.

96 Cf. Schumpeter, 1941.

97 Il faut souligner que la vision optimiste de l'évolution économique proposée par Schumpeter est fortement liée à la vision walrasienne de l'équilibre (voir Milgate, 1989, p.66-67). Ce qui nous intéresse ici, c'est surtout son idée que les innovations deviennent des décisions cruciales, et donc annonciatrices d'incertitude. Dans le chapitre sur la convention urbaine, nous verrons comment l'innovation urbaine peut s'articuler avec les mécanismes de coordination des décisions résidentielles quand ces dernières sont prises dans un contexte d'incertitude urbaine radicale et, par ce biais, devenir un des vecteurs de la structuration de long terme de l'espace urbain.

98 Gaffard, 1990, p.221.

inépuisable d'incertitude aussi bien pour ceux qui les achètent (les ménages) que pour ceux qui les offrent (les entrepreneurs urbains).

Par ailleurs, la pratique qui consiste à innover en termes de produit offert (de logement-résidence) ne devrait pas être dissociée de la dimension spatiale de ces biens marchands: le choix de consommer (comme de produire) du bien logement pose immédiatement la question de sa localisation. Il en résulte que les innovations en la matière s'accompagnent le plus souvent d'une stratégie de différenciation spatiale, ce qui veut dire que l'innovation concernant les biens résidentiels sera aussi une innovation spatiale urbaine, autrement dit subordonnée à une logique de changement inattendu de l'ordre résidentiel urbain.

En effet, la décision des ménages de consommer (d'acheter) du bien logement se prend moins en fonction du produit en soi que d'une logique de choix de localisation. Comme nous supposons celui-ci défini par la "recherche d'externalités de voisinage", c'est à partir d'une offre nouvelle de localisation, capable d'attirer des "types" de ménages qui en principe tendraient à s'installer ailleurs, que l'innovation urbaine pourra véritablement être définie. Dans ce sens, les différenciations du produit logement seront le plus souvent utilisées pour proposer de nouvelles localisations susceptibles de rassembler des ménages d'un "type" particulier, et produisant ailleurs une certaine externalité de voisinage. Cependant, une telle proposition est toujours entravée par la longue période de dépréciation des logements. C'est là que les innovations-différenciations effectuées autour de ce produit vont jouer leur rôle de dynamique spatiale, puisqu'en dépréciant de façon fictive les stocks résidentiels existants, les entrepreneurs urbains pourront récupérer leur capacité à offrir de nouvelles localisations résidentielles.

En raison du lien indissoluble qui existe entre le bien logement et la localisation, et donc de l'immobilité radicale des stocks résidentiels, l'innovation-différenciation apparaît comme l'outil le plus puissant dont disposent les "opérations schumpétériennes" strictement spatiales. C'est-à-dire qu'en dépréciant de façon fictive le produit logement, les entrepreneurs peuvent espérer déprécier tout aussi "fictivement" les sites résidentiels. Le fait de réussir une telle opération fera d'eux de vrais "entrepreneurs schumpétériens urbains", capables d'introduire des innovations spatiales par le biais de l'offre de logements. La dépréciation fictive intervenant au niveau des préférences des ménages à travers un changement des caractéristiques du bien logement et/ou de nouvelles combinaisons de ces caractéristiques, on peut dire que ces innovations seront mises en œuvre grâce à une stratégie de différenciation du produit.

Mais pour parvenir effectivement à la destruction créatrice des stocks-sites résidentiels, il faut que ces innovations de produit soient capables d'offrir des biens résidentiels ayant la même "caractéristique" de localisation (externalité) que les stocks qu'elles visent à déprécier, autrement dit que l'externalité de voisinage résultant de l'homogénéité des ménages soit reproduite ailleurs. Au niveau des stocks résidentiels, la stratégie schumpétérienne devra ainsi réaliser deux opérations conjointes, et donc faire face à un double "défi urbain". D'abord proposer une dépréciation fictive du parc afin de libérer l'offre des contraintes que représente la longue durée de vie de ce bien, et pour ce faire formuler un plan de différenciation du produit. Cependant, sa réussite dépend aussi de l'interdépendance spatiale des ménages, puisque le critère de leur choix de localisation est la recherche d'externalités de voisinage. La "destruction créatrice" implique donc un mouvement de déplacement (réel ou anticipé) d'un ensemble de ménages qui soit capable de produire une nouvelle externalité de localisation. En un mot, les entrepreneurs devront être "crédibles" dans leur stratégie de dépréciation fictive pour que, effectivement, les ménages se déplacent vers la nouvelle localisation: il faudra que ceux-ci croient que d'autres ménages du même "type" ont été sensibilisés aux propositions de différenciation, ce qui nous renvoie aux problèmes de coordination spatiale marchande[99]. Dans ce cas, la différenciation du produit logement devient une différenciation spatiale (résidentielle).

Ce double défi que sous-tend la décision d'innovation-différenciation souligne le rôle crucial des choix des ménages (de la demande), et donc de la coordination spatiale de ces acteurs au niveau des stratégies entrepreneuriales: les entrepreneurs schumpétériens urbains doivent s'efforcer, par le biais de la différenciation du produit logement, de bouleverser la configuration de l'ordre résidentiel existant. Pourtant, ils ne réussiront à imposer un *mark up* urbain que s'ils arrivent à déplacer les ménages d'un même "type", et donc à reproduire dans un site différent (nouveau) l'externalité propre aux stocks résidentiels qu'ils envisageaient de déprécier.

Ce point est important, car il signale que les entrepreneurs urbains sont obligés d'anticiper pour formuler leurs stratégies de différenciation, c'est-à-dire de prendre leurs décisions dans un environnement marqué par l'incertitude. Selon les termes de Schumpeter, l'entrepreneur "*doit encore anticiper et faire des estimations sur la base de son expérience. Mais beaucoup de choses restent incertaines, d'autres encore ne sont vérifiables qu'à grande échelle, certaines ne pourront sans doute qu'être 'devinées'* "[100]. On

[99] Nous développerons davantage ce point dans le prochain chapitre.
[100] Schumpeter, 1911, p.85.

voit par conséquent que, par le biais des innovations, c'est la notion d'incertitude radicale de Keynes que Schumpeter rejoint ici.

Cependant, l'innovation urbaine porte en elle une dimension particulière - une double dimension - d'incertitude. Une incertitude tout d'abord économique (celle dont parle Schumpeter), liée au produit en soi, mais aussi spatiale (l'incertitude urbaine) concernant la capacité des projets de différenciation résidentielle (nouvel ordre urbain) à séduire les ménages ciblés, et ainsi à rétablir ailleurs l'externalité précédemment évoquée. On aurait pu penser que l'avant-garde orthodoxe ferait appel aux hypothèses des anticipations rationnelles pour résoudre ce problème. Mais la décision-défi de lancer une innovation urbaine ne saurait se soumettre à la logique des probabilités qui les soutient (risque knightien), et cela justement parce qu'une telle décision détruit toute possibilité d'établir des anticipations à partir d'une référence objective (espérance mathématique), ce qui veut dire que les entrepreneurs urbains seront amenés à formuler leurs décisions d'innovation-différenciation dans un environnement d'incertitude urbaine radicale.

Bref, la vraie dimension des décisions cruciales urbaines résiderait dans le double rôle de ces innovations-différenciations spatiales. D'un côté, dans le fait qu'elles détruisent l'ordre urbain en place, établissant ainsi avec la dimension ergodique du marché de la localisation une rupture inattendue plaçant ceux qui doivent formuler leurs choix résidentiels dans un environnement d'incertitude radicale et soulignant le caractère précaire de tout ordre résidentiel marchand; de l'autre, dans le fait que les chances de réussite des actions (décisions cruciales) menées par les entrepreneurs schumpétériens sont liées à leur capacité à reproduire les conditions d'externalité des stocks dépréciés. Mais si ces décisions incitent à la mise en œuvre d'un nouvel ordre résidentiel, le doute que la pratique des dépréciations fictives introduit dans le choix des ménages peut remettre en cause les stratégies des entrepreneurs en raison des difficultés de coordination spatiale de ces choix dans un environnement d'incertitude urbaine radicale[101]. De ce point de vue, on peut dire que toutes les décisions des participants au marché de la localisation sont prises dans un tel environnement.

Il nous semble que ce que l'introduction de l'entrepreneur schumpétérien met ici en lumière, du côté de l'offre (de l'innovation urbaine), c'est une décision cruciale qui dévoile la dimension non ergodique du marché résidentiel, et c'est ce qui nous permet de l'envisager dans un contexte d'incertitude urbaine. Nous aurons ainsi

---

101 La rupture que les décisions d'innovation entraînent avec l'ergodicité de la représentation marchande empêchera les ménages de faire des choix résidentiels de routine, c'est-à-dire en anticipant ceux des ménages du même "type" à partir des choix du passé.

un marché où la possibilité de prendre des décisions cruciales ne sera pas restreinte aux ménages; elle s'étendra aux entrepreneurs d'esprit schumpétérien, dont les choix - que Shackle qualifie de cruciaux - vont effacer la condition d'ergodicité et placer de ce fait le processus de coordination spatiale marchande sous le signe de l'incertitude radicale[102]. En outre, ce type de décisions dévoile la dynamique de changement de l'ordre résidentiel marchand dans la mesure où, en bouleversant la configuration établie, elles deviennent productrices de "désordre"; tandis que pour réussir en tant que stratégie économique, l'innovation doit rétablir un nouvel ordre résidentiel. Il s'agit donc de décisions porteuses à la fois de désordre et d'ordre spatio-marchands. Selon les termes de Schumpeter, elles portent l'évolution (changement) de la configuration résidentielle marchande.

La figure ci-dessous retrace schématiquement le cheminement que suivent les décisions cruciales des entrepreneurs urbains. Ceux-ci s'aperçoivent dans un premier temps que la durabilité et l'immobilité spatiale des biens-logements entraînent le marché dans un processus d'engorgement progressif de l'offre et de perte des possibilités d'imposition de marges (*mark up* urbain), et que le stock (parc) résidentiel fait de plus en plus concurrence à leurs offres capitalistes. Ils décident alors, dans un deuxième temps, d'établir des différences entre les résidences qu'ils souhaitent offrir et le stock existant, c'est-à-dire d'adopter une stratégie de différenciation du produit visant à modifier les préférences de la demande, et donc à opérer une "dépréciation fictive" de ce stock. Ces innovations pourront conduire à des différenciations verticales et horizontales, et par suite à des déplacements chez certains ménages. Et ces dépréciations étant inattendues, les anticipations qui ont été faites sans prendre en compte les propositions de différenciation seront passibles d'échec. Dans le même sens, les innovations vont bouleverser le caractère ergodique du processus stochastique qui représentait jusque-là le marché de la localisation, empêchant ainsi que les agents n'établissent leurs anticipations à partir de valeurs objectives. Comme les ménages souhaitent profiter d'externalités de voisinage (ce qui les oblige à anticiper les décisions des autres), et comme leurs anticipations ne peuvent plus se fonder sur des valeurs (objectives) du passé, nous pouvons dire que les décisions d'innovation résidentielle placent le marché de la localisation dans un cadre d'incertitude urbaine radicale et que c'est là le défi critique que la coordination spatiale marchande doit relever.

---

102 Nous empruntons ici la démarche de Davidson (1982-83, 1991), selon qui une certaine critique de l'hypothèse des anticipations rationnelles peut conduire à la notion d'incertitude radicale.

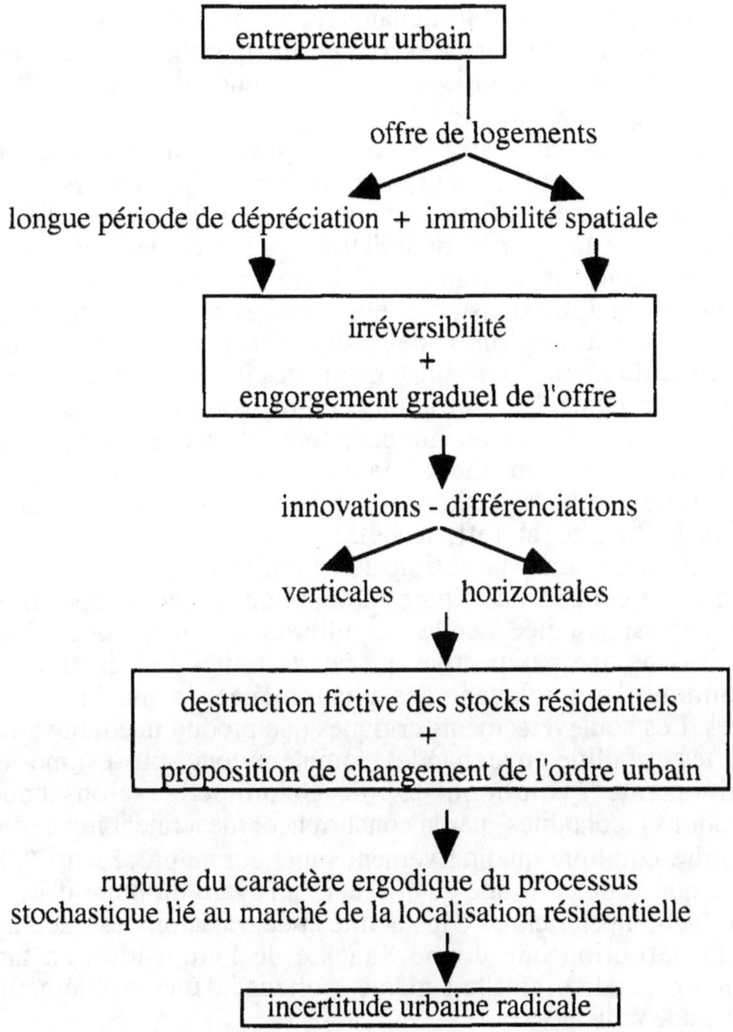

Figure n°1: la décision cruciale schumpétérienne et l'incertitude urbaine

Notons que, sur ce point, nous nous éloignons quelque peu de l'héritage schumpétérien. Schumpeter s'est toujours montré ambigu à l'égard de la tradition walrasienne. Si les innovations sont pour lui une rupture de l'équilibre walrasien stable, la dynamique qu'elles déclenchent conduit pourtant à ses yeux à un nouveau point d'équilibre stable: "*les instabilités que génère le processus d'innovation tendent à s'auto-corriger, (car) elles ne s'accumulent pas*"[103]. Autrement dit, les innovations produiraient des changements dans l'équilibre walrasien, mais il y aurait toujours des forces de marché pour amener une économie ainsi "déstabilisée" par une innovation à une nouvelle situation d'équilibre stable[104].

Dans la "machine économique" telle que la conçoit Schumpeter[105], c'est la concurrence entre les entrepreneurs qui permet l'élimination des profits dus à l'innovation et le retour à l'équilibre. L'innovation et la destruction créatrice qu'elle déclenche donneraient lieu à un "moment de transition" entre un équilibre et l'autre que Schumpeter qualifie d'instable; elles marqueraient la "trajectoire" de passage, d'évolution, entre deux équilibres walrasiens. Voir dans l'instabilité du marché un "ajustement" des innovations à l'intérieur du tissu économique, c'est introduire la dimension du changement dans l'analyse des relations de marché; mais dire que ce cheminement conduit toujours à un nouvel équilibre walrasien, c'est en effet se rendre aux hypothèses orthodoxes qui font des forces de marché des facteurs de stabilité (et d'efficience).

Dans ce sens, la notion d'instabilité dont parle Schumpeter s'éloigne de celle d'incertitude radicale qui nous occupe. En outre, lorsqu'elle est associée à celle d'équilibre walrasien, l'idée d'évolution s'inscrit dans une perspective qui écarte toutes les réactions micro-économiques qui relèvent des phénomènes de masse décrits par Keynes. Les bouleversements critiques que produit une innovation, tels les pertes et faillites marchandes, semblent donc sous-estimés dans le cheminement "évolutionniste" de Schumpeter selon lequel les innovations ("conduites" par la concurrence) mèneraient invariablement à un ordre-équilibre qualitativement supérieur au précédent[106]. Il nous semble que cette certitude qu'affichent à l'égard du point d'arrivée les notions schumpétériennes d'instabilité et de trajectoire est incompatible avec la définition que donne Shackle de l'innovation en tant que décision cruciale et, du fait même, porteuse d'une problématique de l'incertitude radicale.

Dans le chapitre consacré à la dynamique de long terme de la structuration des stocks résidentiels, nous nous proposerons d'utiliser

---

103 Schumpeter, 1951, p.70.

104 Selon Arena (1985, p. 155), Schumpeter aurait utilisé ce que Kregel (1976) a appelé la méthode de l'équilibre statique keynésien.

105 Nous employons le terme "machine économique" dans le sens que lui donne Milgate (1989) de mécanismes économiques conduisant à des équilibres-résultats stables.

106 Si les travaux des néo-schumpétériens contemporains, tels Nelson et Winter (1982), s'attachent à introduire l'incertitude dans le processus évolutif, ils le font en général à partir de méthodes stochastiques, ce qui revient en effet à la réduire au risque knightien.

la notion de trajectoire des innovations pour comprendre la dimension spatiale des pratiques de différenciation (et d'imitation) des biens-logements, mais en soulignant que personne ne peut assurer d'avance que la trajectoire marchande d'une innovation urbaine (et du processus de destruction créatrice) mènera à un nouvel ordre. L'innovation urbaine sera vue comme génératrice d'une dynamique incertaine pour les choix de localisation résidentielle, dont le résultat pourra être soit un nouvel ordre, soit une configuration instable (le désordre ou la "crise urbaine"). C'est pour cette raison que, selon nous, la notion de trajectoire des innovations fait plutôt appel à la problématique keynésienne de l'incertitude radicale et aux problèmes critiques de coordination des actions qu'à la tradition évolutionniste[107].

Si l'on raisonne selon une perspective spatiale, innover en matière de produit logement revient avant tout à pratiquer des innovations dans l'ordre résidentiel urbain établi. Selon les termes de l'"économie des anticipations", c'est bouleverser les prévisions de localisation fondées sur la théorie (du marché) et les faits du passé. En un mot, l'innovation urbaine porterait en elle une capacité à détruire les fréquences, et donc l'ergodicité, d'une représentation stochastique de la structure résidentielle. On retrouve ici l'incertitude spatiale radicale qu'engendrent les décisions cruciales des ménages. C'est l'incertitude urbaine non probabilisable, l'incertitude radicale de Keynes, qui apparaît une fois de plus comme la principale caractéristique de l'environnement dans lequel les acteurs urbains vont devoir formuler leurs décisions individuelles de localisation résidentielle.

Il nous semble que le cheminement d'équilibre-innovation-instabilité-équilibre que propose Schumpeter devrait ainsi être modifié selon une perspective qui souligne davantage le rapport entre l'innovation comme facteur de destruction créatrice des stocks et l'incertitude urbaine radicale. Le rejet de la voie orthodoxe qui défend l'idée de l'éternel retour vers l'équilibre (la stabilité) nous oblige à nous interroger sur la façon dont le marché peut aboutir à un ordre résidentiel, et la prise en compte de la "connexion" entre les décisions des entrepreneurs schumpétériens et l'incertitude urbaine nous amène à nous demander si le marché est capable de faire émerger un ordre spatial et, dans l'affirmative, quels sont les mécanismes qui peuvent coordonner les acteurs du marché de la localisation dans un environnement d'incertitude urbaine.

---

107 Pour une discussion évolutionniste du rapport entre l'innovation technologique (et sa trajectoire) et l'incertitude (et le hasard), voir Dosi et Metcalfe, 1991.

Autrement dit, il faudrait s'interroger sur les possibilités de coordination des décisions de localisation et d'émergence d'un ordre spatial ou, à l'inverse, d'apparition d'un désordre dès lorsqu'on accepte la virtualité de décisions cruciales. Plus simplement, la question est de savoir si la coordination du marché peut s'effectuer dans un contexte d'incertitude urbaine radicale.

1.5 Conclusion: les décisions cruciales urbaines mènent toutes à l'incertitude

Avant d'aller plus loin dans la problématique de l'incertitude urbaine, il nous paraît nécessaire d'insister sur les points de rupture que marquent les décisions cruciales vis-à-vis de la représentation de la synthèse spatiale néoclassique, et plus particulièrement sur l'esprit de l'entrepreneur schumpétérien, tout d'abord parce que cet esprit redonne une "vie marchande" à l'un des participants au marché: le capitaliste-entrepreneur. Lui attribuer une part active dans les "affaires" du marché résidentiel, c'est lui donner la capacité d'intervenir dans la dynamique de la configuration spatiale par le biais de l'offre de biens-logements. Si la tradition orthodoxe de l'économie urbaine supposait l'existence d'un capitaliste "serviteur" de la combinaison optimale entre les facteurs capital et sol (terrain) urbain, d'un agent économique "neutre" construisant une ville-Leggo suivant les règles établies par le jeu entre la demande et les propriétaires absents, l'entrée en scène de la figure active de l'entrepreneur schumpétérien et de la pratique des innovations-différenciations en termes de stocks résidentiels a permis de rejeter cette image de "robot" marchand et d'introduire les notions d'innovation spatiale et d'incertitude urbaine radicale.

En évoquant la tradition schumpétérienne, nous avons vu que les innovations introduisaient des éléments monopolistes dans le marché, et ainsi une redistribution des ressources (de la richesse) parmi les participants au jeu marchand. Si l'innovation résidentielle urbaine obéit elle aussi à cette règle, on peut alors attendre des entrepreneurs schumpétériens urbains qu'ils proposent des changements inattendus dans la structure résidentielle afin de s'assurer un profit exceptionnel. En outre, en promouvant la dépréciation fictive des stocks (parc) existants, ces innovations réduiront la concurrence qu'ils faisaient à l'offre capitaliste, qui récupérera ainsi une partie de son pouvoir sur le marché. Autrement dit, les entrepreneurs urbains ne seraient plus ces *price takers* du marché de la localisation, comme le suggérait le discours de la synthèse orthodoxe[108]. En renforçant leur pouvoir marchand, ils vont devenir des "price makers" et tenter d'obtenir de la demande des transferts additionnels de ressources (gains de marge) en proposant de nouvelles configurations du stock résidentiel[109].

Ce processus de restructuration urbaine, parce qu'il est ainsi susceptible de redistribuer les richesses, sous-tend une remise en cause du principe de "neutralité" du processus d'équilibrage spatial caractéristique de la synthèse néoclassique[110], ce qui nous renvoie à l'esprit de la sociologie urbaine critique des années soixante-dix. Il est vrai que notre démarche s'éloigne quelque peu du raisonnement qui met en scène un jeu de forces politiques tournant autour de l'appropriation de l'excédent sous forme de rente foncière; elle se rapproche davantage du discours hétérodoxe de la pensée marchande que des principes classico-marxistes. En effet, nous ne raisonnons plus, pour emprunter les termes de celui qui a inspiré ces sociologues critiques, selon une "théorie de la valeur", mais plutôt en nous replaçant dans le "monde fantasmagorique des prix"[111].

Malgré le regard critique différent que nous portons sur les rapports de marché, nous nous inscrivons dans une perspective qui fait de l'échange et de la distribution des richesses des processus qui s'articulent et devraient donc être envisagés ensemble. Comme le disait J. Robinson, l'idée d'une coordination des actions par un marché "neutre" - telle que la voit l'équilibrage" walrasien - n'est concevable que dans un camp de prisonniers; mais dès lors qu'on a affaire à un marché capitaliste, l'échange entraînera des modifications dans la dotation en ressources des acteurs de cet échange[112]. Dans les termes

---

108 Pour une présentation du modèle de Muth, voir Abramo, 1997.

109 Dans le chapitre sur le circuit monétaire urbain, nous présenterons plus en détail cet aspect du *mark up* urbain.

110 Sur la notion de "neutralité" de l'espace et son rapport avec la théorie de la rente foncière, voir Abramo, 1997

111 Si nous évoquons la terminologie proposée par Lipietz (1983), qui distingue les dimensions "exotérique" et "ésotérique" des rapports marchands, l'analyse que nous développons dans ce travail ne se situe cependant que du point de vue de l'ésotérique.

112 J. Robinson s'inscrit ainsi dans la tradition classique, et dans la lignée de Marx en particulier, qui a toujours entendu l'échange capitaliste comme un processus de distribution des richesses; Marx (1867 , chap. 4 du livre I) est très clair sur ce point. Par ailleurs, il nous semble qu'un des mérites de Keynes a été de rapprocher le débat sur la coordination marchande (la prise de décision) des problèmes que la coordination par le marché porterait en soi concernant les changements dans la dotation en richesses des agents économiques. Cette perspective apparaît assez clairement dans les modèles de croissance post-keynésiens; pour une présentation de ces derniers, voir Lavoie (1989). Cette remarque nous semble d'autant plus importante qu'on s'aperçoit que certaines relectures françaises récentes du projet radical keynésien ne font référence qu'à la

de notre approche de l'économie urbaine, cela revient à dire que la coordination des décisions de localisation par le marché peut changer les dotations de ressources individuelles par le biais de la distribution des lieux de résidence. Si cette redistribution des ressources à travers la configuration de l'ordre urbain apparaît ainsi caractéristique d'une économie urbaine de production, comme nous le verrons dans ce qui suit, elle se vérifie parfois aussi dans une économie stricte d'échange[113].

Parce que les entrepreneurs schumpétériens peuvent participer activement au marché de la localisation, parce que chacune de leurs décisions d'innovation spatiale est à même de changer la configuration de l'ordre résidentiel, et parce que ces changements sont susceptibles d'entraîner des redistributions de richesses entre les acteurs urbains, il est possible d'imaginer une autre dimension de l'incertitude spatiale qui serait également tributaire des décisions cruciales urbaines. Etant donné que celles-ci, et en particulier celles provenant des entrepreneurs urbains, peuvent modifier la structure résidentielle (valoriser ou déprécier les sites résidentiels) de manière inattendue et, à partir de là, entraîner des pertes (ou des gains) de richesse pour ceux qui participent au processus d'ordonnancement de la ville, il est possible en effet d'identifier une dimension nouvelle dans l'incertitude urbaine qui est exprimée au moment où sont formulés les choix résidentiels: c'est le caractère incertain des variations qu'engendrerait le processus de changement de la configuration urbaine dans les dotations de ressources.

Dans un cadre d'incertitude urbaine radicale, les acteurs du marché ne peuvent plus savoir d'avance si leurs choix résidentiels entraîneront une réduction ou une augmentation de leurs ressources, ceci en raison de l'interdépendance des décisions de localisation et des pratiques de bouleversement de l'ordre urbain établi. En outre, du fait de la durabilité, de l'immobilité et de la haute valeur individuelle des stocks résidentiels, ces décisions sont largement irréversibles, ce qui rend les possibilités de changement de l'ordre urbain dans le temps historique encore plus fréquentes et accroît les pertes ou les gains

---

problématique restreinte de la coordination sans faire appel aux éventuels changements que ce processus pourrait amener dans la dotation de richesse, ce qui constitue en effet une réduction aux termes orthodoxes du débat. Nous pensons ici notamment aux auteurs de l'"économie des conventions" (voir par exemple l'introduction du numéro spécial de la *Revue économique* (1989). Tutin (1990) a lui aussi développé des arguments dans ce sens.

113 Dans une autre travail, nous avons proposé un exercice beckérien et des variations autour de la ville raciste où à partir de la théorie des jeux nous avons vu que les décisions opportunistes visaient justement à augmenter le "profit" familial par le biais du choix résidentiel. Voir Abramo, 1994.

éventuels en termes de ressources immobilisées[114]. Il y aurait là, par rapport aux transferts de ressources observés chez les participants au marché de la localisation résidentielle, un aspect aléatoire lié à l'incertitude urbaine, c'est-à-dire à la virtualité de changements inattendus dans l'ordre urbain.

Plus avant, nous verrons que la "peur" et le "doute" que cette possibilité génère chez les agents du marché résidentiel feront émerger un processus de coordination spatiale fondé dans une large mesure sur des effets d'imitation et de contagion liés à des croyances (mimétisme urbain)[115]. Si la prise en compte des décisions cruciales que prennent les entrepreneurs schumpétériens nous a permis d'énoncer l'incertitude urbaine radicale, elle nous a aussi conduit à souligner la non-neutralité de la coordination marchande des décisions de localisation. Pour raisonner schématiquement en termes de réactions en chaîne, nous dirons que les entrepreneurs introduisent dans le processus de coordination spatiale une dynamique du changement, et que ces changements montrent qu'il existe des possibilités récurrentes de modification des ressources (de la richesse) des agents[116]. Comme ces gains (ou pertes) éventuels sont liés à la configuration de l'ordre résidentiel marchand, et comme celle-ci est le résultat (inconnu) des interactions entre les décisions des acteurs du marché, ces derniers seront toujours dans la crainte (incertitude) de prendre une décision susceptible de s'avérer mauvaise par la suite.

La démarche de l'entrepreneur schumpétérien introduit ainsi une dimension d'incertitude radicale que l'on peut traduire par le schéma ci-dessous:

entrepreneur schumpétérien —> propositions de dépréciation fictive —> changements virtuels de l'ordre résidentiel —> éventualité de changements dans les dotations de ressources —> incertitude.

Face aux changements qui vont intervenir dans l'ordre urbain et à l'éventualité de pertes (ou de gains), les acteurs du marché de la localisation feront leurs choix sous l'emprise de la crainte (ou de

---

114 Ces caractéristiques vont conduire les acteurs du marché à développer des pratiques d'anticipation spéculative quant à l'ordre urbain futur (voir le chapitre sur le circuit monétaire urbain).

115 Voir le chapitre sur la convention urbaine. Concernant la dimension d'irréversibilité du choix de la demande, il faut souligner que l'achat d'un bien logement fait appel à une décision d'endettement familial de long terme, avec toutes les incertitudes que cela suppose (voir le chapitre sur le circuit monétaire urbain).

116 Notons que le raisonnement que nous avons suivi ne fait pas appel à la théorie de la rente foncière pour expliquer les possibilités de profit.

l'espoir), c'est-à-dire en se plaçant dans une logique d'anticipations. Cependant, la possibilité pour eux de prendre des décisions cruciales empêche tout raisonnement qui traduirait les anticipations selon une logique du probable (risque knightien). C'est ce que traduit l'idée que les décisions de localisation sont prises en horizon d'incertitude urbaine radicale. Pour soutenir cette idée, nous avons suggéré deux démarches possibles. La première consiste à voir les décisions cruciales comme étant étroitement liées à une représentation où le marché résidentiel ne serait composé que par la demande (distinguée selon les types de ménage). Dans ce marché où tout l'enjeu tient à la concurrence spatiale des ménages, une décision opportuniste quelconque peut déclencher des déplacements (migrations) en chaîne de ménages d'un même type vers d'autres localisations. Au départ, cette décision opportuniste n'était pas prévue; de plus, étant donné son caractère strictement individuel, on pourrait s'attendre à ce qu'elle n'ait pas le pouvoir de bouleverser l'ordre agrégé de la structure résidentielle. Pourtant, par des effets de réaction en chaîne (selon le *tipping model* de Schelling), cette décision individuelle parviendra à produire un bouleversement majeur dans la distribution spatiale des divers types de ménages, et cela sans que personne ne l'ait prévu, c'est-à-dire de façon complètement inattendue. Il s'agirait donc bien de ce que Shackle appelle une décision cruciale. Bref, dans un marché où la demande est souveraine et dans une ville résidentielle représentée en tant que mosaïque d'externalités, les décisions cruciales introduiraient en effet l'incertitude urbaine et le mouvement marchand de type kaléidoscopique.

Si l'on s'attache à la distinction qu'a faite Barrère de la représentation de l'économie marchande en tant que, d'un côté, économie des échanges (orthodoxe) et, de l'autre, économie de production (hétérodoxe)[117], on peut dire que l'incertitude urbaine qui résulte des décisions opportunistes des ménages se range plutôt dans le champ de la première. Néanmoins, il est possible de proposer la même notion d'incertitude urbaine radicale en suivant le raisonnement de l'économie de production. Et c'est précisément cette deuxième démarche que nous avons adoptée en recourant à la figure de l'entrepreneur schumpétérien.

Cependant, introduire le rôle actif de l'offre de résidences signifie aussi faire valoir les caractéristiques particulières de ce bien, telles la durabilité et l'immobilité, dans la mesure où elles sont pour les

---

[117] Cette distinction est fréquemment utilisée par les auteurs proches du projet de Keynes lié à une économie monétaire de production. Pour une présentation des différences entre l'économie des échanges et l'économie de production, voir Barrère, 1985-a, 1985-b, 1990. Dans le chapitre sur le circuit monétaire urbain, nous reviendrons sur cette distinction.

entrepreneurs une incitation à choisir des stratégies d'innovation-différenciation à l'égard des stocks. En raison de l'immobilité du bien logement, et donc de son lien indissociable avec la localisation où il a été bâti, la promotion d'une destruction créatrice récurrente des stocks résidentiels (pour maintenir un pouvoir marchand sur la demande) s'inscrit dans une dynamique de "destruction créatrice" des sites résidentiels. C'est-à-dire que les différenciations résidentielles auraient la capacité de promouvoir des changements de l'ordre résidentiel; en tant que véritables "innovations spatiales", elles vont apparaître comme des décisions que les pratiques et les projections de marché n'auront pas prévues.

Comme le montre le schéma ci-dessous, les décisions cruciales urbaines peuvent alors être conçues dans le cadre soit d'une économie d'échange qui ne prenne en compte que la demande, soit d'une économie de production où les offres pourront bouleverser l'ordre établi[118]. Dans les deux cas, les changements que ces décisions entraînent produisent des effets surprenants parce que non projetés par les exercices d'anticipation basés sur des données du passé. En soumettant l'ordre urbain à une modification inattendue et non probabilisée, ces événements établissent une rupture avec la dimension ergodique du processus stochastique qui, selon les hypothèses des anticipations rationnelles, représente les relations de marché. Ils traduisent donc le fait que les décisions de localisation résidentielle sont formulées (et prises) dans un contexte d'incertitude urbaine radicale.

La prise en compte des décisions cruciales urbaines introduit ainsi le changement au cœur du processus de configuration (coordination) marchande de la structure résidentielle. Et si ce changement et cette coordination sont des éléments indissociables, l'analyse de l'ordre (ou du désordre) spatial doit intégrer la dimension de la temporalité des choix. En effet, devant une configuration spatiale qui change et un ordre résidentiel kaléidoscopique, les agents ne peuvent plus rester "aveugles" ou "myopes"; ils doivent prendre leurs décisions à partir des anticipations qu'ils font. Par ailleurs, l'incertitude urbaine radicale dévoile l'aspect critique de la formulation de ces anticipations et de la coordination des choix de localisation. Autrement dit, dès lors que des décisions cruciales sont virtuellement

118 Soulignons que dans une économie de production, la demande a toujours un pouvoir de "validation marchande" vis-à-vis des propositions de l'offre. Cela sera particulièrement vrai pour l'offre de biens résidentiels, puisque la validation de la production s'articule au processus de coordination spatiale de la demande pour aboutir, chez les ménages de même type, à des synergies de localisation qui permettront l'émergence de l'externalité de voisinage. La dépréciation des stocks ne devrait pas effacer une externalité, mais seulement la déplacer.

envisageables, il n'est plus concevable qu'une "théorie scientifique" de l'ordre résidentiel puisse servir de guide aux anticipations des acteurs urbains. L'hypothèse orthodoxe des anticipations rationnelles, qui défend l'idée d'une convergence des anticipations subjectives vers une valeur anticipée de façon objective (espérance mathématique), ne serait alors pas applicable au marché résidentiel, la disparition du caractère ergodique du processus faisant que les acteurs du marché douteront des anticipations objectives données par la théorie et les faits du passé. Ils comprendront qu'une décision cruciale peut changer la configuration résidentielle selon un mode que la théorie ne pouvait pas prévoir. Dès lors, ils ne partageront plus la foi (croyance) aveugle qu'ils avaient dans la théorie "scientifique" du marché. Si cela était vrai, il faudrait s'interroger sur la manière dont ces acteurs vont formuler leurs anticipations, et nous devrons par conséquent nous poser la question de savoir comment les choix résidentiels urbains peuvent alors se coordonner.

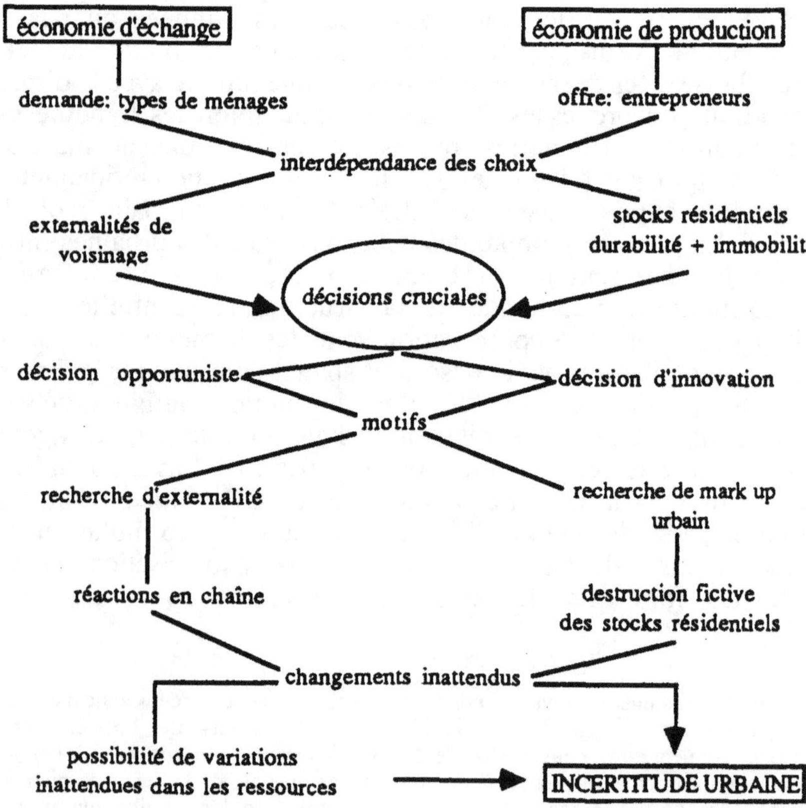

Figure n°2: les décisions cruciales et l'incertitude urbaine radicale

Tout d'abord, il faut se souvenir que nous nous situons dans une tradition où le social est défini par les (et à partir des) relations marchandes, et pour laquelle le lieu de coordination des actions individuelles (autonomes) est donc toujours le marché. Reconnaître que l'incertitude urbaine radicale génère un problème de coordination spatiale et faire appel, par exemple, à la figure de l'urbaniste qui impose un ordre urbain conçu au dehors du marché signifierait alors admettre que le marché est incapable d'aboutir à un ordre quelconque[119]. L'hypothèse d'un marché inapte à coordonner les décisions de localisation nous semble toutefois irréaliste. En outre, il convient selon nous de faire obstacle au discours néolibéral qui critique les résultats (et l'héritage) de plusieurs décennies de la culture du plan urbain. Face au retour du discours marchand, la meilleure réponse consisterait sans doute à démontrer que l'ordre urbain que met en place le marché est le plus souvent sous-optimal et porteur d'incertitude (d'instabilité) spatiale[120].

Dans ce sens, la dimension critique que revêt la coordination des décisions de localisation (quand celles-ci sont prises en horizon d'incertitude urbaine radicale) nous renvoie aux propositions qui soulignent le rôle des mécanismes subjectifs de la coordination (marchande) des acteurs économiques. Nous reprendrons la notion de convention qu'avait proposée Keynes pour énoncer l'une des possibilités de coordination dans un cadre d'incertitude radicale. En tant que moyen pour les acteurs urbains de formuler leurs anticipations, et donc d'aboutir à un ordre résidentiel, il nous semble que cette notion apporte une alternative à celle, orthodoxe, d'équilibrage walraso-thünénien. De plus, elle devrait nous permettre de définir la dynamique de la structuration résidentielle urbaine à partir d'un assemblage entre une "économie des anticipations" et une "économie monétaire de production".

Si cette vision s'avère pertinente, comme nous essaierons de le montrer dans les prochains chapitres, cela veut dire que la possibilité d'établir un ordre résidentiel par le biais des conventions s'articule avec la pratique des innovations, les équilibres qui sont établis par hasard par des processus subjectifs tels que les conventions étant alors "condamnés" à être bouleversés par les décisions cruciales des entrepreneurs urbains schumpétériens. En gros, c'est cette tension entre

---

119 C'est aussi supposer que toute discours relatif au marché (l'économie) n'aurait plus sa raison d'être. D'une certaine façon, la tradition de l'urbanisme fonctionnaliste-rationaliste cache derrière son humanisme cette vision apocalyptique du marché.

120 Il nous semble que cette démarche est la plus efficace pour répondre au discours néolibéral de l'économie orthodoxe et à celui qui prône le retour de l'Art urbain (sous la forme d'un urbanisme monumentaliste) et de l'urbanisme spontanéiste.

l'ordre par convention et le désordre que les décisions cruciales introduisent sur le marché qui va dévoiler l'environnement d'incertitude urbaine et l'ordre résidentiel kaléidoscopique qui caractérisent la coordination spatiale marchande. Nous sommes donc loin de la tranquillité et de la stabilité du processus d'équilibrage de la synthèse néoclassique. Il s'agit plutôt ici, à l'inverse, d'un monde marchand incertain dont les grandeurs sont, comme le disait Shackle, du domaine du jugement subjectif des agents[121]. Mais pour ne pas donner une vision apocalyptique du marché, il convient d'identifier les moyens - aussi précaires soient-ils - dont disposent les acteurs du marché de la localisation résidentielle pour établir un ordre urbain marchand quelconque. C'est ce qui nous conduira à faire appel aux "méthodes pratiques" de Keynes[122].

121 Cf. Shackle, 1972.
122 Cf. Keynes, 1937.

II

LA CONVENTION URBAINE: LA DIMENSION CRITIQUE DE LA COORDINATION SPATIALE PAR LE MARCHE

Il n'est sans doute pas facile de sortir de la représentation orthodoxe des relations de marché, c'est-à-dire de celle où les agents font toujours preuve d'un optimisme inébranlable dans leurs actions et leurs plans de consommation; où l'égoïsme individuel est vu comme devant permettre le bonheur collectif; où personne ne doute que la rencontre marchande aboutisse à un ordre-équilibre unique et stable. Il faudrait peut-être commencer ici en parlant de la perplexité dans laquelle va se trouver un "acteur" du marché qui s'est habitué à la tranquillité d'un processus d'équilibrage walrasien lorsqu'il voit toutes les cartes (et plans) de la certitude brouillées par le caractère historique du temps et les décisions cruciales. Cet acteur de la représentation orthodoxe installé dans ses routines de "robot", donnant toujours des réponses connues d'avance, et ayant une calculette dans la tête va devoir tout à coup faire face aux incertitudes économiques et urbaines. La tourmente des "humeurs et caprices" humains faisant rage et les vagues de l'aléa déferlant sur la "plage-marché" du paradis orthodoxe, cet optimiste devra alors affronter un sentiment qu'il ignorait jusque-là: la peur de "l'échec des échanges".

On peut se demander si cet acteur continuera dès lors à fréquenter le marché. Apparemment, oui: malgré les "intempéries", il prendra ses décisions de localisation par le biais des relations marchandes. Mais comment fera-t-il pour maîtriser cette dimension désormais incontournable d'incertitude urbaine radicale, et ensuite formuler ses choix? Ses décisions vont-elles aboutir à une configuration spatiale non aléatoire ou, à l'inverse, inintelligible, selon les termes du discours économique ?

Ces questions soulèvent, d'un côté, le problème de la possibilité de voir un individu formuler une décision qu'il sait par avance vouée à l'échec, et donc coûteuse, et, de l'autre, celui de l'ordre urbain (configuration spatiale) que ces décisions peuvent effectivement mettre en place. En termes strictement individuels, ces acteurs pourront se dire, au vu des risques encourus, qu'entrer sur le marché ne vaut pas la peine, c'est-à-dire faire simplement l'option de ne rien décider. D'un point de vue agrégé, l'éventualité d'un non-pari sur l'incertitude urbaine (non-décision) pose la question de la possibilité d'émergence d'une configuration spatiale (d'un ordre) à partir des relations marchandes. En d'autres termes, l'introduction de l'incertitude urbaine radicale pourrait *a priori* conduire à la négation de la forme marchande institutionnelle où les actions sont par définition décentralisées. Ici, c'est bien la question de la coordination de tels choix résidentiels qui est en cause.

Autrement dit, étant posés l'incertitude urbaine radicale et le caractère unidirectionnel du déroulement du temps, il faudrait que les acteurs urbains trouvent des repères pour pouvoir prendre leurs décisions, et donc pour se coordonner en termes spatiaux. Admettre cela ne veut pas dire que cette coordination aboutira à un équilibre stable et unique, ni qu'elle engendrera une configuration optimale; admettre qu'il puisse y avoir des mécanismes susceptibles de donner des "signes", et ainsi de servir de repérage aux acteurs urbains pour formuler leurs décisions de localisation, c'est tout simplement reconnaître que le marché, grâce à ces repérages, peut exister en tant que lieu de rencontre entre les ménages et les entrepreneurs. Cela ne signifie rien de plus que constater l'existence du marché en tant que forme institutionnelle de la vie collective. Selon nous, voir le marché comme lieu d'aboutissement des actions décentralisées des individus, c'est admettre qu'il existe une certaine régularité des actes marchands. Reconnaître la présence de cette régularité ne revient donc pas à dire que le marché est la seule - ou la meilleure - façon de coordonner les actions décentralisées; c'est plutôt se demander comment il peut produire une telle régularité.

Dans ce sens, le marché de la localisation résidentielle n'aurait qu'une dimension positive: le constat d'une certaine régularité dans la configuration résidentielle mise en place à travers les actions coordonnées par le marché, et aussi du fait que cette régularité spatiale marchande n'a rien à voir avec l'interprétation qu'en donne le discours orthodoxe de l'économie urbaine. Il nous semble donc possible d'avancer certaines hypothèses quant aux mécanismes qui assureraient cette régularité quand les décisions de localisation sont prises de façon strictement décentralisée. Sous cet angle d'approche, l'interrogation concernant la façon dont les acteurs du marché résidentiel coordonnent leurs actions dans un contexte d'incertitude urbaine radicale devient incontournable.

Autrement dit, malgré la dimension radicale de l'incertitude urbaine, le marché nous paraît capable de produire une structure résidentielle et de mobiliser celle-ci de manière apparemment intelligible. Mais pour que cela apparaisse possible, il convient d'introduire des éléments qui échappent à une logique stricte de relations de marché, tels les jugements subjectifs portés sur "l'état du monde" et les comportements économiques d'autrui, et qui sont le plus souvent des mécanismes de repérage dont se servent les acteurs marchands pour prendre leurs décisions. Selon les termes de Keynes, les participants au marché font en général appel à des comportements caractéristiques de la "psychologie de masse", et Keynes ajoute que ce sont justement ces phénomènes qui nous aident à comprendre la régularité de certaines relations de marché. Les identifier devrait permettre en ce sens de rendre plus intelligible l'émergence et la régularité des ordres résidentiels urbains marchands. C'est la démarche que nous adopterons dans ce qui suit.

2.1. L'interdépendance des décisions de localisation et les anticipations croisées: de l'anticipation à la spécularité urbaine

La représentation de l'espace résidentiel qui nous a servi jusque-là de référence concernant la prise de décision des acteurs du marché de la localisation était celle d'une mosaïque d'externalités de voisinage définie selon les "types" de ménages qui composent ce marché. Nous avons vu que lorsque les relations de marché font émerger une configuration résidentielle quelconque, celle-ci apparaît comme une "constellation" de localisations homogènes en termes de richesse (dotation de ressources) des ménages. *Grosso modo*, cette représentation de l'espace peut être définie comme étant "l'image" paradigmatique du discours de l'économie urbaine, aussi bien orthodoxe (ville segmentée) que classico-marxiste (division sociale de l'espace résidentiel)[123].

Les différences apparaissent quand ces deux discours essaient d'expliquer l'émergence de la configuration résidentielle marchande. Leurs points communs et leurs divergences tiennent au fait que si le mécanisme analytique basé sur la théorie de la rente foncière, qui les

---

[123] Il faut noter que l'image d'une division économico-sociale de l'espace qu'a proposée Lipietz (1974) peut être présentée de diverses façons selon les auteurs auxquels on se réfère. Topalov (1985) propose par exemple une segmentation spatiale en trois grands marchés qui renvoie en effet à une image proche de celle de Lipietz. La ville segmentée néoclassique rappelle quant à elle une division résidentielle de l'espace semblable à celle de la DESE.

régit est plus ou moins le même dans les deux cas, il est formulé de façon assez différente selon la tradition dans laquelle il se place. En effet, les auteurs d'empreinte classico-marxiste ne proposent pas une analyse des mécanismes économiques susceptible d'aboutir à une configuration spatiale; ils préfèrent en appeler aux conflits sociaux (lutte des classes) et surtout à l'analyse historique. On sait que les néoclassiques ont fait de cette configuration leur cheval de bataille. Pour eux, par le biais d'un processus d'équilibrage, le marché engendrerait toujours une configuration spatiale en anneaux concentriques (regroupant chacun un même type de ménages). Pour cela, il suffirait selon eux de laisser les individus choisir librement leur lieu de résidence, le marché étant le meilleur moyen d'arbitrer leurs désirs en la matière. Nonobstant ces différences, c'est la théorie de la rente qui est au centre de la plupart de ces analyses spatiales: si, du côté classico-marxiste, le conflit urbain est vu comme induisant la lutte pour l'appropriation du surplus, la rente en tant que prix de marché résulte pour les néoclassiques de la concurrence spatiale.

Selon notre propre approche, ce n'est pas en regard de la théorie de la rente foncière, et donc d'un "prix d'équilibre" fortement tributaire d'une représentation naturalisante de l'espace, que la structure résidentielle urbaine pourra émerger en tant que configuration spatiale non aléatoire. Lorsque nous rejetons le principe de substituabilité entre l'accessibilité et l'espace comme référence sur laquelle les individus fondent leurs choix résidentiels, c'est dans l'idée que ces choix visent avant tout une externalité de voisinage, c'est-à-dire des synergies liées au fait de côtoyer des ménages du même "type" et de mêmes revenus. Ainsi, la référence spatiale des choix résidentiels ne serait plus donnée d'avance (par la distance au centre des affaires); elle serait établie par l'interdépendance des décisions de localisation elles-mêmes.

S'agissant de décisions décentralisées et le marché étant le seul lieu de rencontre des choix, la configuration de l'espace (selon une constellation d'îlots résidentiels correspondant chacun à un type de ménage) ne serait qu'un résultat *ex post* des prises de décision, chaque acteur faisant son choix sans savoir si les autres ménages du même type font le même. C'est ce qui nous a incité ensuite à orienter l'analyse spatiale vers une perspective se rattachant à une "économie des anticipations". En termes d'analyse résidentielle, cela veut dire que, parce que l'externalité qu'ils recherchent ne peut apparaître qu'après qu'ils auront pris leur décision individuelle, les acteurs du marché doivent toujours se livrer à des anticipations sur la configuration résidentielle future avant de choisir leur localisation.

Cependant, ce marché de la localisation est sujet à des décisions cruciales dont la principale caractéristique est d'effacer toute possibilité de formuler des anticipations dans une optique relevant du probable. En effet, ces acteurs urbains étant confrontés à une incertitude radicale, la seule certitude dont ils disposent est la connaissance qu'ils ont de ce que tous les autres acteurs du marché doivent faire face à cette même incertitude. En outre, ils savent que les décisions sont interdépendantes en termes spatiaux; ils sont conscients de l'ambiguïté qui fait que des choix strictement individuels sont dépendants de ceux des autres. Dans le cas du marché résidentiel, cela devient d'autant plus crucial que l'externalité recherchée par les ménages ne sera obtenue que s'ils optent (indépendamment les uns des autres) pour des localisations avoisinantes.

Autrement dit, pour prendre leurs décisions, ces acteurs urbains doivent anticiper dans la solitude les choix des autres. Mais chacun sait que les autres, tout comme lui-même, vont prendre leurs décisions en anticipant la structure résidentielle future, et donc qu'il doit prévoir leurs anticipations. Pour prendre un langage actuel, nous dirons que les choix de localisation sont alors formulés selon une **dynamique d'anticipations croisées.** Cependant, l'anticipation qu'un preneur de décision doit faire de celles des autres acteurs urbains devra être formulée dans un contexte d'incertitude radicale. Cela signifie qu'il n'y a pas de référence objective - donnée par exemple par la théorie du marché (espérance mathématique des localisations) - qui puisse servir de croyance commune à partir de laquelle les anticipations subjectives seraient formulées. Dans un environnement d'incertitude radicale, chaque décideur est obligé de préjuger des anticipations des autres acteurs tout en sachant que ni lui ni eux ne connaissent quoi que ce soit de la configuration résidentielle future.

Mais comment sortir de ce labyrinthe où conduit l'ignorance du futur? Existe-t-il une voie où la dynamique même des prises de décision imposerait une certaine référence de coordination permettant aux choix décentralisés de produire l'externalité de voisinage recherchée? La tâche n'est pas facile, et ce problème, que nous formulons au niveau strictement spatial, a été soulevé par Keynes concernant les décisions des capitalistes, et la réponse qu'il a donnée semble fournir des éléments qui aident à comprendre la coordination spatiale marchande.

Keynes faisait valoir que l'incertitude radicale pose des problèmes critiques sur le plan de la capacité des acteurs économiques à adopter un certain comportement "rationnel" pour formuler leurs décisions[124]. Mais il suggérera dans son article de 1937 que ces agents sont aussi des hommes dotés d'un sens pratique des affaires qui leur

---

124 Dans le "Traité sur les Probabilités", Keynes (1921, reproduit in C.W.J.M.K., vol. VIII, p.6-7) soulignait que les degrés de "conviction rationnelle" peuvent aider à formuler des probabilités subjectives, mais qu' "elles (les probabilités) ne sont pas sujettes aux caprices humains".

assure une certaine capacité à "conserver un comportement d'hommes rationnels et économiques" face à l'incertitude radicale des événements futurs[125]. Ces "techniques pratiques" de choix économique ne sont pas sans rapport avec la rationalité paramétrique de l'*homo oeconomicus* orthodoxe[126].

Les "méthodes" ou "techniques" de la "décision pratique" proposées par Keynes tendent à montrer que les acteurs doivent toujours s'en remettre à des repères de leur environnement et porter des jugements subjectifs sur ceux d'ordre économique des autres acteurs du marché. En affirmant cette interdépendance, Keynes va établir une vraie rupture avec les principes orthodoxes de la théorie de la décision traditionnelle, où l'individu ne prenait en compte que ses propres préférences et ressources. En rejetant cette sorte "d'individu autiste" indifférent à son environnement et aux jugements économiques des autres agents, les "techniques pratiques" de Keynes vont proposer une classification des différentes façons dont les agents perçoivent l'environnement économique. C'est selon lui à partir de ces perceptions qu'ils ont de l'avenir qu'ils formuleraient leurs anticipations et leurs choix.

Les deux premières de ces techniques supposent que d'éventuels changements inattendus peuvent entraîner un certain effet d'aveuglement; elles traduisent donc la projection d'une certaine "inertie" du passé-présent dans l'avenir, et elles s'apparentent plutôt à des mécanismes de renforcement d'une coordination (état de confiance) déjà en place. Comme les agents croient en ces jugements en vigueur, ils agissent conformément à ces croyances et, en tant que manifestation de celles du passé, l'avenir confirmera la croyance de départ.

La troisième technique de Keynes souligne quant à elle le rapport existant entre l'ignorance (non-connaissance) des événements et les effets cognitifs de l'interdépendance des choix. Selon lui, la perception de chacun des preneurs de décisions devrait se tourner vers celle qu'ont les autres: "*pour savoir que son opinion individuelle manque de valeur, on se tourne vers l'opinion du reste du monde, que l'on pense mieux informé*"[127]. Cette idée que les agents se forgent un jugement à partir du regard qu'ils portent sur les autres acteurs du marché a servi à Keynes à mettre au point une véritable méthode pratique devant leur permettre de prendre des décisions économiques, et elle implique un comportement marchand à part entière (rationalité

---

125 Keynes, 1937.

126 Voir les modèles néoclassiques de localisation résidentielle présentés dans Abramo, 1997.

127 Keynes, 1937, p.171-172.

mimétique) conduisant parfois à des phénomènes agrégés assez dissonants par rapport au processus d'équilibrage orthodoxe. En outre, Keynes fait remarquer que cette pratique est habituelle dans un marché financier spéculatif où les prix, en s'écartant des "valeurs fondamentales", reflètent plutôt l'enjeu d'anticipations spéculatives.

Il exploitera ainsi l'image du processus spéculatif du marché financier pour suggérer l'idée que l'avenir (économique) devrait être dans une large mesure celui que les participants au marché auront anticipé. Et si l'on admet que l'environnement futur va dépendre de l'opinion que s'en font les acteurs, il apparaît que chacun d'eux s'efforcera de prévoir les anticipations des autres. Mais dès lors que chacun sait que l'autre anticipe en préjugeant de l'opinion d'autrui, il en résulte un jeu d'anticipations subjectives qui se reflètent mutuellement; autrement dit, un processus dont le véritable enjeu sera de trouver l'opinion espérée moyenne. Pour faire comprendre cette logique d'anticipations enchevêtrées, Keynes donne l'exemple des concours qui étaient proposés par les journaux de l'époque: "*la technique de placement peut être comparée à ces concours où les participants ont à choisir les six plus jolis visages parmi une centaine de photographies, le prix étant attribué à celui dont les préférences s'approchent le plus de la sélection moyenne opérée par l'ensemble des concurrents. Chaque concurrent doit donc choisir non les visages qu'il juge lui-même les plus jolis, mais ceux qu'il estime les plus propres à obtenir le suffrage des autres concurrents, lesquels examinent tous le problème sous le même angle. Il ne s'agit pas pour chacun de choisir les visages qui, autant qu'il en peut juger, sont réellement les plus jolis ni même ceux que l'opinion moyenne considérera réellement comme tels. Au troisième degré où nous sommes déjà rendus, on emploie ses facultés à découvrir l'idée que l'opinion moyenne se fera à l'avance de son propre jugement. Et il y a des personnes, croyons-nous, qui vont jusqu'au quatrième ou cinquième degré ou plus loin encore* ."[128]

Cette logique, que Keynes a appliquée aux marchés où la dynamique de formation des grandeurs serait strictement spéculative (comme dans le cas du marché financier), peut en effet être étendue à tous les marchés que les caractéristiques des choix de leurs acteurs entraînent dans une logique autocentrée sur ces choix. Nous dirons que les marchés dont les grandeurs résultent des jugements qu'ont émis par avance leurs acteurs et où la confirmation de ces jugements réitère ceux émis précédemment, produisant ainsi un mouvement qui conduit leurs participants à se référer à eux-mêmes, s'inscrivent, pour reprendre un

---

[128] Keynes, 1936, p.168.

terme employé par Dupuy, dans une dynamique "auto-référentielle"[129]. En général, cette dynamique conduit les preneurs de décisions dans une logique comportementale s'apparentant à celle décrite dans le passage ci-dessus de Keynes. L'une des caractéristiques déterminantes de ces marchés désormais identifiés à la spéculation keynésienne est ce qu'Orléan appelle "l'introversion", et qui pousse les jugements portés sur les prix à se replier sur eux-mêmes[130]. C'est dans ce sens que les grandeurs de tels marchés sont auto-référentielles.

De ce point de vue, il nous semble que le marché de la localisation résidentielle, tel qu'il a été défini précédemment, c'est-à-dire dans le sens où les choix résidentiels visent avant tout une externalité de voisinage et où cette dernière est en effet le résultat *(ex post)* des décisions prises par les acteurs du marché, présente lui aussi une forte connotation auto-référentielle. Autrement dit, dès lors que chacun de ses acteurs recherche des localisations composées majoritairement de ménages ayant les mêmes revenus que lui, il doit s'interroger sur les choix résidentiels de ces ménages du même "type" que le sien. Mais puisque ces derniers se posent la même question, cela signifie que chacun d'eux s'aperçoit que les autres s'interrogent sur son propre choix. En effet, le résultat recherché (externalité de voisinage) sera une conséquence de l'opinion que les ménages d'un même "type" se font de la localisation qu'ils choisissent. Nous avons donc là un marché résidentiel à caractère auto-référentiel qui, par ailleurs, effacera toute trace de naturalisation de l'espace au niveau des décisions de localisation.

Cependant, du fait qu'ils ignorent individuellement l'endroit où les autres ménages choisiront de résider, les participants au marché seront obligés de formuler des anticipations sur le choix de ces derniers. Etant donné que nous sommes ici dans un environnement d'incertitude urbaine radicale, l'anticipation ne peut plus faire appel aux certitudes du passé; elle sera fondée surtout sur des "spéculations" concernant les choix possibles des autres participants. L'anticipation devient alors un pari sur l'avenir résidentiel, ou plutôt une "**spéculation spatiale**" dont le but est de bénéficier d'externalités de voisinage. La notion de spéculation doit ici être entendue dans le sens que lui donne Keynes d'"activité qui consiste à prévoir la psychologie

---

129 Cf. Dupuy (1982). Ce même auteur utilise parfois le terme de "point fixe endogène" pour décrire ce même processus, voir Dupuy, 1992-a, 1992-b.

130 "*Ce qui est constitutif de la spéculation keynésienne est le fait que l'anticipation est formée par les spéculateurs sur la base de l'observation des autres opérateurs. C'est ce qu'on a appelé son introversion*", Orléan, 1988, p.234-235.

du marché"[131] et, comme le signale Kaldor, visant à anticiper des changements susceptibles d'augmenter un profit et/ou de maximiser des préférences: "*ce qui distingue achats et ventes spéculatifs des autres achats et ventes est que leur seul motif est l'anticipation d'un changement imminent du prix en vigueur.*"[132]

On voit que d'un côté les acteurs du marché vont chercher ici à anticiper les choix résidentiels des divers "types" de ménages (la structure résidentielle intra-urbaine), et que, de l'autre, cette anticipation s'apparente à une spéculation visant à tirer profit de l'émergence d'externalités de voisinage, c'est-à-dire similaire à celle du jeu des photographies qu'évoque Keynes. Etant en quête d'externalités, ces ménages ne vont pas choisir en effet la localisation qu'ils trouvent (individuellement) la meilleure, mais plutôt celle que, dans leur jugement, les autres auront choisie.

La dynamique du marché de la localisation résidentielle apparaît sous cet angle comme celle d'un jeu de miroir où les anticipations se croisent: parce qu'il sait que chacun anticipe à partir de ce qu'il croit que les autres pensent, chaque individu anticipe à son tour à partir de ce qu'il pense que l'autre croit qu'il pense. Et puisqu'il y a plusieurs types de participants, nous aurons ici un jeu d'enchevêtrements du type "je pense que tu penses que je pense..." où chacun cherche à deviner l'opinion moyenne de localisation des divers "types" de ménages par le biais d'anticipations sur leurs choix résidentiels.

Mais comme les décisions sont prises dans un cadre d'incertitude urbaine radicale (il n'y a pas de "guide-théorie" du marché qui puisse servir de référence à la coordination) et que le résultat recherché (externalité de voisinage) renvoie aux autres décisions (interdépendance des choix), les anticipations ne peuvent que prendre la forme d'une prospection cognitive subjective. Comme le dit Schelling, la question que les acteurs urbains se posent n'est pas "Que ferais-je à la place de l'autre?", mais plutôt "Que ferais-je à sa place s'il était en train de se demander ce qu'il ferait s'il était à ma place quand je me demande...?"[133]. Dupuy nomme environnement "spéculaire" cette dynamique d'anticipations subjectives et enchevêtrées, qualifiant ainsi "*la capacité de l'esprit humain à se mettre à la place d'un autre et à 'voir' le monde de son point de vue*"[134]. Cette logique qui consiste à se

---

131 Keynes, 1936, p.115. Pour une analyse de la spéculation qui reprend celle de Keynes, voir Hicks (1991, chap.2), et pour une présentation moderne des néoclassiques, voir Tirole, 1992-b.

132 Kaldor, 1939, p.49.

133 Schelling, 1960, p.54.

134 Dupuy, 1988, p.51.

mettre à la place de l'autre ou, selon les mots de Keynes, à "se tourner vers l'autre", pourra se développer à l'infini et toujours suivant un jeu de miroir du type "je pense que tu penses qu'il pense que je pense...". Et Dupuy va appeler degré ou niveau de spécularité "le nombre d'emboîtements successifs" observés dans ce type de raisonnement[135]. Comme nous le verrons ensuite, cet environnement spéculaire pourra donner lieu, selon ses caractéristiques, à différentes interprétations des processus cognitifs qui président aux prises de décision : il y aura celles qui soulignent la "transparence" du processus, tandis que d'autres mettront l'accent sur l'opacité et l'instabilité de cet environnement.

Au vu de la dynamique auto-référentielle du marché de la localisation résidentielle, on peut donc dire que ses acteurs vont établir un véritable environnement d'anticipations spéculaires, dans le sens que Keynes et Dupuy ont attribué à ce terme. En général, la logique de ces anticipations est vue comme une conséquence directe de la nature auto-référentielle des marchés[136]. Ainsi, le fait que ces acteurs se tournent de façon systématique vers eux-mêmes radicalise la subjectivité des jugements qu'ils portent sur l'avenir. Nous pourrions dire que cette intersubjectivité des anticipations croisées souligne davantage encore le fait que ce type de marché est affecté par les "humeurs" et les "caprices" humains.

Mais un tel marché ouvre la voie à l'émergence d'une dynamique cognitive spéculaire qui pourra donner lieu à un phénomène de convergence des opinions. Ce mouvement de convergence, caractéristique des marchés auto-référentiels, est toutefois très ambivalent dans la mesure où il est susceptible tantôt de conduire au désordre (crise), tantôt de coordonner les actions marchandes, et donc de faire émerger un ordre. Dans ce sens, il est possible de supposer que c'est justement ce processus spéculaire qui va donner aux acteurs du marché résidentiel des repères qui leur permettront de se coordonner en termes spatiaux, et que Keynes a appelés conventions.

2.2. Du jeu spéculaire à la convention urbaine: l'ordre spatial kaléidoscopique

Selon les hypothèses relatives aux degrés de spécularité, le processus spéculaire correspondrait *grosso modo* à deux situations

135 Ibid., p.52.

136 Cf. à ce propos Orléan (1988).

cognitives principales et opposées[137]. Quand il est supposé infini, il est courant de dire qu'il implique une certaine transparence des informations que les acteurs ont les uns sur les autres, et cette réflexivité transparente débouche sur une situation cognitive généralement appelée *Common Knowledge* (CK). Il s'agit d'une situation relativement exigeante: pour qu'une proposition soit qualifiée de CK, il faut que: a) elle soit vraie; b) elle soit connue de chacun; c) chacun sache que les autres la connaissent; d) chacun sache que très souvent les autres la connaissent et ainsi de suite jusqu'à l'infini[138].

A l'inverse, il existe une spécularité limitée qui traduit une certaine "opacité" du processus spéculaire[139]. En raison du caractère douteux qu'elle donne aux informations que chacun détient sur les autres, cette opacité entraînera des comportements plus prudents que ceux que la transparence totale multipliée à l'infini pourrait justifier. Cette distinction entre un processus spéculaire transparent et un autre opaque, chacun avec ses limites de réflexivité, va s'avérer d'autant plus importante pour nous qu'elle donne lieu à deux formulations assez différentes quant à l'émergence des repères communs aux agents et susceptibles de permettre la coordination de ces derniers dans l'un et l'autre des processus spéculaires. Ainsi, les individus auront des raisonnements d'anticipation et des comportements particuliers à la qualité spéculaire (transparente ou opaque) du processus dans lequel ils se trouvent. Il nous semble raisonnable de dire qu'ils manifesteront dans les deux cas des stratégies et des réactions marchandes différentes, même si le repère de coordination de ce "jeu cognitif" a été appelé par Dupuy convention dans ces deux processus spéculaires.

Dans le cas de la spécularité infinie, la transparence cognitive suppose que tous les acteurs disposent d'informations sur ce que proposent et savent les autres participants au processus. Du fait que chacun cherche à se coordonner avec les autres et bénéficie des mêmes informations, la connaissance commune à tous permettrait au jeu spéculaire de s'acheminer vers la stabilité. Dans ce cas où il y a transparence des objectifs et connaissance commune, "*chacun cherche*

---

137 Cf. à ce sujet Dupuy (1988, 1989).

138 Cette brève présentation que nous avons empruntée à Dupuy (1989), a été énoncée par Werlang (1990, p.74) de la façon suivante: "*Nous définissons un fait en tant que common knowledge parmi un groupe de personnes quand ce fait est connu jusqu'au niveau m pour tout m>0. En d'autres termes, un fait relève d'une common knowledge si chacun le connaît, que chacun sait que tous le connaissent, que tous savent que tous le connaissent (...) et ainsi de suite indéfiniment*".

139 Dupuy (1989-92, p.68) écrit à ce propos: "*toute spécularité finie marque un certain degré d'opacité, un certain déficit de réflexivité. Un visée de transparence totale se guide sur l'horizon d'une spécularité infinie*".

les indices auxquels l'autre peut penser que le premier va penser "[140]. Cette recherche cognitive (spécularité) est en effet une quête concertée entre les individus (ils souhaitent se coordonner) qui ne saurait prendre une forme explicite; l'objectif de tous ceux qui participent du processus spéculaire est d'aboutir à une sorte d'accord implicite, que Lewis assimilera à une convention[141].

Cette convention est pour Lewis "*la solution d'un problème de coordination qui, ayant réussi à concentrer sur elle l'imagination des agents, tend à se reproduire avec régularité* "[142]. Une convention pourra naître grâce à cette transparence totale qui permet la réflexivité entre les individus, l'un de ses conséquences étant la croyance que tous souhaitent trouver un accord implicite. En outre, comme le dit Lewis, "*c'est cette condition de common knowledge (transparence) qui assure la stabilité de la convention* "[143]; chacun sait que tous souhaitent un accord et que tous sauront quand lui-même ne le souhaitera plus. Si la spécularité infinie assure ainsi l'émergence d'un accord implicite (convention), elle assure aussi sa permanence (stabilité). Tant que le jeu spéculaire demeure transparent et que les participants jouent ce jeu, la convention sera garantie.

Mais, répétons-le, l'hypothèse de la *common knowledge* est exigeante; dès lors qu'il s'agira d'un contexte d'incertitude radicale, rien ne garantira plus que chaque acteur du processus spéculaire sait tout de ce que les autres connaissent du processus lui-même. En outre, quand on pense à des relations marchandes où leurs intérêts individuels poussent les acteurs vers des stratégies de maximisation, il est raisonnable de supposer qu'ils feront de l'opacité un moyen de profiter davantage des possibilités du marché. Dans ce cas, l'objectif de chacun ne sera pas d'établir un accord implicite visant la coordination, mais plutôt de profiter des résultats et des possibilités de la coordination pour réussir à maximiser ses intérêts personnels (égoïstes). Nous avons parlé auparavant des décisions cruciales (opportunistes et d'innovation), dont le but est là aussi de profiter des effets de coordination tout en détruisant les possibilités de maintien des "accords" du passé, c'était pour montrer que la dimension spéculaire des anticipations spatiales ne peut alors, dans le cadre présent de décisions cruciales et d'incertitudes radicales, que dévoiler un

---

140 Dupuy, 1989, p.70.

141 Cf. Lewis (1969). L'auteur a ainsi tenté d'expliquer comment pouvait naître un langage qui serait partagé par un groupe (et donc un accord) sans avoir pu être explicité auparavant, parce qu'il aurait fallu comme préalable l'acceptation du langage par le groupe. Ainsi, l'accord qu'il sous-tend ne peut se manifester qu'en tant qu'accord implicite.

142 Lewis, ibid., cité par Dupuy, 1988, p.61.

143 Lewis (1983,p.166), cité par Dupuy, 1988-92, p.61.

environnement opaque, et cela en raison des caractéristiques propres au jeu spéculaire marchand.

Il nous semble que Keynes donne à l'égard du processus spéculaire des réponses plus intéressantes que celles de Lewis et des néoclassiques[144]. Pour lui, l'opacité de l'environnement dans lequel se trouvent les acteurs du jeu spéculaire marchand les conduit invariablement à formuler des anticipations sujettes au doute et à la crainte de l'incertitude radicale, c'est-à-dire qu'ils ne savent pas de quelles informations les autres participants au jeu des anticipations croisées disposent pour préjuger de leurs propres intentions. Selon Keynes, ils chercheront, en tant qu'acteurs du marché, à spéculer sur la "psychologie du marché" pour formuler leurs anticipations; en jouant ce jeu spéculaire où la psychologie du marché devient une information additionnelle, ils pourront même essayer de dissimuler des informations pour mettre en oeuvre une coordination qui leur soit avantageuse. Dans ce cas, le marché ne serait plus, selon la terminologie néoclassique, efficient: il occulterait toujours des informations (par le biais des prix), et la seule façon de dévoiler ses "secrets intimes" consisterait alors à spéculer sur sa "psychologie". Les acteurs de ce jeu spéculaire pourront spéculer sur des informations qu'ils soupçonnent les autres de détenir, sur des conjectures, des bruits, etc. De façon symétrique, ils pourront faire courir des bruits, des soupçons, etc., qui conduiront les autres à formuler des anticipations spéculatives dans une certaine direction.

Nous dirons, pour reprendre le terme de Dupuy, que ce processus spéculaire keynésien est empreint d'une forte "opacité" cognitive, due au caractère d'incertitude radicale du marché; il n'y a pas ici de références objectives (espérance mathématique) à partir desquelles chaque acteur pourrait anticiper l'avenir tout en sachant que tous les autres fondent leurs anticipations sur une théorie unique de marché (transparence). Nous sommes là face à un processus spéculaire où les acteurs sont obligés d'anticiper dans un environnement opaque et où leur volonté de coordination peut être mise en doute, puisque des décisions opportunistes sont toujours possibles. Comme ils doivent se coordonner pour que les relations marchandes aboutissent à un certain ordre-équilibre, ils seront amenés à faire appel à une dynamique d'anticipations intersubjectives pour déceler des repères qui les aideront à surmonter l'opacité du jeu spéculaire marchand.

Keynes a suggéré que, pour faire sortir de cette impasse la coordination marchande, il fallait raisonner en termes de croyance moyenne vers laquelle le jeu spéculaire pourrait converger, et que, pour

---

144 Pour la présentation des formulations néoclassiques, voir Werlang, 1990.

qu'intervienne cette convergence, les anticipations des participants aux marchés auto-référentiels devaient toutes se tourner vers des valeurs moyennes. Dans le jeu des photographies, on a vu que la quête d'indices relatifs à ces valeurs moyennes engendrait un chassé-croisé de croyances se traduisant finalement en un processus spéculaire. La question est alors de savoir si ce processus peut faire émerger une croyance moyenne, ou comment un jeu spéculaire mène à une convention.

Tout d'abord, il faut remarquer que ce jeu de miroir, comme le signale Keynes, laisse de larges possibilités aux erreurs de jugement. Face à cela (et à l'incertitude radicale), les acteurs "doutent" donc: "*l'hypothèse d'un futur calculable amène à une interprétation fausse des principes du comportement que la nécessité de l'action nous oblige à adopter, et à une sous-estimation des facteurs occultes de doute, d'incertitude, d'espoir et de peur*"[145]. Dans un cadre spéculaire marchand où les "doutes", les "espoirs" et les "peurs" font partie du "jeu des anticipations croisées", il est raisonnable de penser que les individus développent des sensibilités (ou des techniques) qui les aident à percevoir la psychologie du marché. Pour Keynes, ce sont bien l'incertitude concernant la véracité des informations dont l'autre disposerait, le doute et la peur d'échouer qui conduisent le décideur à se rabattre sur le jugement du reste du monde, qu'il "pense mieux informé".

Dans un tel environnement, l'**imitation** va désormais devenir une pratique de prise de décision. Keynes suggère ainsi que chaque acteurs du marché va anticiper ce que prévoient les autres pour suivre les anticipations de ceux qu'il juge les mieux informés. Fort de cette idée, il dira à plusieurs reprises qu'il est toujours plus astucieux pour un agent, face à l'incertitude radicale, d'échouer ou de gagner de concert avec les autres acteurs, et que l'état futur du monde serait moins le résultat de ce qu'il pense qu'il sera que de ce que la moyenne des participants au marché croit qu'il sera[146]. Ici, c'est le mécanisme auto-référentiel marchand qui produit les grandeurs; dans ce cas, il vaut mieux adopter un comportement d'imitation et réussir ou échouer en même temps que tous les autres plutôt que de continuer sur la voie solitaire du "doute" et de la "peur". L'idée de Keynes d'une attitude imitative devant l'incertitude radicale sera d'ailleurs reprise par certains auteurs pour parler de rationalité économique en situation d'incertitude cognitive. Orléan écrira ainsi: "*lorsqu'un individu ne possède aucun*

---

145 Keynes, 1937, p.178.

146 Keynes, 1934, p.167. Keynes ajoute: "*il serait insensé de payer (aujourd'hui) 25 pour un rendement escompté que l'on estime à 30 si l'on croit que dans trois mois le marché l'évaluera à 20* ".

critère lui permettant de discriminer entre deux opinions, la rationalité lui impose d'imiter un tiers. C'est ce que nous appellerons l'hypothèse mimétique: l'imitation constitue la rationalité ultime à laquelle ont recours les agents quand ils ne savent rien "[147].

En effet, dès lors que la plupart des acteurs du marché se posent en imitateurs, il est concevable d'envisager un processus de convergence des anticipations autour d'une croyance quelconque. C'est cette croyance, issue d'un processus spéculaire où les comportements mimétiques sont vus comme la meilleure méthode pratique pour formuler les anticipations, et que Keynes va appeler convention, qui permettra de coordonner ces dernières, puisqu'elle sera une référence quant à l'état de l'avenir grâce à laquelle les individus vont pouvoir prendre leurs décisions[148]. Le rôle des comportements d'imitation sera donc déterminant dans l'émergence de la convention; ce sont eux qui permettent l'amplification d'une perception individuelle en un processus d'enchaînement d'anticipations croisées (contagion). Par ailleurs, ce sont ces comportements qui feront qu'une convention en place se perpétue ou échoue: "*la sagesse universelle enseigne qu'il vaut mieux pour sa réputation échouer avec les conventions que réussir contre elles*"[149].

Dorénavant, il nous semble possible de distinguer plus nettement les rôles qu'attribuent respectivement Lewis et Keynes au jeu spéculaire. Pour ce dernier, la convention émerge d'un processus d'anticipations spéculaires; cependant, dès lors qu'elle devient la référence pour la coordination des individus, elle bloque le jeu spéculaire: les agents n'auront plus besoin de s'interroger sur ce que les autres pensent qu'ils pensent qu'ils pensent... ils partagent déjà une croyance qui les renvoie directement à un repère qui, bien que résultant de l'interdépendance des anticipations croisées, se situe à un méta-niveau par rapport à celles-ci. A l'inverse de ce qui se passe chez Lewis, la convention de Keynes impose une suspension du jeu spéculaire, et son retour sera, toujours selon Keynes, la manifestation de ce que la convention en place est remise en cause[150].

---

147 Orléan (1987, p.163). L'hypothèse mimétique reprend les analyses de Girard (1972) concernant les processus de coordination marchande; voir à ce propos Orléan (1986) et, pour une analyse originale de la panique, Dupuy (1991).

148 Cf. à ce propos Keynes (1936, chap.12 et 1937). Orléan (1987, p.167) présente cette notion de la façon suivante: "*la convention désigne l'ensemble de ces règles sociales qui normalise les comportements privés en leur fournissant un système a priori d'évaluation* ".

149 Keynes, 1936, p.169.

150 Selon Dupuy (1989, p.72-73), ces divergences seraient dues à des points de départ différents dans les analyses de chacun des auteurs: "*Lewis partait toujours d'une perspective de l'équilibre, tandis que Keynes partait des situations de déséquilibre*".

Il nous semble que l'idée du mimétisme est particulièrement intéressante dans le cas des décisions de localisation résidentielle, puisque les acteurs ne souhaitent ici rien d'autre que la convergence spatiale des ménages d'un même "type". Faire son choix résidentiel en imitant la décision des autres ménages du même type garantirait dans une certaine mesure la mise en effet de l'externalité de voisinage escomptée. En l'occurrence, la pratique des anticipations imitatives pourra conduire à l'établissement d'une convention autour de la localisation résidentielle des divers "types" de ménages. Il est alors permis d'envisager que des anticipations spéculaires mimétiques fassent émerger sur le marché résidentiel des croyances concernant la localisation des ménages, c'est-à-dire des **conventions urbaines.**

Bref, la peur et le doute que soulève l'incertitude urbaine radicale chez les acteurs du marché de la localisation pourront les amener à produire un repère commun qui les aidera à se coordonner dans l'espace résidentiel. Autrement dit, il s'agit d'une réaction qui renvoie plutôt à la "psychologie de masse" qu'aux principes logiques de la rationalité néoclassique, et qui montre que, face à l'incertitude radicale, la "panique" peut conduire à un certain ordre. Comme le dit Keynes, "*la psychologie d'une société où chaque individu cherche à imiter les autres conduit à ce qu'on peut dénommer rigoureusement opinion conventionnelle* "[151]. Et c'est par la croyance qu'ont la plupart des preneurs de décisions de partager cette opinion qu'on arrive à une coordination de leurs actions, et donc à un ordre marchand. Selon ce raisonnement, la convention urbaine serait une opinion conventionnelle, une croyance partagée par les acteurs urbains sur la localisation résidentielle (virtuelle) des différents types de ménages. En tant que "repère" de localisation, elle deviendrait l'élément de coordination spatiale des acteurs urbains permettant la configuration des externalités de voisinage.

Cependant, face à l'incertitude radicale, la logique du comportement d'imitation (rationalité mimétique) se manifeste dans un cadre d'anticipations spéculaires où les acteurs vont s'interroger mutuellement selon un mode strictement cognitif. En outre, ce processus d'anticipations croisées étant dépourvu de repères objectifs, l'individu est renvoyé à ses propres perceptions subjectives[152]. C'est ce vide référentiel, ce manque de repères objectifs dans la formulation

---

[151] Keynes, 1937, p.172.

[152] Weil Barais (1993, p.94) définit ainsi la cognition: "*nous devons cette connaissance générale dans laquelle s'inscrit l'acte perceptif à une activité mentale que l'on désigne sous le terme de cognition* ". Cette approche cognitive subjective a été soulignée par Shackle (1972) comme marquant une rupture avec la rationalité de l'*homo oeconomicus* orthodoxe.

d'anticipations sur la localisation future des différents "types" de ménages, qui justifierait (la raison pratique de Keynes) la décision d'adopter un comportement mimétique. Cependant, un problème demeure: il faudra à chacun identifier ceux qu'il convient d'imiter - un problème d'autant plus difficile que les anticipations du marché sont ici formulées dans un contexte où les individus ne savent pas de quelles informations les autres disposent. Aussi les acteurs du marché se doivent-ils de rester attentifs aux rumeurs et indices pour identifier ceux qu'ils estiment (croient) être les mieux informés. C'est dans cette opacité que la spécularité va opérer, ouvrant la voie à des phénomènes jusqu'alors situés dans le champ du non-rationnel, tels la "contagion des opinions" par les "bruits", les "soupçons", et d'autres phénomènes caractéristiques de la "psychologie de masse"[153]. Dans ce cadre d'opacité cognitive, la dynamique mimétique se montre assez instable et précaire, parce que les acteurs sont sensibles aux nouvelles informations virtuelles, et donc à ceux qui les détiennent.

Keynes souligne toutefois que dans un marché auto-référentiel - par exemple dans le marché financier - peut apparaître un acteur particulier, une sorte de "personnage de l'ombre", qui essaiera d'anticiper avant les autres les changements futurs pour bénéficier d'un gain non escompté par les anticipations courantes: quelqu'un qui cherchera à prévoir les anticipations de la foule avant celle-ci. La stratégie de ce "spéculateur" ou "professionnel de l'anticipation spéculative", comme Keynes l'appelle, consiste donc à anticiper les spéculations du marché, et il oppose généralement le spéculateur au capitaliste-entrepreneur, dont la logique décisionnelle serait plutôt liée à des jugements concernant les facteurs "matériels" et "objectifs" de production[154]. Cependant, dans un monde d'incertitude radicale où le déroulement unidirectionnel du temps impose des effets d'irréversibilité, la monnaie devient le lien inter-temporel qui va servir d'une certaine façon de refuge aux agents économiques face aux aléas[155]. A partir de l'image que les individus se font du futur, ils décideront de la quantité de richesse liquide qui leur est nécessaire pour l'affronter. Comme le dit Keynes lui-même, "*pour des motifs*

[153] Dans cette discussion autour de la panique, Dupuy (1991) utilise souvent le terme de "psychologie de la foule".

[154] C'est l'idée de deux types de circulations (financière et industrielle) que Keynes propose dans son "Traité sur la Monnaie", une idée qu'il reprendra de façon différente dans sa "Théorie Générale". Pour une présentation et une reprise de cette idée, voir Arena, 1985, Graziani, 1987 et Barrère, 1985, 1990.

[155] Voir à ce sujet Davidson (1978), Chick (1983) ou encore Carvalho (1992); nous reviendrons sur ce point plus loin pour souligner le rôle des contrats monétaires en tant qu'élément stabilisateur des relations de marché et pour présenter le circuit monétaire urbain.

raisonnables et en grande partie pour des raisons instinctives, notre désir de maintenir la monnaie comme réserve de valeur (préférence pour la liquidité) constitue un baromètre du degré de notre méfiance, de nos calculs et conventions par rapport au futur "[156].

La monnaie permet ainsi une articulation entre la logique décisionnelle des entrepreneurs (produire) et celle des "professionnels de l'anticipation" (spéculation pure) qui fait que les premiers sont sensibles aux jugements que portent les seconds sur l'avenir[157]. Autrement dit, la logique spéculaire ne serait pas restreinte au jeu du marché des titres, qui est en effet le théâtre par excellence des caprices et des humeurs des hommes en ce qui concerne les projections des résultats marchands futurs[158]. Du projet radical keynésien, il ressort l'idée que "l'état de confiance" (convention) dans lequel pourront se trouver les acteurs du marché constitue un enjeu de l'antagonisme entre l'optimisme de "l'esprit animal" des capitalistes et la "froideur" calculatrice des spéculateurs professionnels. Concernant ce rapport de force concernant les projections, Keynes s'est montré assez pessimiste vis-à-vis de l'esprit animal des entrepreneurs. Pour lui, la monnaie comme réserve de valeur et la dimension auto-référentielle du marché financier sont toujours susceptibles de produire des mouvements cumulatifs de défection ou d'euphorie économique capables, du jour au lendemain, de faire basculer l'état de confiance qui servait de croyance commune aux acteurs marchands. Dans un environnement auto-référentiel, c'est cette volatilité des opinions qui permet de mesurer la précarité des conventions en tant qu'élément de coordination des actions marchandes.

En outre, la présence du "professionnel de la psychologie du marché" radicalise cette précarité de la coordination marchande, dans la mesure où il peut utiliser à tout moment les bruits et les soupçons qui courent pour faire croire qu'il sait quelque chose et le cache, cherchant ainsi à amener les autres à croire qu'il sait vraiment quelque chose et à agir selon l'idée qu'ils s'en font. Cette stratégie par laquelle les spéculateurs essaient d'entraîner les autres acteurs dans un jeu spéculaire pour provoquer un mouvement de contagion par imitation se fonde sur le caractère auto-référentiel d'un marché où la "psychologie de masse" peut amener à des situations qui s'écartent des projections

---

156 Keynes, 1937, p.173.

157 Sur ce point, voir l'interprétation de Minsky, 1975.

158 Selon la lecture que fait Favereau (1988, 1989) du projet radical de Keynes, cette caractéristique du marché financier permettrait d'avancer vers une véritable économie des conventions.

antérieures[159]. La dynamique de la contagion mimétique pourra ainsi servir des stratégies opportunistes; connaissant le caractère auto-référentiel du marché, certains vont tenter d'induire des "bulles" de contagion cognitive susceptibles de rectifier des situations marchandes dans un sens qui leur sera favorable. Comme le fait remarquer Galbraith, ce processus repose sur l'illusion de l'infinitude de la contagion spéculative (l'illusion que les bulles spéculatives ne crèvent jamais) et sur des phénomènes collectifs de "troubles de la mémoire" qui font oublier que les bulles du passé ont toutes fini par crever[160].

Le jeu spéculaire keynésien ne ressemble donc pas à celui de Lewis, dont la transparence aurait semblé à Keynes peu réaliste. Pour ce dernier, le jeu spéculaire marchand cache toujours en effet des intentions privées qui, loin de se restreindre au désir de coordination, visent aussi des intérêts propres[161]. C'est dans ce sens qu'il faut comprendre l'opacité du marché et les stratégies cognitives entreprises par les acteurs qui participent du processus spéculaire. Autrement dit, dans un environnement opaque, ce jeu d'anticipation fait réapparaître avec force l'hétérogénéité des acteurs.

Dans le cadre de notre approche spatiale, il est possible de faire intervenir la figure de l'entrepreneur schumpétérien dans une dynamique d'anticipation spéculaire où les ménages cherchent des indices sur ceux qu'ils croient être les mieux informés sur l'avenir de la structure urbaine. Dans ce cas, il est raisonnable d'imaginer que chacun d'eux "se tournera vers les entrepreneurs urbains" en se demandant si ces derniers ont des indices quant à la localisation des divers types de ménages qui composent le marché résidentiel. Cette croyance que les entrepreneurs sont sans doute les mieux informés, malgré le fait que

---

159 Keynes (1936, p.113) écrit à ce propos:" *l'activité et l'habilité des spéculateurs professionnels et des spécialistes du placement s'enploient surtout ailleurs. En fait, la plupart d'entre eux se soucient beaucoup moins de faire à long terme des prévisions serrées du rendement escompté d'un investissement au cours de son existence entière que de deviner peu de temps avant le grand public les changements futurs de la base conventionelle d'évaluation. Ils se préoccupent non de la valeur réelle d'un investissement pour un homme qui l'acquiert afin de le mettre en portefeuille, mais de la valeur que, sous l'influence de la psycologie collective.*"

160 Cf. Galbraith, 1992.

161 Il y a sans doute une différence fondamentale entre la démarche qui utilise la notion de spécularité (convention) pour comprendre les relations marchandes et celle qui l'applique aux rapports de langage. Il nous semble que le retour du discours de l'économie aux problèmes cognitifs doit se garder de laisser de côté la dimension classique qui a toujours souligné le rapport entre l'échange et la distribution des richesses. Ce point est pour nous d'autant plus important que si, d'un côté, nous reprenons dans notre travail des éléments de l'économie française des conventions, nous notons de l'autre que ses auteurs (en particulier Dupuy) se sont de plus en plus attachés à une perspective de coordination des actes sociaux qui les rapprochait d'une économie d'échange pure.

personne ne connaisse d'avance la configuration résidentielle future, n'est pas dépourvue de sens. En effet, si tous les acteurs de ce marché doivent spéculer sur l'ordre résidentiel futur, les entrepreneurs doivent agir quant à eux comme de vrais "professionnels de l'anticipation"; la décision de produire des résidences étant prise dans une temporalité chronologique (historique), elles seront offertes à un moment ultérieur à cette décision, ce qui oblige les décideurs à prévoir les anticipations de la foule. Par ailleurs, s'agissant d'un bien qui implique une immobilité spatiale, et les conventions touchant à la localisation résidentielle des ménages étant précaires (comme toutes les conventions), l'exercice spéculatif des entrepreneurs apparaît plus critique que celui auquel se livrent les ménages. Ces derniers seront donc enclins à croire que ce sont les entrepreneurs qui disposent des indices les plus sûrs sur la configuration future des externalités de voisinage. Dans leur "isolement" marchand, les ménages pourront même avoir l'illusion (cognitive) que l'offre demeure souveraine sur le marché résidentiel, comme certaines propositions de la sociologie urbaine marxiste l'ont laissé penser, comme si elle était insensible aux problèmes de coordination marchande[162].

Ainsi, bien que tous se trouvent dans le même environnement d'incertitude urbaine radicale, la perception cognitive des ménages pourra leur faire croire que les entrepreneurs, du fait qu'ils courent apparemment plus de risques qu'eux, détiennent des informations dont eux-mêmes ne disposent pas. Si cela traduisait un raisonnement cognitif relevant de la "psychologie marchande" des ménages dans un environnement spéculaire, on pourrait alors supposer que les entrepreneurs urbains utilisent des stratégies keynésiennes caractéristiques des "professionnels de l'anticipation": en cherchant à anticiper l'anticipation de la foule, ils peuvent inciter les "non-professionnels" du marché (les ménages) à croire qu'ils sont les mieux informés.

Mais ce processus est soumis à des flux fréquents de nouvelles informations, car les entrepreneurs schumpétériens urbains se comportent en véritables "casseurs" à l'égard des anticipations formulées en continuité avec le passé, la recherche de profits exceptionnels (*mark up* urbains) les incitant à proposer des innovations-différenciations urbaines. Etant donné qu'ils envisagent la configuration résidentielle comme une mosaïque d'externalités de voisinage, et que ces externalités constituent en quelque sorte, en termes spatiaux, des conventions urbaines résultant d'un processus

162 Lipietz (1977), par exemple, avance l'idée d'une régulation monopoliste où les capitaux seraient capables d'imposer un profil spatial indépendamment de la validation spatiale de la demande. Pour une brève discussion du régime urbain, voir Abramo, 1996.

d'anticipations mimétiques croisées, on peut supposer que, du point de vue du processus spéculaire cognitif, ces entrepreneurs vont agir comme de véritables "spéculateurs" urbains: par le biais de la destruction créatrice des stocks (parc) résidentiels anciens, ils vont tenter de faire converger les anticipations des ménages dans le sens d'un changement de la configuration résidentielle qu'ils formuleront sous la forme de "bruits". Mais pour que leur entreprise réussisse, il faut que les ménages croient effectivement qu'ils sont mieux informés qu'eux sur l'avenir, et que, forts de cette croyance et par un processus de mimétisme décisionnel, ils se déplacent vers la localisation que ces entrepreneurs signalent comme étant celle où tous les ménages de leur type s'installeront.

On assiste donc ici à l'émergence d'une convention de localisation pour un type particulier de ménages, et, dès lors que ceux-ci s'appuient sur cette référence pour se coordonner dans l'espace, à celle d'une externalité de voisinage. La croyance dans cette externalité, qui était l'objectif recherché par les acteurs urbains, devient alors une réalité. Cette recherche de l'externalité de voisinage a cependant des motivations différentes selon que l'on se place du point de vue des capitalistes-entrepreneurs ou des ménages: les premiers souhaiteront surtout imposer un *mark up* urbain à travers leurs propositions de différenciation (signes de coordination), tandis que les seconds désirent profiter des effets positifs de l'externalité. En effet, cette coordination spatiale qui répond à deux objectifs différents relève d'un processus auto-référentiel où l'espoir de rencontrer (dans l'espace résidentiel) des ménages du même type (externalité) se traduira, avant de se concrétiser réellement, par une croyance dans l'existence d'un site résidentiel témoignant de cette externalité. C'est à partir d'une virtualité (convention urbaine) que les acteurs urbains vont ainsi raisonner et formuler leurs décisions de localisation; la configuration des externalités ne sera effective que postérieurement (*ex post*) aux prises de décision individuelles (*ex ante*).

Autrement dit, la convention urbaine émergerait d'un mouvement d'opinions entrecroisées relatives aux anticipations de localisation. S'agissant d'anticipations formulées dans un environnement où les décisions sont interdépendantes et sujettes à l'incertitude urbaine radicale (opacité radicale), elles relèveront plutôt d'une recherche cognitive et se traduiront par des "croyances" urbaines. Bref, la convention urbaine résulterait d'un processus spéculaire de choix résidentiels. Comme nous le verrons plus avant, sa transformation en réalité spatiale dépendra, dans la continuité du temps chronologique, de sa permanence en tant que repère pour la coordination des choix de localisation pendant une certaine période. Mais, puisque nous avons affaire à un processus cognitif, le maintien de la convention au fil du temps dépendra à son tour de la confiance que les acteurs du marché accorderont à ce repère[163].

Schématiquement, le phénomène de l'émergence d'une convention urbaine peut être réduit à un enchevêtrement de jugements qui se présente de la façon suivante. Tout d'abord, on peut raisonner comme si l'entrepreneur se trouvait dans les mêmes conditions (cognitives) que les ménages. Dans ce cas, ces derniers ne le soupçonneront pas de détenir des indices dont ils ne disposeraient pas sur leur future localisation résidentielle. Mais si tous sont dans un cadre "vide" de repères de coordination, ils souhaiteront se coordonner et adopteront pour ce faire un comportement imitatif. La question est de savoir qui imiter. Il suffit de supposer qu'une rumeur quelconque fasse croire à un ménage du type A qu'un autre ménage du même type désire s'installer à un certain endroit: il aura désormais (ou croira avoir) un indice (soupçon) sur l'intention de localisation de ce dernier, et il essaiera de lui délivrer un signe lui permettant de penser que lui-même sait déjà où s'installer. En interprétant comme tel le signe en question, ce deuxième ménage fera comprendre qu'il va lui aussi s'installer à cet endroit (mimétisme), le premier ayant alors la preuve que son hypothèse de départ était correcte. Ainsi, la croyance du premier, réitérée par le mimétisme du second, va faire émerger une "objectivité" qui sera pour ces ménages leur convention urbaine de localisation. Comme le dit Dupuy, ce processus mimétique va se renforcer à mesure que le nombre des participants devient plus important: "*cette émergence d'une objectivité (convention), d'une extériorité par la clôture sur soi d'un système d'acteurs qui tous s'imitent, acquiert une vigueur accrue à mesure qu'augmente le nombre de ceux-ci* "[164].

Dans le cas que nous venons d'évoquer, le point de départ du processus spéculaire mimétique est la circulation d'une rumeur à propos du choix de localisation d'un ménage. Les entrepreneurs urbains pourront donc être tentés de "produire" eux-mêmes ces "bruits" ou "rumeurs" urbaines, et ainsi chercher à émettre des "méta-signes" concernant l'emplacement résidentiel des différents types de ménages pour induire le processus spéculaire vers certains repères de localisation différents de ceux ayant été utilisés dans le passé. Ainsi, le processus spéculaire (pour aboutir aux externalités de voisinage) pourra servir aux entrepreneurs urbains à faire basculer les conventions urbaines en place. Un "bruit" émis par un entrepreneur schumpétérien dans le but

---

163 Nous reprendrons l'image du couloir proposée par Leijonhufvud (1981), et qu'a reprise Carvalho (1992) dans un cadre shacklien, pour suggérer qu'il existe des décisions grâce auxquelles une convention urbaine se renforce et se maintient pendant un certain temps.

164 Dupuy, 1988, p.63.

de produire une dépréciation fictive des anciens logements-localisations pourra en ce sens conduire au rejet ou à la défaillance d'une ancienne convention urbaine, et donc à l'aboutissement d'une nouvelle virtualité de localisation résidentielle. Ici, l'enjeu spéculaire sera l'issue de la confrontation entre les repères du passé et les nouvelles "rumeurs" de localisation, c'est-à-dire entre les choix résidentiels habituels (convention du passé) et la stratégie de différenciation spatiale des entrepreneurs urbains (proposition d'une nouvelle convention).

En effet, ces entrepreneurs schumpétériens agissent comme les spéculateurs professionnels de Keynes, c'est-à-dire qu'ils cherchent à obtenir sur un événement futur un gain d'anticipation que leur permettra la non-connaissance de la virtualité de cet événement futur chez les autres participants au marché. Mais pour mettre en oeuvre leur stratégie, il leur faut déclencher un processus de contagion mimétique. S'agissant de professionnels de l'offre de stocks résidentiels, les ménages peuvent croire à une "asymétrie d'information", c'est-à-dire que ces entrepreneurs ont des informations qu'ils ne détiennent pas eux-mêmes sur leur localisation future. En donnant des signes de l'anticipation qu'ils pourraient effectuer pour certains types de ménages, ces derniers essaient de fait de faire croire aux ménages qu'ils détiennent certaines informations sur l'ordre spatial futur, et donc qu'ils sont mieux informés qu'eux. Recourant alors à la "technique pratique" keynésienne des prises de décision, les ménages imiteront ce qu'ils pensent que sont les anticipations des entrepreneurs.

Ce processus subtil d'émission et de perception de "méta-signes" de localisation (qui peut prendre des formes diverses) est surtout d'ordre cognitif, c'est-à-dire qu'il intervient au niveau des anticipations des acteurs urbains. Il met en oeuvre un phénomène de contagion où le signe émis par les entrepreneurs, qui ne visaient au départ qu'à faire croire aux ménages qu'ils détenaient des informations sur leur localisation future, leur permettra, dès lors qu'ils auront appris qu'il a été pris au sérieux par ces derniers, d'anticiper effectivement les choix résidentiels de certains types de ménages. En incorporant l'innovation-différenciation urbaine, l'offre de stocks résidentiels devient ainsi une objectivité.

De fait, ce processus spéculaire ne débouche sur une convention urbaine qu'en raison du caractère auto-référentiel du marché de la localisation. C'est bien ce trait qui fait que les anticipations spéculatives s'apparentent à un mouvement d'anticipations mimétiques qui va finir par laisser émerger un repère commun (les ménages d'un certain type vont s'installer en un endroit donné en fonction de certaines caractéristiques du bien logement qui s'y trouve) devenu désormais convention urbaine, laquelle permettra aux acteurs urbains de se coordonner dans l'espace, malgré l'incertitude urbaine radicale à laquelle reste virtuellement soumis le marché de la localisation résidentielle.

Autrement dit, par un processus de contagion imitative que certains auteurs qualifient de rationalité mimétique[165], les acteurs d'un marché auto-référentiel parviendront à trouver une représentation commune de la structure résidentielle future qui va les aider à se coordonner en termes spatiaux. Dès lors qu'il devient une croyance partagée par ceux du marché de la localisation, ce repère de coordination résidentielle (convention urbaine) bloque le jeu spéculaire et produit un comportement répétitif dans les choix de localisation. Comme l'écrit ironiquement Shackle, la convention permettrait l'émergence d'une "*psychologie moutonnière (qui) maintient, pendant un certain temps, une fragile et auto-hypnotique fiction de rationalité et de stabilité ;*"[166]

Nous ferons appel ici au marché financier, où le processus mimétique marchand fait apparaître la figure keynésienne du "professionnel des anticipations", dont la pratique consiste à anticiper avant les autres les conditions futures de ce marché. Cet acteur se pose en effet en "émetteur" de "méta-signes" auxquels les autres acteurs se montreront attentifs pour entamer leurs démarches cognitives d'anticipation. Concernant le processus spéculaire urbain, nous avons suggéré en effet que les capitalistes-entrepreneurs avaient un rôle cognitif semblable, et il faut alors se demander pourquoi ceux du marché résidentiel ressemblent parfois à ces professionnels de l'anticipation spéculative.

Tout d'abord, soulignons que dans le projet radical de Keynes presque tous les décideurs capitalistes doivent, dans une économie monétarisée où le temps est chronologique (incertitude radicale), faire face aux spéculations (et spéculer) et donc observer ce que les professionnels de l'anticipation sont en train d'anticiper. C'était là la vision pessimiste de Keynes, pour qui la logique spéculative de l'économie monétaire s'impose quand la société marchande est laissée à la merci des "libres forces du marché"[167]. Mais il nous semble que le

---

165 Notamment Dupuy (1992-b). Notons qu'Orléan (1989-b) utilise le terme de "paradigme de l'opinion" comme alternative à ce qu'il a appelé le "paradigme de la rationalité", qui s'applique plutôt aux raisonnements fondés sur le principe de la maximisation de l'utilité espérée. Cependant, dans la plupart des écrits - même chez Orléan (1986, 1989-a)-, c'est la notion de rationalité mimétique qui remplace le terme de "paradigme d'opinion".

166 Shackle, 1965, p.58.

167 Keynes avance généralement cette assertion en faisant intervenir le taux d'intérêt conventionnel. Pour beaucoup de ceux qui partagent son projet radical, cette perspective marchande représente le message principal de Keynes. Nous rejoignons, entre autres lectures, celle qu'en fait Minsky (1975).

marché capitaliste de la localisation résidentielle révèle une autre dimension de ce phénomène. En raison de l'importance des stocks anciens, ces capitalistes sont entraînés dans une logique de différenciation urbaine, et donc de modification du profil de la structure résidentielle. Cette particularité fait d'eux des agents qui anticipent les changements de localisation. D'abord parce que l'irréversibilité du choix peut leur coûter de se voir exclus du marché en cas de changement inattendu, mais surtout parce qu'ils font de la spéculation spatiale, et donc de ses résultats virtuels (destruction spatiale créatrice), un moyen de réaliser un profit additionnel. En se présentant comme les seuls capables de procéder à des différenciations susceptibles de déprécier les sites résidentiels (en jouant sur les préférences des ménages), ces mêmes capitalistes cherchent à s'attribuer le rôle "d'émetteurs professionnels de signes" annonçant des changements de l'ordre résidentiel marchand.

Dans le marché capitaliste de la localisation résidentielle, la figure de l'entrepreneur schumpétérien et celle du spéculateur professionnel keynésien ont ainsi tendance à se confondre en un seul personnage-acteur de ce marché, dont la pratique cognitive consisterait à devancer les anticipations spatiales de par son désir de promouvoir des changements inattendus (innovations).La possibilité de réussite de cette sorte de "fusion" de stratégies marchandes renvoie selon nous au fait que les ménages font leurs choix de localisation dans un cadre d'incertitude urbaine radicale. Le fait de se confronter à l'opacité de l'avenir les amène à raisonner selon la technique pratique de Keynes: à "se tourner vers ceux qui sont sans doute les mieux informés". C'est là que ces entrepreneurs se présentent doublement comme des professionnels du marché: comme ceux qui restent toujours attentifs aux mouvements de déplacement résidentiel des ménages (qui anticipent l'anticipation de la foule), et comme ceux qui offrent les biens-logements (qui ont l'esprit animal keynésien).

C'est précisément ce qui fait croire aux ménages qu'ils sont des acteurs plus informés qu'eux. Mais il convient ici de rappeler que les entrepreneurs urbains ne savent rien sur l'avenir de la configuration résidentielle; sur le plan de la coordination spatiale marchande, ils doivent eux aussi faire face aux difficultés critiques qu'impose l'incertitude urbaine radicale. L'idée qu'ils savent quelque chose de la localisation virtuelle des différents types de ménages relève donc du domaine de la croyance.

Cependant, sachant que chaque ménage peut être dans l'attente de "signes" quant à la localisation future des autres ménages, et donc sur la configuration des externalités de voisinage, les entrepreneurs seront tentés de leur faire entendre qu'ils détiennent une information quelconque à ce sujet. On a ici les éléments keynésiens du processus d'imitation spéculative et du déclenchement de la dynamique mimétique spéculaire. L'émergence de la convention urbaine bloquera ensuite le jeu spéculaire urbain, entraînant les acteurs du marché dans la "psychologie moutonnière" à laquelle Shackle faisait référence. Toutefois, il y a dans le processus d'anticipations croisées du marché de la localisation un autre élément qui "réveille" les acteurs et les soustrait à l'"auto-hypnoptique fiction de rationalité"[168]: les entrepreneurs pourront jouer la carte de la rupture par le biais de l'innovation et, en le faisant individuellement, imposer des *mark up* urbains. Cela veut dire qu'en opérant de façon systématique des dépréciations fictives à l'égard des stocks résidentiels (localisations urbaines), ils amplifient toujours l'incertitude urbaine radicale, et donc le caractère spéculaire du marché résidentiel[169].

Autrement dit, le maintien de l'incertitude urbaine radicale par la pratique des décisions cruciales d'innovation spatiale permet aussi la permanence de la dynamique spéculaire de la coordination résidentielle; il donne de ce fait même aux entrepreneurs urbains des chances de réussir dans leurs propositions de changement-rupture de l'ordre spatial, et donc de configuration d'un nouvel ordre résidentiel. Ce que nous voulons dire ici, c'est que l'incertitude urbaine radicale se nourrit des décisions des entrepreneurs urbains schumpétériens et qu'en même temps, elle permet à ces derniers d'adopter des pratiques de spéculateurs keynésiens qui déboucheront sur un processus de dissipation de l'incertitude urbaine, c'est-à-dire sur l'émergence d'une convention urbaine[170].

Il faut donc en tirer la conclusion que la convention urbaine est toujours temporaire, et qu'elle sera détruite par l'innovation-différenciation que pratiquent les entrepreneurs, c'est-à-dire par le retour de l'incertitude urbaine radicale. Et cela parce que ce qui permet à l'entrepreneur d'adopter un comportement caractéristique du spéculateur keynésien serait justement son côté schumpétérien de

---

168 Shackle (1967, p.129-130) se réfère aussi à la convention comme à une "connaissance feinte".

169 En soulignant le rapport entre l'incertitude, le rôle de l'entrepreneur schumpétérien et la convention, Shackle (1967, p.131) écrit: "le désordre essentiel du réel contraste avec la condition humaine conventionnellement simulée. C'est le désordre de la décision téméraire 'd'entreprendre'. Le monde dans lequel 'entreprendre' est nécessaire et possible est un monde d'incertitude".

170 Nous avons fait remarquer précédemment que Knight, sous l'influence de Schumpeter, avait proposé la notion d'incertitude en l'opposant à la notion orthodoxe de profit. Shackle (1972, p.20) reprendra cette même démarche et écrira: "*le profit est (...) une part essentielle du processus kaléidoscopique, (puisqu'il conduit à) l'émergence soudaine de situations nouvelles*".

"casseur" des régularités du passé. En faisant ressortir l'incertitude urbaine radicale, l'esprit schumpétérien entraîne ainsi le marché de la localisation dans un jeu spéculaire, mais en adoptant des stratégies de professionnel keynésien de l'anticipation, ce même acteur pourra faire naître une convention urbaine qui bloquera ce jeu spéculaire, et donc empêchera l'existence même du professionnel des anticipations. Puis, le retour à des pratiques schumpétériennes relancera le jeu spéculaire et tout recommencera. Il est donc permis de dire qu'il existe un rapport de cause à effet entre la recherche de *mark up* urbain (profit), l'innovation-différenciation spatiale, l'incertitude urbaine et la dynamique spéculaire de localisation, cette dernière étant responsable du passage du désordre (incertitude) à l'ordre (à travers la convention) résidentiel et vice et versa. On voit ici se manifester le double rôle de l'esprit schumpétérien et du spéculateur keynésien, qui se renforcent et s'excluent mutuellement tout à la fois - un double rôle qui permet en même temps de faire naître, d'alimenter et de bloquer la dynamique spéculaire résidentielle.

C'est bien cette tension entre l'ordre et le désordre (le renversement de l'ordre) qui donne l'image d'un ordonnancement urbain kaléidoscopique, où les décisions cruciales auraient le pouvoir de faire éclater l'ancienne configuration résidentielle pour en générer d'autres jusque-là inattendues. Cela nous amène à conclure que si le marché résidentiel peut coordonner les actions-anticipations de localisation en faisant émerger un repère commun, l'ordre résidentiel qui ressort de ce processus n'a rien à voir avec l'image walraso-thünénienne qu'en donne la synthèse spatiale néoclassique. En faisant appel au processus cognitif des anticipations spéculaires, la coordination par conventions s'écarte des processus d'équilibrage spatial déterminés de façon exogène par les déterminants d'ordre naturel (distance) et technologique (transport). En outre, cet ordre ne garde aucune trace d'efficience ou d'optimalité parétienne qui puisse justifier le discours de la "souveraineté" de l'allocation de ressources par le marché. Il s'agit plutôt d'un ordonnancement résidentiel marchand kaléidoscopique où la frontière entre l'ordre et le désordre est assez fragile.

2.3. La convention urbaine et le déroulement du temps: l'idée de couloir

A ce stade de notre démarche, nous devons nous demander si la dynamique de la configuration résidentielle s'apparente vraiment à ce mouvement kaléidoscopique shacklien incessant. Pour répondre à cette question, il faut se souvenir que la ville résidentielle est ici une configuration spatiale composée de stocks. Aussi la dimension de flexibilité absolue de la "ville de tentes" ou de la "ville-Leggo" de l'orthodoxie doit-elle être fortement nuancée.

Tout d'abord du fait que la convention urbaine relative à la distribution des stocks résidentiels selon les différents types de ménages est conçue dans une logique historique de production, et cela à deux niveaux: la production d'un bien résidentiel (logement) prend du temps et impose l'irréversibilité des choix aussi bien en termes temporels (le choix de produire aujourd'hui se concrétise demain), que spatiaux (le choix d'un endroit d'où le bien logement ne pourra être déplacé). De ce point de vue, le problème de la coordination spatiale, lorsqu'il se pose dans un univers kaléidoscopique, s'avère critique pour ceux qui décident de produire.

Par ailleurs, la convention urbaine concerne aussi la localisation d'un certain type de ménages qui, pour être effective, doit comporter des biens-logements (parc ou stock résidentiel). Etant donné que les actions marchandes des entrepreneurs capitalistes du marché résidentiel reposent sur le jeu des offres de ce bien, la convention urbaine sera un consensus virtuel autour de la localisation des ménages, mais aussi de certaines caractéristiques des stocks résidentiels. Elle indiquera un site urbain où un type de ménage pourra trouver d'autres ménages semblables, mais du point de vue de la dynamique capitaliste de l'offre de biens résidentiels, elle ne restera une convention qu'aussi longtemps que les entrepreneurs offriront des stocks. Et ceux-ci la partageront pendant le temps où la localisation est en transformation, et donc inachevée au regard de la convention. Dès lors que les entrepreneurs auront "bâti" cette convention en termes réels, qu'elle sera un stock résidentiel en soi et non plus une croyance dont les agents se servent pour anticiper, ils vont essayer de la déprécier de façon fictive, c'est-à-dire de proposer ailleurs des innovations-différenciations urbaines pour que les stocks anciens ne leur fassent plus concurrence[171].

Une convention urbaine fait ainsi apparaître une temporalité de la construction effective de stocks résidentiels. Selon les termes de l'économie de production, la croyance-convention se réalisera, en tant que réalité résidentielle, au cours du temps historique que l'offre prend pour transformer matériellement la localisation conventionnée. Les propositions de différenciation du bien logement qui sont avancées en tant que nouvelle convention doivent se matérialiser par des actes de

---

171 Pour la présentation de ce problème, voir le chapitre sur l'incertitude urbaine, et pour une modélisation de la concurrence intertemporelle entre les biens durables selon les termes de la "nouvelle économie industrielle", voir Tirole (1988). Dans le chapitre sur la dynamique spatiale, nous nous proposerons d'adopter le modèle du cycle pur de Kalecki pour décrire la manière dont la configuration des stocks s'instaure autour d'une convention urbaine.

production, et comme ces derniers prennent du temps, la convention urbaine devra parcourir un certain cheminement temporel pour cesser d'être une anticipation (virtualité) et se réaliser en tant que stock résidentiel. A l'inverse du processus mimétique du marché financier, dont la dynamique fait rarement appel à la production effective, et donc où tout se passe dans un monde strictement cognitif, la logique spéculaire du marché capitaliste de la localisation fait intervenir la production de stocks, ce qui introduit des rigidités au vu de la souplesse cognitive du premier.

Ainsi, la convention urbaine devra être réitérée tant que l'offre de stocks n'aura pas fini de transformer matériellement la localisation conventionnée. Ce cheminement temporel, obligatoire pour que cette convention cesse d'être une virtualité pure, doit être compris dans un environnement où l'incertitude urbaine radicale est toujours susceptible de refaire surface. En effet, le caractère "moutonnier" du comportement des acteurs du marché que la convention met en évidence demeure fragile. Comme Keynes le faisait remarquer, elle reste susceptible d'être mise à mal par toutes sortes de "caprices humains": les soupçons, les bruits, etc.; elle doit donc faire face à l'éventualité d'un tel renversement, et ceci malgré son obligation de parcourir un certain cheminement temporel. Comment, alors, résoudre le dilemme d'une coordination qui, pour réussir, doit se maintenir pendant un certain temps sans que cela n'efface l'incertitude urbaine radicale en tant que virtualité du marché de la localisation?

Il nous semble que la notion de couloir qu'a proposée Leijonhufvud peut ici nous donner quelques indications sur ce cheminement temporel[172]. Elle s'avère d'autant plus séduisante qu'elle souligne le rapport que la coordination marchande peut établir avec d'éventuelles forces traduisant des déséquilibres. Même si, dans sa formulation originale, le concept de couloir s'appuie sur le paradigme orthodoxe de la stabilité de l'équilibre, l'idée que la convergence des actions vers l'équilibre suit une trajectoire limitée par des bornes nous permettra de discuter les rapports existant entre les actes coordonnés par la convention et les possibilités de "défaillance" à l'intérieur de celle-ci. Dans ce sens, nous reprendrons l'idée de couloir sous l'angle historique du déroulement du temps; autrement dit, selon une approche plus hétérodoxe que celle de Leijonhuvfud.

Dans le contexte néoclassique d'une information parfaite, le concept de couloir cherche à traduire les limites dans lesquelles la trajectoire d'équilibre pourra s'imposer dès lors que, dans ces mêmes

---

172 Cf. Leijonhufvud (1981). Pour une relecture de cette notion de couloir par Shackle, voir Carvalho (1992). Quant à nous, nous emprunterons les termes généraux de la lecture de Carvalho pour les appliquer librement à notre discussion sur l'ordre spatial.

limites, les mécanismes d'absorption des déséquilibres éventuels prévalent sur les facteurs d'amplification de ces mêmes déséquilibres[173]. Ici, le couloir est le lieu "où les déceptions seraient absorbées sans que cela amène à des changements fondamentaux des plans et procédures de l'économie. A l'intérieur du couloir la normalité subsiste, et donc ne se pose pas la nécessité de formuler de nouvelles hypothèses sur l'environnement à partir duquel les agents décident"[174]. La question que la tradition hétérodoxe se pose en se soustrayant ainsi à la problématique orthodoxe d'un chemin conduisant inévitablement à l'équilibre stable est de savoir comment situer les bornes à l'intérieur desquelles les plans seront redéfinis, ou quelles seront les limites dans lesquelles une convention doit rester pour continuer à servir de repère à la coordination des acteurs du marché.[175]

La réponse qu'a tenté de donner Carvalho fait appel à la notion shacklienne de surprise potentielle; son objectif était d'analyser la possibilité qu'a la convention de suivre une trajectoire "stable" sans que cela signifie une réduction de l'incertitude au risque knightien. selon sa vision, les décideurs vont établir des indices de "surprise potentielle" face aux événements et, à partir de là, déterminer des points focaux de gain et de perte[176]: "les limites du couloir seraient données par les gains et les pertes focales, c'est-à-dire par des résultats qui sont en même temps surprenants et significatifs de l'orientation de l'activité de l'agent"[177].

La définition du "degré de surprise potentielle" que donne Shackle permet en effet d'établir des nuances au niveau des jugements subjectifs que portent les individus, et elle aide à comprendre pourquoi les acteurs du marché continuent à partager (ou rejettent) une croyance en une convention urbaine établie. Il s'agit d'un moyen, alternatif aux raisonnements qui réduisent l'incertitude radicale à la logique du probable, permettant de penser la continuité (dans le temps) d'une croyance collective. Comme le dit Garello, "la surprise potentielle est

---

173 Voir à ce propos, Leijonhufvud, 1981, p.109-110.

174 Carvalho, 1992, p.72.

175 Il faut souligner que dans la formulation originale de Leijonhufvud, les repères de la coordination ne sont pas conventionnels; ils se rapprochent plutôt des prix d'équilibre walrasiens.

176 Shackle (1961) distingue les événements selon trois groupes: ceux qui confirment la théorie, ceux que les agents jugent peu probables (mais possibles), et ceux jugés impossibles. Il était ensuite possible de les hiérarchiser selon le degré de virtualité de leurs conséquences, qui serait donné par la surprise qu'ils provoquent chez l'agent lorsqu'ils se concrétisent. C'est donc le degré de surprise potentielle qui définira les points focaux de perte et de gain d'une décision.

177 Carvalho, 1992, p.72-73.

donc 'la variable de l'incertain' qui remplace la probabilité (...), c'est le concept même d'un ensemble des états du monde que rejette Shackle (...). Au lieu d'aller des actes vers les conséquences via les états du monde, les degrés de surprise potentielle sont affectés directement aux conséquences, de sorte que la capacité du décideur à infléchir le cours des événements reçoit une attention plus directe"[178].

De ce point de vue, on peut supposer qu'une convention urbaine va continuer à être partagée par les acteurs du marché en fonction du degré de surprise potentielle qu'ils attribuent aux conséquences des événements, un degré qui renvoie au domaine du jugement et de la perception subjective, comme Shackle lui-même l'a toujours souligné[179]. Parce qu'elle rejette le raisonnement basé sur le probable, sa notion de surprise potentielle fait appel à la capacité des acteurs économiques à imaginer des situations et des scénarios possibles: "dans un système d'anticipations, la preuve de la réussite est le degré maximal auquel un bon état mental parvient, c'est-à-dire une bonne capacité d'imagination"[180]. Comme le note Garello, cette imagination est mise ici au service d'anticipations et de jugements concernant les croyances, dans un enchaînement d'actes toujours conçus comme étant en cours de déroulement.

Cependant, s'il était possible de donner des contours à ces degrés de surprise potentielle, il nous semble que les traduire en termes stochastiques[181] relèverait d'une opération assez éloignée de l'esprit critique de Shackle. Il faudrait plutôt les concevoir dans la temporalité chronologique (temps historique). Dans ce sens, le couloir traduirait un processus où les acteurs du marché, forts de la croyance (convention) qu'ils nourrissent vis-à-vis de l'avenir et face à des événements réels et à leurs conséquences virtuelles, vont juger ces conséquences par rapport à l'image virtuelle qu'ils avaient de l'avenir au départ (convention); cette confrontation les amènera à s'interroger sur l'opportunité d'actes entrepris à partir de cette représentation conventionnelle du futur. Si les événements réels - et dissonants au regard de l'image que donne de l'avenir la convention - sont "absorbés" par la représentation conventionnelle, cette convention, en tant que repère des prises de décision, se déplacera au fil du temps tout en

---

178 Garello, 1992, p.65.

179 Dans ses derniers ouvrages, Shackle (1972, 1975) souligne davantage la dimension subjective des raisonnements économiques. Il ira jusqu'à suggérer le concept d'épistémique pour bien établir la rupture avec la tradition de la rationalité orthodoxe.

180 Shackle, 1972, p.20.

181 Comme le font par exemple les modèles d'Orléan (1986, 1989), où les distinctions proposées par Shackle (1961) sont sous-entendues.

restant dans des limites qui pourront absorber des actes échappant aux croyances énoncées. Ces derniers seront toutefois inaptes à renverser la convention. C'est là le couloir le long duquel la convention va se déplacer et servir de repère pour l'avenir à une séquence d'actes qui vont s'échelonner chronologiquement dans le temps. En effet, l'idée d'un couloir affecté à une convention urbaine met en avant les raisonnements qui président aux évaluations privées du temps de permanence du comportement de routine dans les décisions de localisation (le caractère moutonnier des actes marchands). Ainsi, les "révisions moutonnières" qui sont faites au fil du temps s'accorderont à la manière dont ces acteurs préjugent des surprises potentielles occasionnées par les résultats espérés. Pour en revenir aux trois méthodes d'analyse proposées par Kregel[182], nous dirons qu'il s'agit là d'une situation où les anticipations de court et de long terme sont interdépendantes; elle traduirait un modèle de changement (*shifting model*), dans la mesure où la continuité de la convention à l'intérieur d'un couloir est toujours précaire et où le dépassement de ses bornes entraîne les acteurs dans un nouveau processus spéculaire.

Si l'on voulait se rapprocher de l'analyse urbaine et aller dans un sens qui ne serait qu'indicatif des limites d'un couloir défini à partir de la notion de surprise potentielle, où la convention urbaine évoluerait dans le temps historique en coordonnant les actions de localisation, on pourrait imaginer la situation suivante. Tout d'abord, on suppose une convention ayant émergé d'un processus spéculaire mimétique et selon laquelle une localisation quelconque, à l'intérieur de l'espace urbain, ne devrait être destinée qu'à un certain type de ménages. Comme cela a été suggéré auparavant, la convention porte en elle des éléments de différenciation du stock résidentiel qui, en dépréciant de façon fictive le parc ancien, vont toucher particulièrement un type de ménages, ce qui incitera ces derniers à se déplacer (migration) vers la nouvelle localisation qui leur a été assignée. Dès lors que la convention en question est partagée par les ménages appartenant à ce type, ils emménageront sur le site conventionné, et l'externalité de voisinage qui était antérieurement la leur pourra alors se reproduire, confirmant ainsi la croyance.

Etant donné que la convention urbaine est une anticipation (croyance) autour non seulement des localisations, mais aussi des stocks résidentiels qui les caractérisent, sa réalisation effective se déroule dans une temporalité historique et exige ainsi la permanence de la croyance pendant tout le temps nécessaire à bâtir l'ensemble des

---

182 Cf. Kregel, 1976. Pour une présentation de ces méthodes, voir dans Abramo, 1994 le chapitre sur le temps historique.

biens logements qui permettront à l'externalité résidentielle de voisinage souhaitée de se concrétiser. La coordination des choix de localisation relèverait alors d'un "processus séquentiel" où les actions des entrepreneurs et des ménages confirmeraient (ou rejetteraient) au cours de cette temporalité la virtualité énoncée par la convention. On peut dès lors supposer un moment donné où les ménages réunis dans une telle localisation-convention s'aperçoivent qu'un ménage de revenu inférieur a fait son entrée dans leur quartier résidentiel, les mettant ainsi face à une décision opportuniste (cruciale) susceptible de provoquer une défaillance de la convention et le retour de l'incertitude urbaine[183]. Autrement dit, l'apparition du premier indice de ce que la convention ne se réalise pas exactement comme le croyaient les ménages va déclencher un mouvement d'abandon (défection) à l'égard de la croyance qu'ils nourrissaient, et donc de la localisation annoncée, c'est-à-dire un retour des difficultés critiques de coordination spatiale (incertitude urbaine).

Cependant, les ménages "typiques" de la localisation conventionnée peuvent en décider autrement; tout va dépendre du degré de surprise potentielle qu'ils attachent aux conséquences de cet événement. C'est ici que la notion de couloir peut être utile pour comprendre dans sa continuité la convention urbaine. Si l'on suppose par exemple que la décision de ce ménage opportuniste est jugée par les autres comme étant purement spéculative (dans le sens traditionnel du marché financier), c'est-à-dire qu'après avoir constaté la valorisation d'une certaine localisation et anticipé une "bulle" spéculative susceptible d'entraîner une augmentation des prix dans cette zone résidentielle, ce ménage a décidé de s'y installer pour accroître son "profit familial", cela veut dire qu'il a formulé son choix de localisation indépendamment des critères de recherche d'externalités, ce qui apparaîtra comme un acte surprenant pour ceux qui basent leurs décisions de localisation sur des conventions urbaines[184]. Mais les ménages "typiques" de cette localisation-convention pourront penser que, ayant réalisé le gain spéculatif escompté, ce ménage ne tardera pas à déménager. Ce départ rétablirait les conditions d'externalité de voisinage proposées par la convention urbaine qui avait guidé leur choix de localisation. Et s'ils tiennent ce jugement, il est raisonnable de dire que la convention ne sera pas bouleversée, même si cette décision opportuniste a provoqué un "petit défaut" de coordination. Ce cas semble assez conforme à ce que l'idée de couloir cherche à traduire, à savoir qu'une décision isolée

---

183 Voir à cet égard notre chapitre sur l'incertitude urbaine, et pour le modèle de Schelling, voir dans Abramo (1994) le chapitre sur la ville raciste.

184 Dans le chapitre sur le circuit monétaire urbain, nous proposerons l'idée de "motif spéculatif", c'est-à-dire de ménages (travailleurs) devenus de vrais spéculateurs keynésiens par le biais de leur décision de localisation.

et dissonante vis-à-vis de la "normalité" proposée par la convention urbaine créera une surprise insuffisante pour la faire sortir des rails (du couloir) que représente l'ensemble des décisions, et donc pour renverser la croyance établie.

A l'inverse, si les ménages jugent différemment les conséquences de cet acte opportuniste, la convention urbaine pourra bel et bien ne plus être le moyen de coordination des anticipations, et l'incertitude urbaine refaire surface. Par exemple, dans le cas où les ménages "typiques" de cette localisation conventionnée soupçonnent l'intrus d'avoir voulu investir, à travers son choix, dans le capital humain de ses enfants, comme cela apparaît dans la variation beckérienne[185], un tel soupçon les conduira à prévoir qu'ils devront faire face pendant des années à la présence de ce ménage de type différent, puisque la stratégie de ce dernier consiste justement à profiter d'une externalité supérieure pour élever ses enfants. La réaction à cette anticipation pourra être immédiate, les ménages "conventionnés" reconnaissant que la convention a failli et cessant d'y croire dès la diffusion de la nouvelle (surprise potentielle), entraînera aussitôt le retour de l'incertitude urbaine.

Il est possible aussi d'imaginer des variations (degrés) dans la surprise et la réaction ainsi générées par l'installation d'un ménage opportuniste, qui dépendront par exemple de l'écart entre le revenu moyen des ménages "typiques" de la localisation conventionnée et celui du nouveau venu: plus l'écart sera important, plus la réaction, et donc la tendance à ne plus croire à la convention (défection), sera vive.

On peut aussi supposer que le couloir de la convention urbaine prenne en compte les effets dus à la répétition de faits surprenants. Prenons le cas où les ménages "typiques" admettent l'entrée d'un opportuniste en raison du faible écart de revenus. Il est possible qu'un second ménage, au vu de la réussite du premier, décide de suivre son exemple. Face à cet enchaînement, les ménages "typiques" pourront raisonner selon le *tipping model* de Schelling et anticiper un changement virtuel des caractéristiques de la localisation malgré la convention en place[186]. Celle-ci n'ayant plus le pouvoir de concentrer autour d'elle les anticipations résidentielles, elle glissera sur la pente de l'échec et sa défaillance provoquera le retour de l'incertitude urbaine. Les limites du couloir dans lesquelles elle cheminait auront été

---

185 Voir dans Abramo (1994) le chapitre sur les variantes du modèle de la synthèse orthodoxe calquées sur des raisonnements de Garry Becker. Dans le chapitre sur le circuit monétaire urbain, nous dirons que les ménages (travailleurs), qui prennent leurs décisions en recherchant des externalités de voisinage, sont mus par un "motif résidentiel".

186 Pour la présentation du *tipping model* de Schelling (1971, 1978) et de l'idée des modèles de "masse atomique", voir Abramo, 1994.

transgressées par la répétition de faits étrangers à la proposition de "normalité" qu'elle avait établie.

Les effets de répétition peuvent ainsi enclencher un processus de défections cumulatives qui finira par bouleverser la convention. Cependant, il existe des effets de ce type qui, à l'inverse, la renforcent: ce sera notamment le cas d'un marché où la dynamique auto-référentielle joue un rôle déterminant, puisque l'une de ses caractéristiques principales est l'enchaînement des réitérations. Ainsi, la coordination par convention urbaine peut aussi au fil du temps, donner lieu à des actes qui vont la consolider parce que transmettant d'eux-mêmes une image d'accumulation d'évidences réelles. Ces évidences renforceront la "myopie moutonnière" qui est le propre de la convention et effaceront temporairement les doutes par rapport à l'avenir. S'agissant d'actes qui interviennent dans le déroulement du temps en tant que résultats de la coordination par convention, et qui simultanément la renforcent dans son rôle de repère des décisions de localisation, leurs effets peuvent être considérés comme des éléments du couloir le long duquel elle évolue. Dans ce sens, par le biais de l'offre de résidences et par leur capacité à imposer des gains de marge (*mark up*) à la demande, les entrepreneurs urbains vont donner des indices de réitération de la convention qui ressembleront à ces effets, que l'on peut classer en deux catégories.

En formulant leurs décisions à partir de la convention urbaine, c'est-à-dire en pariant sur l'offre de logements dans la localisation conventionnée, les entrepreneurs mettent en scène des "faits" qui sont soumis à la perception et aux jugements des participants au marché résidentiel; et parce qu'ils sont perçus comme des faits qui réitèrent la croyance en la convention urbaine, ils renforcent la confiance que les acteurs concernés accordent à celle-ci. L'offre de logements réalisée selon la convention confirme ainsi une anticipation qui ne relevait auparavant que du raisonnement strictement cognitif. Nous appellerons "effet de stock" l'effet de visualisation matérielle de la convention produit ainsi par la construction de biens matériels sur un site donné.

Cet effet de stock est un début de confirmation de ce que la convention urbaine s'apparenterait à un mécanisme de coordination du type "prophétie auto-réalisable". Etant perçu comme un signe qui se situe au plan cognitif de la formulation des plans de localisation, il est la preuve que la croyance permet la coordination spatiale, que cela se fasse à travers la demande ou à travers les décisions de production de logements, qui, s'agissant d'actes décentralisés (anarchie de la production), sont soumises elles aussi aux problèmes de coordination spatiale des choix de localisation. Ce dernier point est déterminant pour le maintien de la convention urbaine tout au long de la période de transformation du site conventionné. En effet, en raison de l'interdépendance spatiale des décisions de production de logements, l'entrepreneur doit s'assurer que la croyance spatiale (convention urbaine) est bien partagée par ses confrères. Bref, s'il faut que la demande partage une même croyance pour que s'effectue la configuration de l'externalité de voisinage, il faut que la production de logements soit elle aussi coordonnée dans l'espace pour que cette externalité soit d'ordre résidentiel.

Mais comme Kalecki le soulignait dès les années trente, l'investissement est une décision qui dévoile le caractère historique (chronologique) du temps, ce qui permet, pendant la durée de la production, qu'interviennent des événements susceptibles de modifier l'environnement de départ[187]. La décision de produire des stocks résidentiels reposant sur une anticipation spatiale (convention urbaine), la confirmation partielle de cette convention (perçue par l'effet de stock) permettrait en effet de réviser les anticipations des entrepreneurs concernant la localisation, le profil de la demande (type de ménages), les caractéristiques du bien logement et son prix en fonction de la "routine moutonnière". Et l'effet de stock permettrait ainsi à l'hypnotique fiction de stabilité dont Shackle parlait de jouer en redonnant confiance aux anticipations en cours, et de continuer pendant une certaine période à se traduire en décisions de routine.

Il en résulte que, en offrant (individuellement) des biens dans la localisation conventionnée, et en raison des effets d'interdépendance spatiale que ces offres produisent, les entrepreneurs urbains finissent par renforcer (réitérer) la convention urbaine. On a là une dimension réelle qui confirme, dans le déroulement du temps, les procédures cognitives des décisions de localisation. L'effet de stock apparaît ainsi comme l'un des mécanismes de consolidation de la convention urbaine au fil du temps chronologique; devenu désormais un élément cognitif des révisions que font les participants à la coordination marchande, il servira à renforcer les "bornes" du couloir de la convention urbaine, et à la préserver des éventuelles surprises susceptibles d'en déborder les limites.

Mais l'action des entrepreneurs va produire un second effet de réitération de la convention urbaine, dans la mesure où l'imposition d'un *mark up* urbain à la demande - que leur avait permis dans un premier temps l'innovation-différenciation spatiale[188]- génère un "effet

---

187 La distinction entre les décisions d'investissement en termes de commande, de production et de livraison est déterminante dans le modèle du cycle de Kalecki; à ce propos, voir le chapitre 4.

188 Dans le chapitre sur l'incertitude urbaine, on a vu que la pratique des entrepreneurs schumpétériens était liée à l'introduction d'innovations visant à établir un monopole sur

de valorisation" monétaire de la localisation conventionnée, qui, d'un point de vue cognitif, sera perçu comme une confirmation des croyances que nourrissaient les ménages à son égard. Autrement dit, l'imposition de *mark up* à partir des changements apportés aux caractéristiques du bien logement, et aussi du déplacement spatial de l'offre de stocks vers la nouvelle localisation-convention, produit une valorisation de cette dernière par rapport à la structure résidentielle ancienne (dépréciation fictive des stocks du passé). Cet effet de valorisation monétaire étant réitéré lors de chaque offre individuelle d'un bien résidentiel (formulée selon la convention urbaine), les ménages concernés (demande) perçoivent ces signes de valorisation comme une confirmation des anticipations qu'ils ont fondées sur cette convention.

Du fait qu'il indique une valeur et une liquidité urbaines supérieures à celles des anciens stocks résidentiels, l'effet de valorisation renforce la conviction que la convention ne sera pas remplacée. En outre, la perception par ces ménages de ce qu'une localisation dispose de stocks dotés d'une plus grande liquidité serait pour eux la garantie que tous continuent à croire que le repère de coordination spatiale se maintient. Mais la valorisation joue aussi un rôle de garant de l'externalité de voisinage, puisqu'elle empêche l'entrée des ménages de revenu inférieur dans la localisation conventionnée. En ce sens, elle fonctionnerait comme une véritable "barrière à l'entrée" de ceux dont le statut social est inférieur à celui proposé par la convention urbaine; de ce point de vue, la valorisation renforce les conditions d'émergence d'une externalité de voisinage correspondant à un type homogène (en termes de ressources) de ménages. L'anticipation de *mark up* urbains par les entrepreneurs serait ainsi une manifestation et un mécanisme de maintien du caractère segmenté des propositions de localisation résidentielle en termes économico-spatiaux. C'est pourquoi l'effet de valorisation réitère doublement la convention urbaine: d'un côté, il exclut les ménages de revenu inférieur, la renforçant comme repère de la coordination spatiale, et, de l'autre, il affermit le mouvement de déplacement des ménages en signalant en termes monétaires la dépréciation fictive des stocks du passé. Nous dirons que l'effet de valorisation traduit des changements réels de la structure résidentielle qui consolident la convention urbaine en tant que représentation des localisations futures.

---

le marché et à lui imposer des prix. Ces acteurs seraient perpétuellement animés du "désir" d'être des "*price makers*".

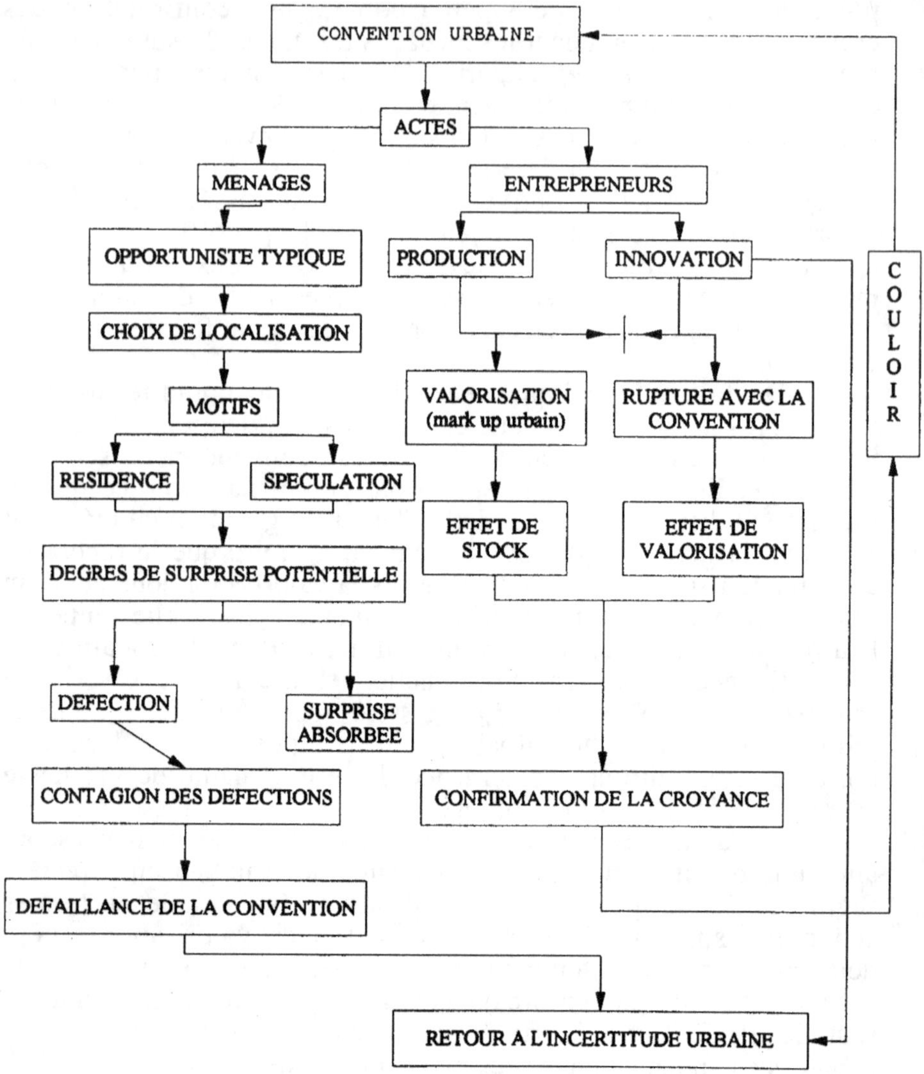

Figure n°3: le couloir de la convention urbaine

Les effets de stock et de valorisation, tous deux conséquence de l'action marchande des entrepreneurs urbains, seront ainsi perçus en tant que "signes" de ce que la convention demeure la bonne référence pour anticiper la structure résidentielle future. Ils sont des éléments réels qui acquièrent une dimension cognitive dans le processus de coordination des choix de localisation. Et c'est en tant que tels qu'ils sont des éléments constitutifs du couloir de la convention, puisque, en réitérant les anticipations, ils renforcent l'un et l'autre la croyance en la "normalité" qui la sous-tend. En raison du caractère auto-référentiel des décisions qui ont produit ces effets, c'est par conséquent la confiance en la convention urbaine comme repère de la coordination des anticipations de localisation qui se trouve renforcée. Comme on peut le voir dans le schéma ci-dessus, le fait "d'amortir" les effets des surprises potentielles consolide le couloir le long duquel la convention se déplace au fil du temps et empêche le retour de l'incertitude et du jeu spéculaire urbains.

Les exemples que nous venons d'évoquer, et qui ne sont qu'une illustration de l'idée de couloir, suggèrent que la permanence d'une convention urbaine quelconque au long du processus séquentiel de configuration réelle des localisations résidentielles dépend des jugements que portent les participants au marché sur la réalisation et la révision des anticipations. Cette dimension cognitive du processus de coordination des choix résidentiels renvoie en quelque sorte au "projet radical" de Shackle, pour qui "*l'économie traite des pensées. Par conséquent, il s'agit d'une branche ou d'une application de l'épistémique, ou d'une théorie des pensées. L'économie trait des pensées relatives aux choses, directement, au moment où les hommes d'affaires réfléchissent aux usages qu'ils pensent donner à leurs ressources et, indirectement, où ils se mettent à considérer et à imaginer les pensées des autres concernant ce qu'ils vont faire des ressources qui leur ont été confiées. La conjonction des deux termes -épistémique et économie - exprime précisément ma propre croyance à l'égard de la nature essentielle de notre matière d'étude* ".[189]

L'idée qu'il existe un rapport entre l'économie et l'épistémique dévoile toute sa radicalité quand elle s'oppose aux propositions orthodoxes qui cherchent à faire des phénomènes économiques des lois fondées sur les sciences de la nature (physique et biologie). Ainsi, l'alternative cognitive qu'apporte Shackle au discours de la scientificité économique orthodoxe souligne le rôle central des jugements humains et des phénomènes que Keynes attribuait à la "psychologie de masse" et que reflètent les actes et les raisonnements marchands. C'est pour cette raison que Shackle place l'imagination au centre de son discours; à ses yeux, elle instaure en quelque sorte la rupture la plus radicale avec la représentation qui fait de l'individu économique un "robot". Mais lorsqu'elle est soumise aux règles d'une société de marché, c'est-à-dire au "service" des intérêts égoïstes (maximisation à tout prix) de ses participants, l'imagination pourra devenir un immense réservoir

189 Shackle, 1972, p. 20.

d'inspiration pour les actions susceptibles de bouleverser la "normalité" du marché, et donc radicaliser le caractère incertain des relations marchandes. L'imagination mise ainsi au service de la logique marchande, en s'ajoutant à la dimension cognitive des rapports économiques, permettra de définir une "incertitude épistémique"[190], ou, selon les termes de Pesaran, une incertitude comportementale ou endogène[191]. C'est cette même caractéristique cognitive du raisonnement que tiennent les participants au marché qui les conduira, par le biais des anticipations croisées et du jeu spéculaire, à trouver des moyens de coordination de leurs actions décentralisées: en l'occurrence à travers la convention.

Si l'on suit ce raisonnement, la permanence de la convention urbaine à l'intérieur de certaines limites- constituant un couloir - peut être vue comme relevant d'un processus cognitif. Autrement dit, ce couloir serait alors un "couloir épistémique" ou comportemental. Si tel est le cas, les bornes qui maintiennent le contenu des actes surprenants des participants au marché dans des limites qui ne remettent pas en cause la convention de localisation établie sont toujours du domaine des jugements subjectifs portés par les acteurs urbains, comme les analyses de Shackle le suggèrent. Le déplacement des conventions urbaines le long de ces couloirs sera alors précaire, en dépit de leur capacité à coordonner les actes de localisation. Les opinions des participants au marché étant sensibles aux soupçons, aux bruits, aux croyances, à la peur, à l'euphorie, toutes ces dimensions cognitives de la "psychologie de masse" pourront changer leur manière de voir les éléments qui assurent la permanence temporelle d'une convention, et ainsi bouleverser la croyance partagée qui, apparemment, servait à coordonner entre eux ces acteurs. Par le même processus de contagion qui avait conduit à l'émergence de la convention, ces rumeurs et ces sentiments divers seront à même de produire un mouvement de défiance généralisée qui engendrera à son tour un phénomène cumulatif de défection vis-à-vis du repère conventionné. L'aboutissement de cette réaction en chaîne sera l'implosion de la convention urbaine et le retour à l'incertitude urbaine radicale.

L'idée de couloir en tant qu'ensemble de dispositifs et de bornes ancrés dans la dimension cognitive des raisonnements marchands qui soutiennent une convention urbaine ne laisserait donc qu'une marge assez précaire aux acteurs qui partagent cette croyance pour absorber les actes dissonants. En effet, le couloir n'élimine pas le caractère critique de la coordination marchande, puisque la convention reste

---

190 Orléan, 1989, p.245.

191 Cf. Pesaran, 1989.

sensible aux "caprices humains": si elle doit se déplacer au fil du temps pour devenir effectivement réalité urbaine, elle pourra cependant être bouleversée et mise en échec par un "bruit urbain" quelconque qu'un processus de contagion amplifiera ensuite. La possibilité d'un mouvement de défections en chaîne à son égard tient dans une large mesure au caractère auto-référentiel du marché résidentiel, où les soupçons et autres rumeurs tendent à s'auto-alimenter sous l'effet de la "contagion cognitive marchande"[192]. En ce sens, le processus d'imitation qui amène ses participants à se coordonner par convention peut également détruire cette convention.

Dans le chapitre sur l'incertitude urbaine, nous avons suggéré que les décisions cruciales issues aussi bien de l'offre que de la demande peuvent être porteuses de cette incertitude. Nous venons de voir que la déstabilisation des conventions urbaines par la dynamique auto-référentielle que ce marché entretient autour des "bruits" urbains était elle aussi susceptible d'engendrer une telle situation. C'est justement au vu de cette sensibilité de la convention aux rumeurs et aux caprices humains que Keynes a souligné le rôle des instruments non marchands de coordination, tels la politique économique et les institutions qui permettraient de réduire les ravages potentiels de l'incertitude radicale dans les processus mimétiques[193]. Il nous semble que c'est en s'orientant vers cette même perspective critique à l'égard de l'idée d'une production de l'ordre-équilibre par les" forces du marché" qu'il convient d'envisager et de défendre la politique urbaine.

Au début de notre démarche, nous avons insisté sur le fait que pour répondre aux critiques du discours économique néo-libéral, et plus particulièrement à celles de l'urbanisme monumentaliste et de la déréglementation - dont le contenu général est une mise en évidence de la "défaite de la politique urbaine" et du "retour au marché" -, il fallait selon nous reprendre l'analyse de la configuration de l'ordre urbain à la lumière des mécanismes de marché et identifier ses caractéristiques les plus générales. C'est dans ce sens que nous avons proposé un retour à l'économie urbaine: tout d'abord à travers un discours orthodoxe, et ensuite à partir de l'héritage hétérodoxe.

A ce moment de notre trajectoire, nous voulons souligner que le marché, en tant que moyen de coordination des décisions de localisation, nous met face à une forme d'ordonnancement spatial (convention urbaine) qui n'a apparemment rien à voir avec l'image d'optimalité qu'en a donnée la synthèse orthodoxe, et qui reprend

---

192 Pour une discussion de la contagion cognitive dans les marchés financiers, voir Orléan (1992); et pour une discussion autour de la panique, voir Dupuy (1991).

193 Comme nous le verrons plus avant, les contrats peuvent être aussi des éléments de réduction de l'horizon d'incertitude marchande. Voir à ce propos Davidson, 1978.

parfois les discours de "l'anti-urbanisme". Cette sorte de coordination marchande révèle en effet un mécanisme promouvant des ordres résidentiels qui sont loin de respecter les critères orthodoxes d'efficacité et, surtout, qui s'avèrent foncièrement précaires, et donc porteurs d'instabilité spatiale. En outre, les mécanismes cognitifs marchands qui assureraient par convention (couloir) une certaine stabilité des ordres résidentiels se révèlent eux aussi précaires. C'est ici que l'entrée en scène de la politique urbaine devrait pouvoir se justifier et jouer un rôle dans le processus de structuration résidentielle. Mais pour mieux défendre notre rejet de la "main invisible" urbaine, il convient sans doute ici de pousser plus loin l'analyse de la configuration de l'ordre (ou du désordre) résidentiel marchand.

2.4. La monnaie et le lien temporel entre les pratiques marchandes: du jeu spéculaire vers une économie monétaire de production

Dans une société où les actions sont vues comme étant coordonnées par le marché, c'est l'idée que la plupart des grandeurs économiques sont le résultat de processus cognitifs individuels et interactifs qui font émerger des valeurs conventionnelles qui est le plus souvent citée comme l'un des points de rupture du projet radical de Keynes avec la tradition orthodoxe[194]. Pour ceux qui revendiquent la poursuite de ce projet (les post-keynésiens), les prix et les quantités marchandes seraient ainsi établis à partir des anticipations que formulent les participants au marché, ces grandeurs reflétant les croyances que ces derniers entretiennent au sujet de l'avenir[195]. Ce type de croyance, que Keynes appelle "convention sur l'état de confiance", serait une production cognitive du jeu qui s'instaure entre l'optimisme de "l'esprit animal" des entrepreneurs et la spéculation des "professionnels" du marché financier[196]. La particularité des actes marchands ferait que prix et quantités dévoilent l'état de confiance conventionnel qui règne à propos de l'avenir.

La troisième dimension conventionnelle concerne ici l'espace (localisation), et nous nous sommes proposé d'adopter une analyse proche du projet radical de Keynes pour retracer le parcours particulier de l'incertitude spatiale radicale. Celle-ci s'est révélée pour nous avant

---

194 Voir à ce sujet Marglin, 1989 et Favereau, 1988.

195 Marglin (1989, p.111) note à cet égard que "*prix et taux de profit changent pour ratifier les changements survenant dans les anticipations des capitalistes.*"

196 Cf. à ce propos Keynes, 1937, p.172.

tout urbaine et réduite à sa seule dimension résidentielle intra-urbaine (incertitude urbaine). Nous avons ensuite suggéré qu'il était possible d'envisager une dynamique de configuration urbaine où la localisation mais aussi les prix et les quantités étaient conventionnels. L'hypothèse que nous développerons ici est qu'à travers la convention urbaine les acteurs du marché résidentiel pourront se coordonner dans l'espace, permettant ainsi la configuration d'externalités de voisinage. Les entrepreneurs anticipant ces externalités conventionnelles pour fixer le prix (et la quantité) des biens qu'ils offrent en imposant une certaine marge de gain à la demande (*mark up* urbain), nous en concluons que ces prix (et quantités) sont formulés à partir de conventions urbaines, c'est-à-dire sur la base d'une croyance liée à la localisation future des ménages.

Cette perspective nous éloigne indéniablement des analyses qui s'appuient sur la théorie de la rente foncière pour expliquer la formation des prix des terrains et les choix des ménages. Sur ce point, il nous semble que le projet radical keynésien se démarque assez nettement aussi bien de la tradition orthodoxe que classico-marxiste. En reprenant la démarche de ce projet radical, nous avons tenté de montrer que la coordination résidentielle résulte surtout d'un processus d'anticipations croisées (jeu spéculaire urbain) qui, par le biais d'une logique d'imitation, construit une croyance autour de la localisation future des différents "types" de ménages participant au marché résidentiel. C'est le caractère auto-référentiel de ce marché qui, en faisant émerger des conventions urbaines, va permettre la coordination des actes de production et de consommation d'espace résidentiel autour de cette représentation de l'avenir urbain. Ainsi, dès lors que tous partagent la même croyance, la configuration réelle de cet espace sera "bâtie" à l'image de la convention[197].

Nous sommes donc loin de l'équilibrage walraso-thünénien qu'a défendu la synthèse orthodoxe, et où les prix d'équilibre (rente foncière) permettaient l'émergence d'un ordre unique, efficient et stable. Nous sommes loin également du débat classico-marxiste qui s'interrogeait sur les caractéristiques de la rente foncière urbaine pour savoir s'il fallait la qualifier d'absolue ou de monopole. Ce débat ne s'en est pas moins avéré important dans la mesure où, les déterminants structuraux particuliers à chacune de ces rentes étant différents, il est apparu qu'ils sous-tendaient des analyses et des stratégies elles aussi différentes en termes de "pratiques sociales". Pour schématiser ce débat propre à la tradition marxiste urbaine, nous dirions que dans le premier cas - celui où la rente absolue était vue comme la clé de la

---

197 Dans ce cas, la convention urbaine s'apparente à une "prophétie auto-réalisatrice". Voir à ce sujet Azariadis et Guesnerie, 1982.

compréhension de la structure (accumulation) urbaine - l'analyse théorique s'est attachée aux disparités existant entre la composition organique du capital relevant de l'industrie du logement et la composition moyenne du capital, cherchant à montrer que ces différences traduisent des dimensions structurales du processus de formation des prix de production qui débouchent sur des transferts de plus-value dessinant les "limites" et les "possibilités" de l'accumulation urbaine[198].

Il s'agit par conséquent d'une analyse qui raisonne selon la perspective de la gravitation et où la formation des prix (de production) et les "formes" de l'excédent (la rente absolue) sont vues comme étant déterminées par la théorie de la valeur[199]. Pour emprunter les énoncés du projet radical de Keynes, nous dirons que dans cette problématique la théorie de la valeur ne est plus d'aucun secours, puisque les prix deviennent des grandeurs économiques dont la détermination renvoie aux jugements subjectifs qui sont portés sur l'avenir. Autrement dit, tandis que, selon le discours marxiste, la recherche de profit urbain (la rente) par les capitalistes dépendrait du développement asymétrique des forces productives au niveau de l'individualité des capitaux, cette recherche de *mark up* fait référence, selon notre approche, à la dynamique de l'innovation spatiale et aux possibilités de coordination des décisions de localisation. Notons que si les explications de Marx et de Schumpeter se rapprochent quant à la dynamique du rapport entre la stratégie de recherche de gain exceptionnel et celle de concurrence capitaliste, les éléments analytiques développés par l'un et l'autre pour comprendre ce rapport apparaissent nettement différents[200].

Un autre argument est la capacité des capitaux monopolistes à s'articuler avec l'État, telle que la mettent en avant les thèses du capitalisme monopoliste d'Etat (CME), qui expliquerait le pouvoir d'imposition des rentes de monopole[201]. En effet ses analyses montrent qu'il n'y a pas de mécanismes économiques proprement dits

---

198 L'indice de composition organique du capital de l'industrie du logement était supposé inférieur à la moyenne en raison, entre autres, de l'obstacle que représenterait la propriété pour la liberté de valorisation du capital productif; voir à ce propos Tutin, 1988.

199 Pour une confrontation entre l'approche centrér sur la production (Topalov) et celle centrée sur la distribution (Lipietz), voir Krifta, 1979. Nous avons proposé une présentation de ce débat qui souligne la filiation entre ces théories foncières et la perspective de la gravitation, et qui les renvoie ainsi aux problèmes de la transformation des valeurs en prix (Abramo, 1987).

200 Sur ce point, voir Labini, 1984.

201 Les thèses du CME utilisent la notion de dévaluation du capital pour comprendre la dynamique d'auto-expansion et de valorisation du capital à partir de la loi de la tendance décroissante du taux de profit. Pour un bilan critique de ces thèses au niveau de leurs analyses (sociologiques) urbaines, voir Saundeurs (1981) et Harloy (1977).

susceptibles d'expliquer la rente de monopole urbaine, la configuration résidentielle étant plutôt le résultat de l'enjeu politique (lutte de classes) qui oppose d'un côté l'Etat et les monopolistes et, de l'autre, le reste des forces politiques[202]. La perspective de la dispute (conflit) pour l'appropriation de l'espace urbain a ouvert une voie intéressante pour l'analyse de la configuration spatiale; cependant, dans la formulation sociologique marxiste des années soixante-dix, elle exclut le marché et les relations marchandes en tant qu'un des mécanismes grâce auxquels cette dispute aboutirait à un certain ordre spatial[203]. Avec le retour en force de l'éloge du marché urbain et de la "liberté marchande" des individus, il nous semble que cette idée du conflit marchand va devoir chercher d'autres arguments pour expliquer l'ordre résidentiel et affronter celles qui veulent démontrer l'efficience du marché dans l'homogénéisation des acteurs et l'allocation des ressources.

Nous dirons pour résumer que la dimension naturalisante de l'analyse orthodoxe et le caractère statique - et ancré dans une perspective liée à la théorie de la valeur - des formulations de la sociologie urbaine critique offrent sur la coordination spatiale des explications assez éloignées de notre présente démarche hétérodoxe. Bref, l'émergence de grandeurs conventionnelles nous conduit ici à envisager les rapports marchands en tant que rapports monétaires, tandis que la théorie de la valeur (rente foncière) renvoie à des échanges strictement réels. Nous croyons que l'idée de la présence de rapports de force entre les acteurs du marché, que la tradition classico-marxiste place au centre de ses analyses urbaines, pourrait être utilisée dans une optique cognitive d'analyse de l'émergence des conventions urbaines[204].

Dans ce sens, nous avons suggéré que les entrepreneurs avaient une certaine capacité à émettre des "méta-signes", parce qu'ils étaient les seuls capables de proposer des innovations-différenciations

---

202 L'article de Harvey (1977) représente bien cette conception tout en s'éloignant quelque peu des thèses du CME.

203 Notons que les travaux de Topalov (1974, 1989) sur la promotion immobilière et les marchés du logement sont une exception à cette tendance. Ils se placent soit dans une perspective sociologique où la taxonomie des acteurs devient l'objectif principal de l'analyse (des études sur la promotion), soit dans une perspective plus historique où la préoccupation touche plutôt aux changements intervenus dans les rapports sociaux et institutionnels autour de la "marchandise impossible" qu'est le logement. Dans les deux cas, l'explication des mécanismes marchands sous-jacents aux analyses fait appel à la tradition marxiste de la rente foncière.

204 Certains auteurs français proposent une analyse de la convention économique qui se place dans un univers assez proche de la concurrence parfaite (walrasienne) ; voir par exemple celles d'Orléan (1992) sur le marché financier et de Dupuy (1992-a) sur la représentation du social sous-jacente aux discours économiques.

urbaines. Si tous les acteurs du marché de la localisation sont confrontés à l'incertitude urbaine, les entrepreneurs peuvent en effet essayer de profiter de cet environnement pour faire valoir leur désir d'imposer un *mark up* urbain à la demande. En donnant l'idée qu'ils détiennent sur l'avenir des informations que les autres n'ont pas, ils pourront aussi tenter, à l'intérieur du processus de coordination spatiale, d'accéder à une position cognitive qui leur sera avantageuse. En raison de l'opacité produite par l'incertitude urbaine, les ménages seront enclins à croire en ces signes et à s'impliquer dans un processus d'imitation qui donnera corps à une convention urbaine. Pensons à ce que disait à ce propos Marglin, selon qui "*les capitalistes, en tant que classe, détiennent le pouvoir de déterminer les conditions qui font que leurs anticipations se réalisent, selon un mode qui puisse au moins entretenir leur confiance*"[205].

Cette remarque nous paraît d'autant plus importante qu'elle souligne le fait que le processus mimétique urbain - qui va permettre l'émergence d'un repère de coordination spatiale - réunit des personnages marchands différents, et surtout détenteurs de pouvoirs virtuels distincts pour agir sur la dynamique cognitive. Cela veut dire que l'hypothèse d'agents homogènes, caractéristique de l'orthodoxie, ne pourra plus être la seule représentation possible pour les marchés auto-référentiels capitalistes, comme quelques auteurs le suggèrent subtilement[206]. Les approches économiques qui conçoivent les agents comme étant hétérogènes offriront ainsi des arguments aux discours qui se veulent alternatifs à celui de l'orthodoxie[207], en particulier pour ce qui a trait au marché auto-référentiel de la localisation résidentielle.

L'hétérogénéité des acteurs de ce marché serait donc d'ordre cognitif, comme tend à le montrer l'analyse qui envisage l'émergence de la convention urbaine à partir du jeu spéculaire, mais elle nous renvoie aussi aux pratiques marchandes réelles de chacun des participants à ce jeu. Réduire l'hétérogénéité à sa seule dimension cognitive risque en effet de conduire à une problématique de l'asymétrie informationnelle qui serait réductrice à l'égard des vrais rapports hiérarchiques marchands. La monnaie devant être prise en considération dans le monde des échanges pour faire ressortir clairement cette hiérarchie. La hiérarchisation des acteurs peut donc être vue comme tenant plutôt au pouvoir de dépense dont ils disposent au niveau de leurs pratiques marchandes. Cette capacité différenciée à

---

205 Marglin, 1989, p.110.

206 Nous pensons ici à Dupuy (1992-a) et à sa discussion sur la possibilité d'avoir des points fixes endogènes dans un marché walrasien.

207 Pour une présentation méthodologique des discours qui raisonnent en termes d'agents hétérogènes, voir Cartelier, 1990.

dépenser s'ajoutant à l'asymétrie informationnelle, elle devient ici un élément stratégique servant à faire valoir les objectifs de localisation des acteurs du marché résidentiel urbain.

Jusque-là, les différences (cognitives) entre les participants au jeu spéculaire urbain nous ont renvoyé au profil schumpétérien des entrepreneurs et à leur recherche de profit par l'introduction systématique d'innovations-différenciations. Si ces pratiques leur confèrent un certain pouvoir (cognitif) à l'égard des anticipations croisées qui sont faites autours des localisations futures, ce sont l'accès à la monnaie et les dépenses monétaires qui s'ensuivent qui définiront leurs pouvoirs réels d'intervention sur l'ordre spatial. Dans l'émergence de la convention urbaine que provoque le jeu spéculaire, l'hétérogénéité des acteurs est bien présente, mais elle se manifeste de façon subtile par le biais des méta-signes (des indices) touchant à la localisation future des ménages. Cependant, cette capacité des entrepreneurs urbains à émettre des méta-signes étant liée à leur capacité virtuelle à faire des dépenses productives, et donc à la différenciation de l'accès à la monnaie, il convient de placer l'analyse dans une approche de l'économie monétaire de production qui articule dimension cognitive avec une logique des dépenses productives. Pour reprendre les termes de Barrère, cette démarche est celle qui va se déplacer des thèmes de l'économie de l'échange pur (coordination) vers ceux de l'économie monétaire de production (changement). A ce niveau, l'hypothèse selon laquelle les acteurs du marché sont hétérogènes devient un trait d'union entre la démarche hétérodoxe et celle des classico-marxistes.

Cependant, le rôle central que jouent l'incertitude radicale et les conventions touchant à l'état de confiance lié à l'avenir dresse le plus souvent des obstacles contre le rapprochement entre la perspective post-keynésienne et celle des classiques, chez qui la dimension structurelle (et la convergence vers les valeurs naturelles) conserve une place d'honneur dans les analyses qu'ils font du marché. En effet, malgré les propositions de synthèse classico-marxiste-keynésienne, le projet de l'économie cognitive et conventionnelle a beaucoup de mal à accepter la dynamique gravitationnelle de long terme de la tradition classique[208]. Dans un monde marchand où l'incertitude radicale peut conduire à des valeurs conventionnelles, et où ces valeurs peuvent être bousculées à tout moment par des soupçons et rumeurs, l'image d'une trajectoire qui ferait émerger des "valeurs naturelles" semble de fait difficilement recevable. L'idée de couloir pourrait toutefois minimiser

---

208 Pour avoir un exemple des propositions de rapprochement entre néo-ricardiens et post-keynésiens, voir Milgate (1984) et Dutt et Amadeo (1991). Carvalho (1992) émet quant à lui une critique à l'égard de ce rapprochement, et le bilan que dresse Arena (1988) de l'école d'été de Trieste rend compte de l'échec d'une de ces tentatives.

temporairement la radicalité du projet lié à l'incertitude radicale, et ainsi rétablir un point de contact avec les classiques.

Mais il y a un autre point sur lequel les théories relatives aux relations de marché vont effectivement diverger, et qui, selon Cartelier, établit un clivage irréparable entre les diverses traditions de la pensée économique: c'est le rôle de la monnaie dans les rapports marchands[209]. En ce qui nous concerne, ce débat touche d'un côté à la dimensions historique du temps et à la coordination marchande qu'elle met en lumière (convention), et, de l'autre, à la transformation de cette virtualité de l'avenir en réalité historique par des actes de production (économie monétaire de production). Deux raisonnements post-keynésiens semblent apporter des éléments permettant de comprendre la permanence d'une convention urbaine pendant une certaine période (couloir), et donc sa transformation en réalité urbaine: l'argument qui part de la critique de l'économie d'échange en termes réels pour déboucher sur une problématique de la circulation monétaire (circuit monétaire), et celui qui insiste sur le rôle de la monnaie comme mécanisme de transmission temporelle du pouvoir d'achat.

Nous ne dirons que quelques mots du premier, qui sera développé dans le chapitre suivant. Quant à la caractéristique qui fait de la monnaie le lien entre présent et avenir, nous proposerons deux brèves remarques qui sont deux exercices succincts d'analogie entre la théorie économique et l'analyse urbaine. Ils portent sur le rapport entre les jugements traitant de la liquidité des actifs résidentiels et la convention urbaine. Le marché de la localisation étant constitué de stocks sujets à une forte irréversibilité spatiale, dont les attributs sont conventionnels et changent au fil du temps, les participants à ce marché formulent leurs choix en s'interrogeant (anticipations) sur la liquidité des actifs résidentiels. Cela peut donner lieu à des mouvements spéculatifs autour de la liquidité urbaine des localisations, comme dans le marché financier, où la dynamique auto-référentielle de tels mouvements est susceptible de déstabiliser les conventions urbaines; ils sont donc des sources de surprises potentielles qui, en transgressant les bornes du couloir, risquent d'anéantir la convention.

Dans ce qui suit, nous ajouterons quelques mots sur le rôle que les contrats monétaires peuvent avoir à l'intérieur du couloir où évolue une convention urbaine en réduisant l'opacité du marché et en servant à dissiper les surprises potentielles.

---

209 Cartelier (1990, p.7) écrit à cet égard: "*la monnaie et les biens sont deux expressions concurrentes de l'objectivité économique. Selon que l'on choisit l'une ou l'autre, le travail théorique est fondamentalement différent.*"

2.5. Le lien circulaire entre la convention urbaine et le circuit monétaire: le circuit monétaire comme passage obligé pour la réalisation de la "prophétie urbaine"

Les classiques ont toujours insisté sur le lien qui unit la monnaie à la théorie de l'échange, c'est-à-dire sur le fait que la monnaie serait soumise aux déterminants de la théorie de la valeur. Comme le souligne à plusieurs reprises Cartelier[210], le raisonnement que tient cette dernière (utilité ou travail) envisage les échanges comme relevant d'une économie conçue strictement en termes réels. Cette démarche impose comme point de départ à l'analyse du marché ce que Cartelier appelle la "nomenclature des biens", à savoir un relevé des biens réels qui existent préalablement et à partir desquels les individus établissent des relations d'échange[211]. Dans ce marché, la monnaie ne serait qu'une marchandise quelconque choisie pour servir de numéraire à l'économie, sans que cela change la détermination des lois propres à la théorie de la valeur. Comme le dit Cartelier, "*refusant la monnaie comme quantification pertinente, (la théorie) reconstruit rationnellement un univers quantifié à partir d'une donnée réelle; il s'agit de la théorie de la valeur, dont le but est d'associer des grandeurs à des objets dont l'existence a été présupposée* ".[212]

L'idée d'une économie de marché basée sur les relations monétaires rejette cette perspective d'une monnaie servant de "couverture floue" aux rapports d'échange, d'une monnaie-marchandise exprimant les échanges de biens en termes relatifs, et tout se passe, en fait, en termes réels. A l'inverse de ce que l'on observe dans l'univers de la "nomenclature des biens", il est possible de supposer que les échanges capitalistes procèdent d'un phénomène par définition monétaire. Dans de tels échanges, comme le suggèrent Aglietta et Orléan, "*la commensurabilité des objets n'a pas pour fondement une homogénéité implicite (c'est-à-dire une théorie de la valeur); elle est une forme transitoire, instable, nommée par les représentations monétaires. Le prix nominal est premier, et non pas la*

---

210 Cf. Benetti et Cartelier (1981) et Cartelier (1989, 1990).

211 Cartelier (1985, p.70-71) écrit à ce propos: "*dans le postulat de nomenclature on admet qu'il existe une liste finie de biens et services identifiables par tous les individus de la société. Cette nomenclature est ce que les individus ont en commun et ce par quoi ils peuvent éventuellement communiquer*". Orléan (1992) fait remarquer que, partant de ce postulat, l'équilibre walrasien présuppose une "anti-validation" de la qualité des biens, ce qui apparait quelque peu paradoxal pour un discours qui conçoit le social à partir des échanges du marché.

212 Ibid., p.68.

valeur relative. Ainsi, la monnaie est dans l'ordre marchand le principe qui établit la cohésion sociale; c'est à partir de lui qui peuvent se former et se comparer les évaluations des sujets privés "[213]. Selon les termes de Cartelier, la monnaie serait ainsi au départ des relations d'échange[214].

Selon ces auteurs, c'est la prise en compte de la monnaie qui conduit aux phénomènes de circulation en tant qu'enchaînement de relations d'échanges volontaires[215]. Ces échanges apparaissent de la sorte comme la conséquence du pouvoir d'achat que la monnaie donne à ceux qui la détiennent, autrement dit de la capacité de dépense marchande qu'elle leur confère. L'échange n'étant plus un transfert strict de biens réels déterminés par leur existence préalable, il devient alors possible de concevoir des processus d'échange à partir, par exemple, de la création *ex nihilo* de la monnaie de crédit. La monnaie ainsi créée sera en effet au départ des échanges, puisqu'elle va permettre la réalisation de dépenses qui entraîneront d'autres dépenses (circulation). Mais une dépense qui crée la capacité d'en faire d'autres n'est pas un acte quelconque. Seules les dépenses productives sont aptes à en mettre en oeuvre une série de nouvelles. La circulation monétaire débute avec une décision de production, et si ce pouvoir de dépense peut déclencher un enchaînement d'échanges, il est raisonnable de se demander si tous les acteurs du marché pourront avoir accès à cette monnaie de crédit. C'est bien la question de l'homogénéité et de l'hétérogénéité qui est soulevée ici[216].

Notre réponse consistera à identifier les possibilités de dépenses et d'accès à la monnaie selon les "objectifs" que se fixent les acteurs du marché et leur capacité à faire face à ces objectifs. Les disparités en termes de capacité de dépense nous situent ici dans une approche qui s'éloigne sensiblement d'une économie de l'échange pur. En effet, ceux qui auront accès à la monnaie vont la dépenser en pariant sur le fait que l'avenir leur en rapportera davantage encore: leur demande de monnaie vise l'enrichissement[217]. Mais pour cela, il leur faudra

---

213 Aglietta et Orléan, 1982, p.4.

214 A l'inverse du postulat de nomenclature des biens, l'existence de la monnaie renvoie directement à des représentations sociales. Cartelier (1990, p.7-8) précise: "*la monnaie apparaît d'emblée comme une réalité sociale (...), la monnaie existe et les règles monétaires s'imposent à tous.*"

215 Sur ce point, nous rejoignons les auteurs de la "théorie du circuit" tels que Parguez (1984, 1987), Poulon (1982-a, 1982-b), Messori (1985), Lavoie (1989) et Graziani (1988, 1990). Pour une présentation de ces phénomènes d'enchaînement selon la perspective urbaine, voir notre chapitre sur le circuit monétaire urbain.

216 Voir à ce sujet Cartelier, 1990, p.10.

217 Comme le dit Parguez (1984, p.94), "*l'entreprise anticipe l'avenir par son pari dont la mise est sa dépense et l'enjeu son succès si elle capture la dépense qui absorbe le produit*

produire (dépenser) quelque chose. En un mot, ils "dépenseront pour gagner"[218]; c'est une économie de production qui va substituer ici l'économie d'échange orthodoxe (avec ses agents homogènes). Les échanges monétaires seraient ainsi le fruit d'un désir de richesse chez les capitalistes (augmenter un pouvoir d'achat dont le véhicule le plus commun est la monnaie); d'un pari sur l'avenir qui devra, pour se concrétiser en tant que capture de ressources futures, acquérir une dimension productive. Cependant, la production n'est possible que s'il y a pouvoir de dépense monétaire préalable, c'est-à-dire une quantité de monnaie (de crédit) suffisante pour faire face à toutes les dépenses nécessaires à cette production. Ces dépenses en entraîneront d'autres qui feront tourner la "machine des échanges" marchands. Autrement dit, c'est une économie monétaire de production que l'on voit ainsi se mettre en place.

Il convient sans doute de se demander si la configuration de la structure résidentielle intra-urbaine peut être "lue" à partir de l'économie de production. La question semble d'autant plus pertinente que, jusqu'ici, la thématique de l'incertitude urbaine radicale nous a conduit surtout aux problèmes de coordination spatiale. Mais si les décisions de localisation font émerger une représentation des localisations futures où les références touchant aux caractéristiques des biens-logements sont des indices (repères) de la convergence des anticipations de localisation, le rôle de ceux qui sont prêts à dépenser (les entrepreneurs) pour changer le profil du parc résidentiel (innovation) renvoie aux interrogations sur l'accès à la monnaie et l'enchaînement de dépenses qu'elle entraîne. En outre, la transformation de la convention urbaine en réalité résidentielle fait intervenir des processus de production de stocks. En effet, ce sont des externalités de voisinage déjà en place que cherchent les ménages; de ce point de vue, les problèmes de coordination spatiale des actions conduisent à s'interroger sur la dynamique à laquelle obéissent les dépenses pour produire le "support" matériel (logements) qui permettra l'émergence de ces externalités.

Ce que nous appelons ici la dynamique des dépenses est en fait la circulation monétaire que déclenchent les dépenses liées à la production de la structure résidentielle urbaine. On peut donc dire qu'il y a rencontre entre une problématique de la coordination spatiale (d'où émergera l'externalité de voisinage) et une problématique de l'économie

---

final (...). Dans ce pari sur le temps se révèle l'existence du rapport salarial qui est le pouvoir hiérarchique exercé par les entreprises sur les ménages ."

218 Ceux qui connaissent l'aphorisme de Kalecki en reconnaîtront ici le début. Nous le reprendrons dans son intégralité dans le prochain chapitre pour parler du circuit monétaire urbain.

monétaire de production. Tout d'abord, ce point de rencontre peut être identifié à travers la convention urbaine, qui se manifeste sur le marché par le biais d'un prix monétaire conventionnel dont le caractère d'anticipation spatiale se traduit surtout par le *mark up* urbain. *Grosso modo*, c'est le *mark up* qu'anticipent les entrepreneurs urbains qui servira de repère (monétaire) à la localisation future des ménages et de signe à la coordination spatiale dans le jeu spéculaire urbain. C'est lui qui traduira en termes de prix les propositions de destruction créatrice de biens résidentiels (innovation spatiale). La monnaie étant ce lien entre présent et futur, c'est le *mark up* urbain qui projette dans l'avenir les propositions visant à changer les caractéristiques d'un site résidentiel, traduisant ainsi en termes monétaires la convention de localisation. En outre, c'est lui qui exprime les intentions des entrepreneurs de modifier l'espace quand ces derniers s'adressent aux banques pour demander de la monnaie[219].

La convention urbaine naît en effet d'un processus mimétique par lequel les entrepreneurs urbains émettent des signes cognitifs sur la coordination spatiale virtuelle des divers types de ménages. Ces "signes" révèlent des stratégies d'innovation-différenciation urbaine qui, en même temps qu'elles visent à déprécier de façon fictive les stocks anciens, vont ouvrir la voie à l'émergence d'une nouvelle convention urbaine. C'est l'image de la destruction créatrice de Schumpeter qui exprime le fait que les entrepreneurs ont un pouvoir monopoliste sur le marché (qu'ils redeviennent des *price makers*) tout en émettant un repère de coordination spatiale, reprenant ainsi l'image conventionnelle que le processus mimétique fait ressortir quant à la localisation future des différents "types" de ménages pour attribuer des valeurs monétaires aux sites résidentiels.

Cependant, une convention urbaine qui se manifeste par le biais des prix signifie également une matérialité (stock résidentiel) à bâtir, et donc des dépenses à effectuer. C'est là que se situe le lien entre la convention urbaine et la demande de monnaie nécessaire pour mettre en oeuvre les dépenses qui transformeront la croyance liée à l'avenir urbain en propositions effectives de logements. Il existe un lien de détermination mutuelle entre la convention urbaine et la demande (endogène) de monnaie des entrepreneurs urbains: pour se réaliser comme matérialité résidentielle (stock), cette convention doit se manifester chez eux en termes monétaires (par une demande de monnaie), mais les dépenses futures devront disposer d'une référence de coordination spatiale pour pouvoir être formulées en tant que demande de monnaie.

---

219 Pour la présentation de la demande urbaine de monnaie endogène et du rôle de la banque, voir le prochain chapitre.

Autrement dit, la convention urbaine relèverait d'une croyance liée à la localisation future des types de ménages qui, pour passer de l'état de virtualité à celui de réalité effective, devra coordonner non seulement les choix résidentiels des ménages, mais aussi les décisions de production de logements. Ces dernières se manifestent sur le marché en tant que décisions de dépenses d'argent; cependant, pour détenir la capacité de dépense voulue, les entrepreneurs doivent traduire leurs intentions de production en termes monétaires à l'égard de ceux qui disposent du pouvoir de créer de la monnaie; autrement dit, les formuler à la fois sous forme de dépenses productives et de *mark up* urbain anticipé, ce qui veut dire que si la demande endogène de monnaie est exprimée en fonction de la convention urbaine, celle-ci va également servir de repère à l'établissement des jugements qui orientent les demandes urbaines de monnaie. Dans ce cadre de partage d'une croyance sur l'avenir de la configuration spatiale des résidences, la création monétaire donnera lieu à des dépenses de production qui, de fait, matérialiseront la convention urbaine au niveau du parc résidentiel. La manifestation matérielle de celle-ci se traduira par un "effet de stock" qui renforcera la confiance autour de la convention. Il existe donc bien un lien entre la convention comme référence pour les paris des entrepreneurs et le circuit monétaire urbain; celui-ci, en traduisant la croyance en termes de parc résidentiel, renforce la convention comme repère cognitif de la coordination spatiale dans le déroulement du temps chronologique tout en la muant en réalité urbaine.

Chez les ménages, la traduction monétaire de la convention urbaine sera perçue aussi par l'effet de valorisation, puisque le *mark up* urbain qu'anticipent les entrepreneurs va révéler des changements virtuels de l'ordre résidentiel; au fur et à mesure que ces *mark up* anticipés se réalisent, des variations vont apparaître dans les prix des localisations (effet de valorisation), qui signaleront aux acteurs du marché que la convention s'avère effectivement une bonne représentation de l'avenir.

Il est donc possible d'affirmer, comme le font Aglietta et Orléan, que la monnaie fait appel à un marché composé d'acteurs hétérogènes et à l'univers conventionnel des grandeurs économiques et spatiales: "*penser la monnaie, c'est faire place à l'idée selon laquelle la société marchande n'est pas une structure horizontale, mais une organisation hiérarchique. Le rapport monétaire est le niveau supérieur de cette organisation, celui grâce auquel la totalité sociale acquiert son unité: ce n'est pas par la problématique cohérente des évaluations privées que la communauté marchande se fonde, mais dans l'acceptation des évaluations conventionnelles que contient le rapport monétaire (...). Par exemple, le prix n'est pas la mise en mouvement d'une réalité qui le précède, mais l'effet sur les activités productives de l'attraction monétaire* "[220].

Si le lien nous semble ainsi avoir été établi entre la coordination conventionnelle (convention urbaine) et les dépenses productives qui permettront de "bâtir" cette croyance, il nous faut approfondir encore l'analyse et définir les relations hiérarchiques que la circulation monétaire urbaine impose aux acteurs du marché de la localisation. Nous nous baserons ici sur la relecture post-keynésienne des textes de Keynes touchant à la circulation de la monnaie ainsi que sur l'approche que fait Wicksell de la théorie monétaire, et nous appellerons circuit monétaire urbain le rapport monétaire qui s'établit entre les divers acteurs du marché de la localisation. Cependant, avant de parler de ce circuit particulier, il convient de s'arrêter au rôle que joue la monnaie dans le déroulement temporel des relations marchandes quand les acteurs du marché se trouvent dans un contexte d'incertitude radicale.

2.6. L'univers kaléidoscopique de la "liquidité urbaine": les conventions urbaines comme évaluation des "actifs d'externalité"

En général, les post-keynésiens, et Davidson en particulier, placent au centre de leur analyse des rapports marchands capitalistes l'idée que la monnaie aurait la particularité de véhiculer dans le temps un pouvoir d'achat, et d'établir le lien temporel dans un monde marchand: "*dans un monde où il apparaît que le futur est imprévisible et inconnaissable, où la production prend du temps et où les contrats sont nommés en termes d'argent, où le temps est irréversible et où les agents entrent en accord bien avant que les résultats ne puissent être prévus, dans le monde de production monétaire dynamique, la monnaie est un lien entre le passé et le présent et aussi entre le présent et le futur* "[221].

Cette capacité de la monnaie à traverser la temporalité marchande renvoie à sa fonction de "réserve de valeur". C'est cette fonction que Keynes développera, d'abord dans le "Traité sur la Monnaie", et ensuite dans sa Théorie Générale et ses articles de 1937, en faisant remarquer que, dans un monde marchand soumis à l'incertitude radicale, la possibilité pour les agents économiques de "fuir" temporairement les rapports marchands tout en gardant leur pouvoir de dépense jouera un rôle déterminant dans leurs stratégies.

---

220 Aglietta et Orléan, 1982, p.3-4.

221 Voir notamment Davidson, 1978.

Cette capacité de la monnaie, que Davidson appelle pour sa part "machine du temps de la liquidité", conduira les acteurs du marché à établir des jugements sur les possibilités qu'auront les engagements marchands de retourner à leur forme de monnaie. C'est ce qui permettra aux décisions marchandes prises dans un contexte d'incertitude radicale de tenir compte des anticipations touchant à la liquidité des actifs. En outre, les participants au marché vont pouvoir prendre des engagements réciproques pour l'avenir (contrats) qui, une fois traduits en termes monétaires, seront à même de traverser la temporalité des actions marchandes.

Si, sous leur forme liquide, les contrats monétaires et la monnaie permettent aux agents économiques de traverser la temporalité historique des relations marchandes, cette traversée se fait toujours avec la possibilité pour eux de se soustraire à leurs engagements, c'est-à-dire qu'elle se place sous le signe de l'incertitude radicale. C'est dans ce cadre que les jugements portés sur la liquidité des biens et la capacité des contrats monétaires à jeter une certaine lumière sur l'avenir pourront aider la coordination marchande et éclairer l'analyse spatiale de la convention urbaine.

Certains auteurs insistent sur la perspective de l'économie des anticipations pour souligner que la monnaie peut se transformer en un actif, et ainsi faire concurrence aux autres formes d'accumulation. Dans sa Théorie Générale, Keynes développera ce point en le présentant comme l'un des éléments de rupture avec à l'orthodoxie monétaire[222]; il posera ainsi les bases d'une procédure de choix tournée vers les jugements qui sont portés sur l'avenir. Le point de départ de la formulation des choix consisterait à prendre en compte une "fuite" éventuelle, c'est-à-dire la possibilité d'un désengagement vis-à-vis des contrats marchands déjà signés. Face à l'incertitude radicale, le retour à la monnaie, c'est-à-dire à la liquidité, permettrait ainsi de se désengager et d'attendre des jours meilleurs où l'avenir sera moins "opaque" et incertain. Le retour à la monnaie devant toujours être envisagé pour se préserver de la peur des changements inattendus, les acteurs du marché

---

222 Dans la Théorie Générale, Keynes suppose que la monnaie a des qualités d'élasticité de production et de substitution non significatives, ce qui fait que ses fonctions seraient difficilement remplaçables. Ces suppositions le conduisent à la conclusion que la rétention de monnaie, à l'inverse de ce qui se passe avec les actifs reproductibles, peut entraîner l'économie vers le sous-emploi. Le rapport entre l'incertitude, la monnaie et la demande effective est ainsi établi: dans une économie monétaire où les agents doivent se défendre des incertitudes de l'avenir, il est rationnel de demander des actifs monétaires, mais cela peut conduire à des problèmes de demande effective, et donc à l'émergence du chômage involontaire. En gros, ce raisonnement traduit l'idée de Keynes à propos de la non-neutralité de la monnaie.

devront décider des actifs de leur investissement en s'interrogeant sur les possibilités d'un retour éventuel à une situation de liquidité.

L'anticipation que font ces acteurs de l'avenir joue un rôle central dans leurs choix, puisque c'est l'opinion - optimiste ou pessimiste - qu'ils en ont (l'état de leur confiance) qui leur servira de repère pour décider du degré de liquidité des actifs. Selon leur état de confiance, ils pourront donc tantôt choisir de se maintenir "en dehors" des échanges et demander de la monnaie en tant "qu'actif"[223] (attitude pessimiste), tantôt faire appel à d'autres actifs de liquidité inférieure (attitude optimiste). Si l'on reprend les idées de Keynes sur le rôle des processus d'imitation dans l'émergence de l'état de confiance et sur leur précarité, il est facile de voir l'importance qu'occupe la monnaie dans un marché où l'incertitude radicale est toujours à l'arrière-plan des calculs auxquels se livrent les agents économiques. Désormais partie intégrante de la dynamique cognitive des acteurs du marché, elle traduit en même temps les jugements qu'ils portent sur l'avenir en termes de grandeurs économiques (prix) et leur peur d'une "défaite dans l'échange" (retour à la liquidité).

Parce qu'elle sera vue dorénavant comme participant du processus cognitif marchand comme l'un des actifs entre lesquels les acteurs peuvent choisir, la monnaie s'éloignera définitivement de l'image d'un simple moyen d'échange que lui avait attribuée le discours orthodoxe. Comme le dit Minsky, l'image qu'a donnée Keynes du marché et du rôle de la monnaie s'écarte de la "foire" moyenâgeuse pour faire appel à la "folie" financière: "*tandis que l'économie classique et la synthèse néoclassique se basent sur le paradigme de l'échange - dont l'image est celle d'un maître ou d'un artisan qui commerce sur un marché de village -, la théorie keynésienne s'appuie sur un paradigme financier spéculatif, dont l'image est celle d'un banquier qui traite ses affaires sur Wall Street* "[224].

L'approche radicale de Keynes se ralliera à cette image d'un monde d'anticipations subjectives pour analyser les choix des acteurs sous l'angle des "degrés de liquidité" des actifs marchands[225]. La manière dont Townshend envisage pour sa part les jugements que portent les acteurs sur cette liquidité nous semble ici intéressante et

---

223 Selon les termes de Keynes (1936), la demande de monnaie répondrait à différents impératifs. Voir à ce sujet Chick, 1983 et Carvalho, 1992, et pour une reprise du débat autour du "motif finance", voir Asimakopulos, 1991, Graziani, 1985 et Wells, 1981.

224 Minsky, 1975, p.67.

225 Comme le dit Barrère (1985-a, p.36), "*une des décisions déterminantes est celle qui consiste à opter entre la conservation de la richesse sous des formes présentant des degrés divers de liquidité et l'investissement de la monnaie en équipements productifs estimés rentables dans le futur.*"

appropriée pour penser le marché de la localisation résidentielle. Il souligne en effet que les prix des actifs sont des valeurs conventionnelles[226], et que leur choix dépend de la manière dont les acteurs évaluent la capacité de chacun d'eux à retrouver sa forme liquide dans le futur. Autrement dit, les actifs auraient des liquidités différentes selon l'opinion que les agents se font de l'incertitude du marché[227]. En outre, étant donné que des changements inattendus peuvent générer un mouvement de retour à la liquidité, la qualité des jugements portés sur celle-ci devient un élément important du choix des agents en horizon d'incertitude[228].

Grosso modo , la liquidité d'un actif sera définie par sa capacité à se reconvertir sous forme de "monnaie liquide"; plus un actif est convertible rapidement en monnaie, plus il est liquide. Mais sa facilité de conversion n'est pas une condition suffisante pour qu'il soit vraiment liquide: il devra également conserver sa valeur. Si l'on tient compte de ces deux dimensions, on peut donc classer les actifs selon la valeur de la "prime de liquidité": elle sera d'autant plus significative que le temps de leur conversion en monnaie et la variation dans le temps de leur prix par rapport à leur valeur originale seront moindres[229]. En utilisant ce critère, il est possible de faire une distinction entre les actifs pleinement liquides (qui sont des substituts parfaits de la monnaie) et ceux qui sont relativement liquides ou non liquides. Parmi les biens de capital, on peut ainsi en identifier certains qui ont une liquidité supérieure à d'autres[230]. Ceci signifie que même les biens durables dont la substituabilité n'est pas parfaite peuvent être classés selon des degrés de liquidité différents. Un facteur important de définition de la liquidité d'un bien sera l'existence ou non d'un marché permanent et organisé lié à ce type de biens[231]. En raison de leurs caractéristiques - telles que leur durabilité et leur haute valeur individuelle -, certains font ainsi l'objet d'un calcul de liquidité aussi longtemps qu'ils gardent leur utilité, et ils

---

226 Cf. Townshend (1937); dans le même ordre d'idée, voir également Shackle, 1972, chap.21.

227 Selon Schackle (1972, p.247), "*les prix oscillent conformément aux accroissements et aux diminutions de la préférence pour la liquidité, à la plus ou moins grande insistance des incertitudes.* "

228 C'est ce qui conduit les agents à se tourner vers le taux d'intérêt conventionnel, qui serait un indicateur de l'état de confiance du marché. Notons que la lecture post-keynésienne rejette l'interprétation IS-LM de Hicks, pour qui le taux d'intérêt serait le résultat de la confrontation marchande entre l'offre et la demande de monnaie. Voir à ce propos Minsky, 1975 et Shackle, 1967.

229 Pour une présentation de la prime de liquidité, voir Chick, 1983 et Barrère, 1985.

230 Par exemple, il est raisonnable de supposer qu'une machine-outil est plus liquide qu'une turbine d'une usine hydroélectrique.

231 Voir à cet égard Kaldor, 1960.

réussissent même parfois à trouver un débouché secondaire permanent (d'occasion). C'est le cas des logements, pour lesquels les transactions du "marché secondaire" sont une composante importante des achats. Cependant, il faut toujours garder à l'esprit que le choix d'un logement renvoie à sa localisation spatiale.

Cette dimension spatiale laisse supposer que les biens résidentiels pourront avoir des liquidités différentes. Toutefois, l'appréciation de la liquidité fait toujours intervenir une prévision subjective de l'avenir; c'est ce que souligne Barrère lorsqu'il écrit : "*le montant de cette prime de liquidité exigée pour détenir la richesse sous une forme moins liquide dépend du degré de confiance du détenteur dans ses propres spéculations et les variations de cette confiance constituent un des éléments déterminants des fluctuations du montant de la prime demandée*"[232].

Si l'on considère que, dans le marché résidentiel, le principal critère de jugement concerne la recherche d'externalités de voisinage, et si l'on accepte l'image d'une structure résidentielle urbaine composée d'une mosaïque de telles externalités - et, selon l'hypothèse que nous avançons ici, celles-ci sont conventionnelles -, il est possible d'imaginer que les stocks résidentiels, qui sont des actifs, auront des capacités différentes à retourner à leur forme liquide en fonction des anticipations qui sont faites de la structure urbaine. Autrement dit, le prix mais aussi la prime de liquidité attribués à un logement sont susceptibles de varier au gré des conventions urbaines et des jugements que les acteurs portent sur celles-ci au cours du temps. Dans ce sens, les localisations pour lesquelles la croyance attachée à leurs caractéristiques futures est en train de produire des changements effectifs seront perçues différemment des autres: là où la convention urbaine parvient à coordonner aussi bien les déplacements d'un type particulier de ménages que les offres résidentielles des entrepreneurs urbains, le site sera jugé comme étant doté d'actifs hautement liquides.

Cela s'explique par le fait que les entrepreneurs seront en train de proposent en cet endroit une destruction créatrice de stocks anciens par le biais d'une convention urbaine nouvelle. La permanence de cette convention pendant un certain temps permettra effectivement aux actifs résidentiels de la localisation conventionnée d'être plus facilement convertibles en monnaie. De la même façon, pendant le temps que les entrepreneurs s'affairent à "peupler" le site choisi (par convention) de nouveaux stocks résidentiels, le prix de ces derniers - qui est propre à la convention-, à l'inverse de celui du stock déprécié, fera l'objet d'une

232 Barrère, 1985, p.38.

valorisation monétaire[233]. Au vu des attributions de la liquidité, on peut en conclure que celle des stocks résidentiels sera supérieure là où les biens logements sont en train de changer de caractéristiques par le biais d'une innovation, et ces changements étant généralement énoncés par la convention urbaine, on assistera à un processus de renforcement mutuel entre la liquidité de la localisation et la convention urbaine en place.

Et puisque le marché résidentiel est supposé avoir une dimension auto-référentielle, il est permis de penser que des mouvements d'anticipation de la liquidité des localisations conventionnelles interviendront dans la dynamique d'émergence des conventions urbaines. Les acteurs de ce marché prévoyant que les résidences (actifs résidentiels) du site conventionné auront une liquidité élevée, elles vont acquérir à leurs yeux un attrait supplémentaire, qui s'ajoutera à celui de la coordination spatiale (externalité de voisinage). En choisissant cette localisation, ils confirmeront à la fois la convention qui s'y rattache et leurs croyances quant à sa "liquidité urbaine".

Si, auparavant, nous avons présenté la notion de couloir en soulignant que l'effet de valorisation monétaire pouvait servir à maintenir dans le temps une convention urbaine, nous pouvons raisonnablement ajouter que cet effet donne l'image d'une localisation où le "degré" de liquidité est supérieur à la moyenne, ce qui réitère le choix des ménages. Dans le même sens, les ménages opportuniste, dont le choix est motivé par la "spéculation", rechercheront les localisations qu'ils jugent capables de leur faire réaliser un gain monétaire, mais qui aient aussi une liquidité suffisante pour permettre de déménager rapidement. On peut donc dire que la liquidité d'une localisation urbaine renforce d'autant plus le mécanisme de coordination spatiale (convention urbaine) qu'elle lui donne une plus grande possibilité de se reconvertir en monnaie.

Néanmoins, la liquidité urbaine renferme un danger: celui de servir de refuge. Vu sous cet angle, et à l'inverse de ce qui a été dit précédemment, le facteur liquidité des logements pourra, surtout dans un cadre auto-référentiel, engendrer un processus qui conduira à la défaillance des conventions urbaines. On peut supposer par exemple qu'un soupçon quelconque (une rumeur urbaine) étant apparu au niveau des calculs anticipatifs des ménages concernés par une convention, ce soupçon va rapidement s'amplifier du fait que certains d'entre eux craignent de voir se réduire la liquidité de la localisation

---

233 Il faut se souvenir que pendant la période où c'est la convention qui commande les actes de production des entrepreneurs, ces derniers ont tout intérêt à maintenir leur pouvoir de *price makers*. L'imposition d'un *mark up* urbain sera ainsi un facteur de maintien d'un certain palier concernant les prix conventionnels.

conventionnée. Ils pourront alors décider de transformer leurs biens résidentiels en monnaie, anticipant ainsi une défaillance virtuelle de la convention en place, et donc une possible réduction des prix conventionnés (une perte de liquidité des stocks de leur site résidentiel).

En se comportant de la sorte, ces ménages risquent de précipiter le rejet de la convention, d'abord parce qu'ils vont contribuer à confirmer un soupçon, la dynamique auto-référentielle se mettant alors en place, et ensuite parce qu'un autre processus cognitif pourra être mis en oeuvre en raison de leur défection à l'égard de cette convention: les ménages qui la partageaient avec eux seront enclins à croire que leur départ tient à une information nouvelle qu'ils détiendraient sur l'ordre urbain. Les ménages en principe peu sensibles aux rumeurs peuvent en effet, dans ce cas, juger plus sage de suivre les autres parce que les soupçonnant d'être mieux informés. Par un processus mimétique, il apparaît ainsi que le soupçon et la croyance sont à même d'engendrer une réduction de la liquidité d'une localisation et donc de conduire à une défaillance de sa coordination spatiale. En général, la dynamique de contagion qui conduit au dérapage de la convention dégénère en un mouvement de fuite semblable à la réaction d'une foule prise de panique[234]. C'est cet aspect "dramatique" de l'abandon de la croyance liée à une localisation qui va annoncer le retour de l'incertitude urbaine radicale.

Nous dirons pour résumer que la traduction des conventions urbaines en termes monétaires par l'attribution de prix aux stocks résidentiels fait de ces stocks des actifs dont la liquidité va changer en même temps que se modifient les jugements portés sur ces conventions. En outre, la liquidité urbaine apparaît comme une donnée d'autant plus décisive dans les choix de localisation des ménages que leur évaluation de cette liquidité (et de ses oscillations) est révélatrice des jugements (et de leurs changements) qu'ils formulent sur la configuration résidentielle (conventions urbaines). C'est en regard de ce rapport entre la dimension temporelle que traduit la monnaie et l'appréciation des événements futurs que Townshend a voulu souligner le rôle déterminant des jugements touchant à la liquidité des actifs et à l'émergence des prix conventionnels[235].

Par rapport à cette manifestation monétaire des anticipations de l'avenir, dont la liquidité est une des formes d'expression, il faut ajouter que le caractère auto-référentiel de certains marchés renforce le rôle de tels jugements. Plus avant, nous verrons que les ménages doivent aussi envisager l'endettement pour acquérir un bien résidentiel,

---

234 Cette image de la fuite-panique a été suggérée par Dupuy (1991).

235 Cf. Townshend (1937).

et que cette décision relève d'un pari sur leur revenu futur. Mais ces ménages-travailleurs savent également qu'ils font leur choix dans un environnement d'incertitude non seulement urbaine mais aussi économique, et donc qu'ils risquent de se heurter à des changements inattendus au niveau de l'emploi. Cela veut dire que leur revenu futur (leur salaire) n'est pas garanti d'avance et qu'ils seront confrontés sans cesse à la menace d'un chômage forcé (ou d'une réduction de salaire) qui les obligerait à transformer en monnaie leur bien résidentiel, afin de solder leur dette. De ce point de vue, le jugement qu'ils portent sur la liquidité urbaine de ces biens (actifs) est doublement important: son exactitude permettra soit de garantir une éventuelle reconversion du bien résidence en monnaie, soit de maintenir sa valeur originale telle qu'elle a été définie dans le contrat d'endettement[236].

Dans un monde marchand où la monnaie est cette "machine du temps" capable de "transporter" le pouvoir de dépense, les jugements relatifs à la permanence des conventions urbaines et/ou aux changements virtuels de l'ordre résidentiel peuvent ainsi se traduire en évaluation de la liquidité des localisations, c'est-à-dire en anticipations - en termes monétaires - de la structure résidentielle urbaine. Ces anticipations revêtent donc une double dimension réelle et monétaire, dans la mesure où la convention urbaine est à la fois une croyance qui touche aux caractéristiques de l'externalité de voisinage et des biens résidentiels et un jugement sur la liquidité urbaine[237].

Il nous semble que ces remarques sur la liquidité urbaine et le rapprochement entre le réel et le monétaire prennent tout leur sens en regard des modèles économiques qui réduisent l'analyse de la dimension monétaire des stocks résidentiels aux exercices "hydrauliques" de la macro-économie traditionnelle, oubliant le plus souvent la dimension spatiale proprement dite du lien existant entre la monnaie et ces stocks. Le débat sur le caractère cyclique ou "anti"-cyclique de l'industrie du logement (marché résidentiel) en termes

---

236 Voir le prochain chapitre sur le circuit monétaire urbain.

237 Comme le dit Barrère (1985, p.35), "*la généralité du projet keynésien commande l'analyse d'une économie intégrant biens et monnaie, production et échange*". Nous dirons pour prolonger cette formule que la dimension cognitive de la coordination spatiale que traduit la convention urbaine se manifeste par le biais des dépenses productives. Cependant, les décisions de production que permet l'accès à la monnaie étant toujours soumises à l'incertitude radicale, elles font appel aux jugements concernant l'éventualité du retour à la forme liquide. En effet, ce sont, d'une part, l'irréversibilité des choix (le réel) et, d'autre part, la possibilité de se soustraire aux actes marchands (par la monnaie) qui ressortent du projet radical keynésien d'intégration du réel et du monétaire, lequel renvoie aux difficultés de coordination marchande dans un environnement qui change au fil du temps, c'est-à-dire qui se trouve sans cesse à la frontière de l'ordre et du désordre.

d'emploi illustre bien l'aspect agrégé et a-spatial de ces analyses. Dans ces modèles, tout l'enjeu est réduit aux équilibres en termes de flux et de stocks et aux écarts entre les taux d'intérêt marchands et institutionnels, ce qui explique qu'ils fassent appel aux mouvements d'équilibrage de type IS-LM, caractéristiques du raisonnement néoclassique. En outre, ils ne prennent jamais en compte la dimension spatiale du jugement des acteurs et raisonnent invariablement en termes de marché monétaire *stricto sensu* [238].

Ces modèles non urbains sont donc étrangers aussi bien aux héritages hétérodoxes auxquels nous faisons ici appel qu'à la sensibilité spatiale que nous cherchons à développer. Nous voulions simplement souligner ici leur "myopie" et leur "l'aveuglement" à l'égard de la dimension urbaine proprement dite de la liquidité des stocks résidentiels, et du même coup signifier notre étonnement face à la position d'un géographe urbain aussi important que Harvey, qui voudrait que la théorie de la rente foncière, toujours en la concevant comme le principal élément de la coordination intra-urbaine, soit déterminée par le taux d'intérêt macro-économique[239]. Dans ce cas, la configuration intra-urbaine serait doublement macro-déterminée: d'un côté par l'aspect naturalisant de la théorie de la rente foncière, et de l'autre par l'enjeu orthodoxe du marché monétaire, c'est-à-dire par l'équilibrage des demandes et des offres de monnaie (et des titres du marché financier). L'alternative que nous suggérons consiste à prendre au sérieux le lien qui existe entre le marché résidentiel et les mécanismes du marché financier, dans le sens que donne Keynes à celui-ci en tant que "paradigme" du comportement des agents économiques: le "paradigme de Wall Street" de Minsky[240].

De ce point de vue, analyser la configuration spatiale selon l'image du marché financier ne devrait pas se réduire à lui imposer une surdétermination par le taux d'intérêt - ce qui reviendrait du même coup

---

238 Pour un bilan de la littérature relative à la théorie du circuit, voir Graziani, 1987, et Graziani et alii, 1989.

239 Cf. Harvey (1982, 1985). Il faut comprendre la proposition de Harvey dans le cadre de son analyse du fonctionnement du capitalisme. Pour lui, l'urbain serait un "cadre bâti" qui composerait le circuit secondaire, dont l'une des fonctions structurales serait d'absorber l'accumulation du circuit primaire. Harvey (1982) avance l'hypothèse que le taux d'intérêt est un des éléments de l'interface entre les deux circuits. C'est dans ce sens qu'il déterminerait le "passage" du surplus du circuit primaire vers le cadre bâti, où la théorie de la rente continuerait à définir l'ordre spatial.

240 Minsky (1975). Dans le même ordre d'idée, Minsky (1986, p.100) écrit: "*l'aspect essentiel de la T.G. de Keynes consiste en une profonde analyse de la façon dont des forces financières - que l'on peut caractériser comme étant des forces de Wall Street- interagissent avec la production et la consommation pour déterminer le produit, l'emploi et les prix* ".

à réduire toute la dimension critique de la coordination spatiale des agents à la théorie de la rente foncière traditionnelle-, mais consisterait plutôt à insister sur la dynamique auto-référentielle de ce marché et sur la dimension conventionnelle des localisations. Cela revient par conséquent à formuler les concepts d'incertitude et de convention urbaine, et à partir de là, à établir entre les représentations des acteurs de la structuration intra-urbaine un lien temporel qui passerait par la monnaie en tant que "support" des anticipations[241]. C'est dans ce sens que la liquidité strictement urbaine - celle qui reflète les jugements relatifs à la disposition des externalités futures de voisinage - doit être conçue comme un élément du marché de la localisation. Ainsi, du fait qu'elles traduiront généralement les anticipations des acteurs marchands quant aux modifications virtuelles de l'ordre urbain, les variations de la liquidité spatiale doivent être entendues comme des jugements conventionnels. Etant une composante du processus cognitif auquel obéissent ces agents, cette liquidité s'articulera dès lors avec le phénomène de continuité dans le temps des conventions urbaines; mais elle devient aussi un facteur de déstabilisation potentielle des ordres conventionnels, puisque le retour à la forme liquide, en tant que rempart contre les dangers de l'incertitude marchande, peut amplifier les réactions aux "bruits" et "soupçons" urbains.

Bref, la prise en compte de la liquidité en termes spatiaux (de la liquidité urbaine) pourrait permettre d'expliquer aussi bien la confirmation séquentielle d'une convention urbaine que la propagation des mouvements de défection à l'égard de l'ordre conventionnel établi, et donc le retour de l'incertitude urbaine. En outre, ces mouvements de retour à la liquidité peuvent conduire à des non-décisions de localisation (surtout du côté de l'offre), bloquant ainsi le jeu spéculaire urbain et l'émergence de conventions urbaines. Autrement dit, la monnaie permet une attente susceptible d'entraîner la paralysie des décisions de localisation, et donc une crise urbaine.

2.7. Le rôle des contrats monétaires comme garantie du maintien de la convention urbaine

Le fait que la monnaie apparaît désormais comme le lien entre les actes du présent et ceux du futur, ou, pour reprendre la formule plus radicale de Parguez, qu'elle "*apparaît dans le présent pour inventer*

---

241 Nous reprenons ici la définition que donne Barrère (1985, p.36) de la monnaie comme support des anticipations.

l'avenir "[242], a conduit certains auteurs à envisager des possibilités de limiter l'opacité du marché, et de faciliter ainsi la coordination des actes marchands. Dans cette même perspective, Davidson propose une analyse de la dynamique capitaliste qui reprend l'idée de la monnaie en tant que "support" des anticipations, mais en la rapportant au lien institutionnel qu'elle permettrait d'établir entre les participants au marché, les "accords" marchands (y compris inter-temporels) pouvant dès lors s'exprimer sous forme de contrats monétaires[243].

A l'inverse des jugements sur la liquidité et les primes de liquidité liées aux actifs, qui mettent en avant la fragilité des acteurs face à l'incertitude et le rôle de la monnaie comme lieu de refuge, les contrats monétaires sont pour Davidson un des éléments de la coordination des acteurs du marché devant les dangers de bouleversements inattendus. Ils auraient ainsi la propriété de conférer une certaine visibilité aux intentions des agents tout en donnant des indications sur les grandeurs économiques[244]. Ils seraient en ce sens des instruments extérieurs au marché permettant de réduire l'incertitude radicale de ce dernier, puisqu'ils fixent les termes des engagements futurs de ses participants. Dans sa lecture des relations marchandes, assez proche de celle de Davidson, Carvalho note: "*pour Keynes et les post-keynésiens, la pièce fondamentale de la coordination (de marché) est la création d'un système de contrats (...). La signature de contrats qui garantissent la fourniture de services productifs et de moyens de production dans le futur immédiat de la période de production est l'un des piliers sur lesquels repose la production capitaliste* ."[245]

Dans cette économie de contrats, l'une des fonctions de la monnaie serait alors de servir d'unité de mesure et de moyen de traduction des contrats en liquidité. Pour Keynes, les contrats

---

242 Il faut comprendre la formule de Parguez (1984, p.99) dans le cadre de l'économie monétaire de production, où la demande endogène de monnaie renvoie au souci des entrepreneurs de parier sur l'avenir par le biais de la production. Voir sur ce point le chapitre sur le circuit monétaire urbain.

243 Davidson (1978-b, p. 61) précise : "*l'existence de marchés et de contrats se traduisant en termes temporels par des transactions et des paiements en argent est l'essence d'une économie monétaire*".

244 Pour l'orthodoxie traditionnelle, les contrats sont un facteur de rigidité qui empêcherait les "forces" du marché de parvenir à une allocation efficiente, tandis que les post-keynésiens les voient comme une source de stabilité (en particulier le contrat salarial nominal). Il faut souligner que pour ces derniers, la notion de contrat n'a rien à voir avec celle de contrats à terme d'Arrow-Debreu ou avec celle que l'on trouve dans la théorie des contrats, où les asymétries informationnelles sont au départ de l'analyse. Dans les deux cas, les contrats sont définis selon une logique de rationalisation du risque knightien. Pour une présentation de la théorie orthodoxe des contrats, voir Broussic, 1993, et pour une présentation proche de celle de Davidson, voir Carvalho, 1992-b.

245 Carvalho, 1991, p.29.

monétaires représentent une façon nouvelle d'établir le rapport d'échange: "*l'introduction d'une monnaie selon laquelle peuvent être exprimés des prêts et des contrats démontrant un élément temporel est ce qui change réellement le statut économique d'une société primitive.*"[246] On voit bien que la monnaie est vue ici avant tout comme l'unité de compte qui permet de signer les contrats (engagements d'échange). Cependant, si les participants au marché acceptent de prendre des engagements marchands en termes monétaires, c'est parce qu'ils croient que la monnaie qui les garantit aura un pouvoir d'achat stable. Comme le dit Orléan, "*la monnaie est une relation grâce à laquelle les agents économiques contournent les incertitudes pesant sur la continuité même de l'ordre marchand. Elle est ce minimum de certitude qu'une société doit supposer pour pouvoir se constituer* ."[247] C'est donc parce qu'ils supposent que son pouvoir d'achat ne changera pas au fil du temps que les acteurs acceptent de signer des engagements (monétaires) dont le caractère institutionnel (contrats) leur permettra de rendre publiques leurs intentions en matière de production et de prix.

Sur ce point, il convient de souligner la divergence d'idées qui existe autour de la constitution de l'ordre marchand entre les traditions orthodoxe et hétérodoxe auxquelles nous faisons référence ici. L'orthodoxie traditionnelle voit dans les contrats un facteur de rigidité qui empêcherait les forces du marché d'amener l'allocation des ressources à l'équilibre efficient, tandis que pour les post-keynésiens ils seraient l'un des facteurs de la stabilité des relations économiques[248], l'une des "techniques pratiques" auxquelles les acteurs du marché font appel pour faire face à l'incertitude radicale[249].

Cependant, dans le cadre d'une économie coordonnée par les contrats, le retour à la liquidité est toujours critique. *Grosso modo* , il se manifeste de deux façons. D'un côté, il pourra résulter d'un mouvement de défense face à l'incertitude, puisqu'en tant que réserve de valeur, la monnaie permet aux agents de maintenir leur pouvoir d'achat lorsque pèsent des doutes sur l'avenir; elle leur sert alors de refuge. Mais la fuite vers la liquidité est toujours porteuse d'instabilité et de crises virtuelles, car elle débouche sur des insuffisances en termes de demande effective: elle signale une rupture individuelle avec la

---

246 Keynes, CWJMK, XXVIII, p.255.

247 Orléan, 1985, p.135.

248 Le contrat salarial joue un rôle déterminant à ce propos, puisque les néoclassiques les voient plutôt comme un facteur de rigidité du marché du travail, tandis que les keynésiens en font un facteur de stabilité. Pour une présentation post-keynésienne des arguments qui justifient le rôle positif de ce contrat, voir Davidson, 1978-a, et pour le raisonnement des nouveaux keynésiens, voir le bilan de Stiglitz, 1988.

249 Cf. à ce sujet Carvalho, 1991, p.27.

croyance partagée (convention) qui permettait la coordination des actions marchandes. Le cumul de ces fuites individuelles vers la liquidité entraînera un gonflement des jugements pessimistes sur l'avenir. D'une certaine façon, ce retour à la monnaie (liquidité) est le signe de la défaillance de la coordination marchande; il incarne l'éclatement de la convention en tant que repère commun pour l'avenir. Dans une économie monétaire de production, il se traduira donc par une "crise".

D'autre part, le retour à la monnaie s'effectuant par l'expiration des contrats, les agents du marché pourront alors retrouver une certaine "liberté" d'action qui avait été jusque-là plus ou moins codifiée (par les contrats). Autrement dit, la fin des contrats sera le moment où ces agents pourront profiter d'un certain retour à l'opacité du marché pour introduire des décisions cruciales susceptibles de bouleverser les anticipations en cours. La fin d'engagements institutionnels et l'accroissement de la capacité à dépenser conduiront par exemple les entrepreneurs schumpétériens à proposer des innovations-différenciations leur permettent d'imposer de nouveaux contrats synonymes pour eux d'un gain de pouvoir sur le marché[250]. Cependant, dans une économie où les contrats monétaires sont une des "techniques pratiques" qu'utilisent les agents pour se prémunir contre des changements inattendus, la fin d'un contrat débouche souvent sur la signature d'autres contrats. C'est là que la convention va jouer son rôle en tant que référence commune pour les anticipations. Même si certains participants essaient de prendre des décisions cruciales, les contrats pourront entraver la réussite des stratégies opportunistes (ou d'innovation). Nous pouvons alors envisager un jeu cognitif où la transparence qu'ils permettent s'oppose aux tentatives visant à brouiller les cartes des engagements signés par le passé. Il nous semble que ce jeu-là renvoie à l'idée de couloir, et donc aux surprises que peuvent provoquer des actes inattendus au regard d'engagements pris à travers des contrats monétaires.

Pour ce qui est de la configuration de la structure résidentielle, la convention jouera un rôle important dans la signature de "contrats urbains". Lorsque nous parlerons du circuit monétaire urbain, nous verrons que ces contrats établis autour de biens résidentiels peuvent être identifiés selon une hiérarchie des rapports monétaires de production: il y aura ceux qui conduisent à la mise en oeuvre du processus de concrétisation des logements, et ceux qui permettent à la demande d'y accéder. Les premiers traduisent l'effet de création monétaire d'une demande endogène de monnaie, tandis que les seconds renvoient plutôt

---

250 Pour une analyse du pouvoir des oligopoles marchand qui fait appel à des éléments de l'économie des contrats, voir Eichner, 1985.

à l'intermédiation financière[251]. Dans les deux cas, les engagements pris entre les participants au marché font cependant appel à une représentation commune de l'avenir, et donc de la structure résidentielle future. Autrement dit, les contrats monétaires urbains exigent une convention urbaine qui soit partagée par ceux qui sont disposés à signer un engagement s'inscrivant dans le déroulement du temps.

Par ailleurs, en faisant appel à des représentations partagées de l'avenir de la structure résidentielle (conventions urbaines), une telle pratique peut aussi donner lieu à un ensemble d'engagements institutionnels (contrats) qui finiront par renforcer ces mêmes conventions, dans la mesure où ils vont accroître la transparence des relations de marché et ainsi raffermir la confiance des participants à l'égard de la convention en place. En ce sens, ces contrats peuvent être vus comme des "balises" qui consolident les contours du couloir à l'intérieur duquel la convention se déplace au fil du temps. On peut donc dire que si les contrats ont besoin de la convention urbaine pour être établis, ils renforcent aussi cette convention dès lors que les acteurs urbains retrouvent la "confiance" en sa continuité. Les contrats sont en ce sens un facteur institutionnel hors-marché qui réitère la croyance cognitive à l'égard de l'ordre résidentiel futur.

Pour reprendre les termes de l'économie monétaire de production, il est alors possible de faire un lien conceptuel entre la convention urbaine, l'offre de biens résidentiels, l'accès à ces biens et les contrats monétaires passés entre les participants au marché de la localisation à partir de la croyance qu'ils partagent sur l'ordre résidentiel. Nous dirons que la demande de monnaie nécessaire à la production de stocks résidentiels entraîne des engagements qui peuvent être établis en termes de contrats monétaires: contrats de financement de la production, contrats d'embauche et contrats d'approvisionnement signés avec les autres capitalistes, tous fondés sur l'existence d'une convention urbaine. *Grosso modo*, ils traduisent tous des anticipations de l'ordre résidentiel conventionnel au niveau des valeurs, quantités et localisations affichées par les contrats d'endettement que passent les entrepreneurs avec les banques.

Dans notre description du circuit monétaire urbain, nous verrons que ces contrats d'endettement reposent sur un engagement d'offre de biens résidentiels correspondant à une certaine croyance liée à la configuration résidentielle future, laquelle devra être jugée par ceux qui sont responsables de la création monétaire. En effet, l'engagement institutionnel constituera ici le lien entre la formulation de cette croyance

---

251 Pour la présentation de la hiérarchie de la circulation monétaire, ainsi que de la distinction entre financement de la production (initial et définitif) et intermédiation financière, voir le chapitre sur le circuit monétaire urbain.

et sa réalisation matérielle, puisque la demande de monnaie endogène sera exprimée par les entrepreneurs urbains à partir d'une représentation de l'ordre résidentiel et que le contrat les obligera à respecter les intentions déclarées au moment de la création monétaire. Autrement dit, la signature d'un contrat de prêt/dette entre l'entrepreneur et le responsable de l'émission de monnaie fait appel à une convergence des jugements respectifs qu'ils portent sur la coordination urbaine. Bref, les contrats qui permettent la mise en oeuvre des dépenses nécessaires à la production de biens résidentiels imposent un accord préalable sur la localisation espérée des ménages, c'est-à-dire autour de la convention urbaine.

En faisant de la convention urbaine le repère de leurs dépenses productives, et donc de leurs actions de production, les entrepreneurs transforment la croyance partagée au sujet de la localisation en réalité résidentielle. Ainsi, le contrat de création monétaire (prêt/dette) sera la clef de la transformation de la virtualité (convention) en réalité urbaine. Cependant, ces contrats d'endettement sont aussi le résultat de demandes endogènes de monnaie strictement individuelles, chaque entrepreneur urbain décidant de parier sur l'avenir en produisant des biens résidentiels de façon décentralisée. Ainsi, la convention serait aussi le lien entre les divers contrats de prêt/dette (émission monétaire) individuels nécessaires pour transformer la virtualité urbaine en réalité résidentielle. Ce lien inter-entrepreneurial pourra se manifester à un certain moment en coordonnant les décisions individuelles de localisation de l'offre, mais il renvoie aussi à la dimension séquentielle du processus de transformation des stocks résidentiels d'une localisation. Le lien inter-temporel qui articule entre elles les actions de ces entrepreneurs serait ainsi d'ordre cognitif, et la convention urbaine cet élément de coordination des contrats de création monétaire urbaine. En outre, ces contrats, ainsi que les dépenses monétaires qu'ils engagent, donnent lieu à un aboutissement réel du mouvement d'auto-réalisation de la convention urbaine; en permettant la production de biens, ils débouchent sur des effets de stock et de valorisation des localisations qui vont renforcer la convention. C'est ici un processus d'auto-renforcement qui se met en place: la convention permet l'enchaînement des contrats monétaires de production, et ces derniers, en faisant de la croyance entretenue au sujet de l'avenir urbain une réalité, renforcent le dispositif cognitif de coordination des anticipations.

Concernant la configuration de la structure résidentielle, on peut dire que l'observation du parcours suivi par la monnaie nécessaire à la production de biens-logements nous donnera des indices sur les rapports qui s'établissent entre la monnaie, les acteurs du marché de la localisation et la convention urbaine. C'est ce cheminement de la monnaie que nous appellerons circuit monétaire urbain. A ce stade de notre étude, nous dirons que la coordination spatiale des actions (convention urbaine) s'articule à une problématique renvoyant à l'économie de production résidentielle (transformation de la virtualité cognitive en réalité urbaine). Si cela est vrai, retracer le circuit monétaire apparaît dès lors comme une étape incontournable si l'on veut comprendre la dynamique de la configuration marchande de la structure résidentielle de la ville.

PARTIE II

DE LA COORDINATION SPATIALE À LA PRODUCTION RÉSIDENTIELLE : DU COGNITIF AU RÉEL

Dans cette partie, nous proposerons une brève présentation de deux dimensions du processus de configuration de l'ordre résidentiel urbain, liées à la structure matérielle de cet ordonnancement. La première concerne la prise en compte de la monnaie dans le cadre d'une économie de production, ce qui nous conduira à identifier les relations qui s'établissent entre les acteurs du marché en regard de la capacité de dépense monétaire dont ils disposent. L'analyse de l'accès à la monnaie de ces acteurs sera centrée autour de la circulation monétaire que permet une décision de production d'un bien résidentiel (logement) et sur les rapports hiérarchisés qu'une telle décision fait ressortir en termes de capacité de dépense des participants au marché. Pour cela, nous ferons appel à la notion keynésienne de circulation industrielle et à celle d'économie de pur crédit que Wicksell a proposée dans sa "théorie du circuit monétaire"[252].

La deuxième dimension concerne plutôt une perspective de long terme, à travers laquelle nous nous attacherons avant tout à décrire les modifications que l'introduction fréquente de différenciations-innovations spatiales produit dans la structure résidentielle intra-urbaine en termes réels, c'est-à-dire au niveau de la configuration des stocks. Nous verrons que la dynamique d'innovation spatiale génère un processus de diffusion induisant, en termes agrégés, une tendance inverse à celle provenant de la différenciation spatiale. Autrement dit, tandis que l'innovation conduit à la différenciation de l'espace résidentiel par le biais d'un processus de destruction créatrice, la diffusion dans l'espace de cette même innovation par les pratiques d'imitation induira une tendance à une certaine homogénéisation des stocks (parcs) résidentiels. Nous arriverons ainsi à la conclusion que la dynamique de la configuration résidentielle de long terme est bien ce rapport de tension qui existe entre l'homogénéisation et la différenciation des caractéristiques du bien logements. Nous représenterons la manifestation de ce mouvement de long terme, concernant la particularité de chaque localisation, par une courbe que nous appellerons "cycle de vie" résidentiel des stocks urbains.

Rappelons qu'aussi bien le circuit monétaire urbain que la dynamique spatiale des innovations traduisent la perspective d'une réintroduction de l'économie de production dans l'analyse de la

---

252 La "théorie du circuit" se propose d'analyser les rapports de marché sous l'angle de la circulation monétaire. Parmi les auteurs qui revendiquent cette filiation, citons Parguez, Graziani, Poulon, Lavoie, Schmitt et Vallageas. Pour une présentation pédagogique de cette théorie, voir les articles réunis par Poulon (1988).

configuration spatiale. Cependant, l'introduction de l'offre ne devrait pas effacer le problème critique de la coordination des décisions de localisation. Dans ce sens, le pari qui est fait sur le futur par le biais de la production doit toujours prendre en compte les anticipations des autres participants au marché; malgré son pouvoir de transformation réelle de la structure résidentielle, chaque décision de production urbaine ne réussira à être validée par le marché que si elle parvient à se coordonner aux autres décisions de localisation. Autrement dit, c'est l'interdépendance de ces choix qui obligera l'offre capitaliste de résidences à recourir à une médiation cognitive quant à l'avenir de l'ordre résidentiel. Les entrepreneurs urbains ne peuvent en effet imposer individuellement n'importe quelle proposition de structuration urbaine sans qu'elle ait l'assentiment des autres acteurs concernés.

Ainsi, l'analyse du circuit monétaire urbain et de la dynamique de différenciation spatiale ne pourra être menée qu'à travers celle de la coordination considérée dans un contexte d'incertitude urbaine radicale, c'est-à-dire d'émergence de conventions urbaines. Comme nous le verrons, celle-ci sera au départ et à l'aboutissement du circuit monétaire urbain; ce sont elles aussi qui permettront que l'enchaînement d'une série de circuits monétaires résulte en une offre "moutonnière" de biens résidentiels pendant un certain délai temporel. C'est cet enchaînement qui conduira à son tour à une configuration réelle des stocks résidentiels correspondant à l'image donnée par la croyance spatiale. Nous verrons d'ailleurs comment la convention urbaine prend les contours d'une telle croyance et porte en soi des propositions visant à différencier les caractéristiques du stock résidentiel.

La prise en compte de l'économie monétaire de production fait ressortir le fait que la dimension cognitive doit se traduire en actes de production (matérialités résidentielles), mais aussi que cette production peut déprécier de façon "fictive" d'autres stocks-localisations. Retracer la diffusion des innovations et des changements qu'elles introduisent au fil du temps et au niveau de chaque localisation revient donc à retracer "l'histoire" des conventions urbaines, c'est-à-dire de leur parcours depuis leur naissance jusqu'à leur mort, vues non plus dans une optique cognitive, mais plutôt à travers le prisme de la matérialité des stocks résidentiels[253]. Ce que nous souhaitons souligner dans ce chapitre, c'est que, d'une part, la trajectoire de la convention en tant que virtualité et, d'autre part, sa réalisation matérielle en chaque localisation (par son passage de l'état de prophétie à celui de réalité

---

253 Cf. à ce sujet Abramo (1989). Dans ce travail nous avions proposé de traduire la virtualité spatiale par un indice composite de densification-verticalité.

urbaine) doivent nécessairement se traduire sur le marché par des actes de dépense monétaire.

Si tel est le cas, la dimension cognitive des anticipations faites par les acteurs du marché de la localisation résidentielle et de leur rationalité particulière fera de leur transformation en actes de dépense monétaire, d'un point de vue agrégé et si l'on retrace le parcours de la monnaie qui a permis ces dépenses, l'expression de relations monétaires hiérarchisées. Le circuit ne sera alors que la transcription de ces actes réels de dépense. Autrement dit, la description du parcours de la monnaie (le circuit) ne sera rien d'autre que la description monétaire et agrégée des actes qui transforment la croyance en réalité urbaine. Pour reprendre la terminologie de Myrdal, il s'agit du parcours qui va de l'*ex ante* à l'*ex post* par le biais des possibilités d'échange (dépenses) données par la monnaie.

En un mot, nous nous proposons dans les chapitres qui suivent de faire quelques remarques sur "l'économie monétaire de production résidentielle" en nous fondant sur "l'économie des anticipations urbaines". Notre objectif sera de souligner comment un processus d'ordre cognitif débouche sur la dimension monétaire de la production, et comment cette dernière fait appel au processus cognitif, c'est-à-dire de montrer que dans une représentation des relations marchandes où le temps se déroule dans un sens chronologique et où la monnaie sert de lien temporel, une "économie de production" et une "économie des anticipations" ne peuvent qu'aller de pair. Comme le dit Barrère, il existe un "*lien entre les décisions actuelles et les résultats que les agents escomptent retirer des valeurs d'usage dont ils disposeront dans un futur incertain. Ce lien 'subtil' est constitué par la monnaie, dont une des caractéristiques essentielles est de permettre le transfert des valeurs dans le temps et donc de servir de support aux anticipations, bien que le contenu du temps à venir demeure inconnu*."[254]

C'est dans ce sens que la convention urbaine, entendue comme croyance portant sur l'avenir des localisations résidentielles, joue son rôle d'anticipation par le biais monétaire, de même que la monnaie, en servant de support aux anticipations sur l'avenir de l'ordre résidentiel, va permettre que la virtualité spatiale se transforme en réalité urbaine par la capacité de dépense qu'elle confère à ceux qui la possèdent. Le circuit monétaire urbain traduira ainsi la description agrégée et séquentielle des relations monétaires qui permettent la transformation de l'anticipation (convention urbaine) en ordre spatial (structure résidentielle), apparaissant dès lors comme le moyen marchand et capitaliste de configuration de la structuration réelle des stocks

---

254 Barrère, 1985, p.36.

résidentiels. En fonction de cette perspective, la monnaie sera vue à travers son aspect bancaire, c'est-à-dire sous l'angle de l'économie de pur crédit, et sa circulation comme s'apparentant à celle que Keynes qualifiait dans le "Traité de la Monnaie" d'industrielle[255].

---

255 Selon l'interprétation qu'en donne Arena (1985), le thème tookien de l'existence de deux circulations (industrielle et financière) aurait été développé par Keynes dans le sens "*d'intégrer la monnaie de crédit à la circulation industrielle et de conférer à la circulation financière son autonomie* ". Dans ce chapitre, nous suivrons la tradition attachée à ces deux circulations, mais en nous intéressant exclusivement à la circulation industrielle à partir de la monnaie de crédit.

III

LA SPECULARITE ET LE CIRCUIT MONETAIRE URBAIN : UNE ESQUISSE DE L'ECONOMIE MONETAIRE DE PRODUCTION RESIDENTIELLE URBAINE

La définition la plus générale que l'on puisse donner du circuit monétaire urbain consiste à le décrire par les rapports triangulaires que la monnaie établirait entre les agents économiques. Ces liens triangulaires, et le type de circulation qu'ils déclenchent, vont mettre en évidence la dimension séquentielle des actes marchands[256]. Ce circuit serait ainsi une description minimale de l'économie monétaire de production résidentielle vue sous l'angle du parcours suivi par les prêts qui sont accordés aux entrepreneurs urbains, dont l'objectif est d'augmenter la quantité de monnaie en circulation en pariant sur l'avenir à travers la production d'un bien quelconque. Selon la définition de Parguez, le circuit va décrire une économie monétaire de production dont le modèle d'accumulation est celui qui la fonde sur le crédit[257]. Nous le présenterons ainsi comme un enchaînement des contrats monétaires existant entre les acteurs du marché résidentiel dont le point de départ est l'avance (création) monétaire consentie à l'un de ces acteurs (l'entrepreneur). L'hypothèse de la "théorie du circuit" que nous reprendrons est celle qui voit la monnaie avancée comme ayant été créée *ex nihilo* par un autre acteur, que jusqu'ici nous avons exclu de notre démarche spatiale et qui, dans le circuit monétaire, va acquérir le rôle "d'émetteur" de monnaie de crédit. Ce "nouvel" acteur marchand, c'est la banque (ou le système bancaire). Comme nous le verrons, elle

---

256 Pour la présentation de l'économie monétaire comme relevant d'actes triangulaires, c'est-à-dire prenant en compte la présence de la banque sur le marché en tant que source de décisions, voir Graziani,1988. Et pour la discussion du rôle séquentiel de la théorie du circuit, voir De Vroey, 1988.

257 Cf. Parguez, 1987.

aura une responsabilité aussi bien dans le jeu spéculaire que dans le maintien (ou la défaillance) de la convention urbaine.

La typologie que nous proposerons des acteurs du marché résidentiel et des rapports qu'ils établissent entre eux ne correspond ni à celle de l'orthodoxie néoclassique, ni à celle de la sociologie urbaine marxiste[258]. Elle sera restreinte aux questions de l'accès à la monnaie et des transferts de capacité de dépense définis par une décision de production de biens résidentiels, ainsi qu'aux contrats monétaires qui codifient ces relations. Ici, la demande de monnaie est supposée "endogène"[259] et la circulation est restreinte à celle que Keynes a qualifiée d'industrielle[260]. Dans ce qui suit, nous reprendrons donc les termes de la circulation industrielle sous l'angle du rôle qu'attribue au crédit la "théorie du circuit"[261]. On sait que les engagements fonctionnels qu'établit l'accès à la monnaie vont être codifiés à travers des contrats monétaires; cependant, malgré le rôle déterminant que joue le contrat salarial dans les relations marchandes, nous nous attacherons davantage au contrat qui se situe à l'ouverture et à la clôture du circuit: celui qui codifie les engagements de prêt/dette pris entre les divers personnages du marché de la localisation résidentielle.

Pour qu'il soit possible de décrire les relations monétaires existant entre les agents du circuit, il nous faut d'abord présenter ces derniers. Ce sera pour nous l'occasion de réaffirmer notre démarche hétérodoxe, dans la mesure où cette présentation va mettre en avant, en termes monétaires, l'idée évoquée auparavant (selon une perspective plutôt cognitive) que les acteurs du marché résidentiel sont des "agents hétérogènes"[262]. C'est donc après avoir mis en scène ces personnages et

---

258 Il faut se souvenir que cette dernière typologie a comme point de départ la théorie de la rente foncière urbaine. Dans ce sens, le relevé taxonomique des promoteurs qu'ont dressé Topalov (1974, 1988) et Lipietz (1974) se rapporte dans une large mesure aux particularités de l'interprétation que ces deux auteurs ont faite de la théorie de la rente.

259 Pour un passage en revue des conceptions hétérodoxes de la demande endogène de monnaie, voir Harris (1981), Lavoie (1982, 1986), Moore (1988), Graziani (1991), Messori (1991) et Wray (1992), et pour une perspective plus proche des néo-marxistes, voir Dymski (1990).

260 Quelques auteurs proches de la théorie du circuit font également appel à la circulation schumpétérienne; voir par exemple Messori (1986, 1988).

261 Pour une présentation de la théorie du circuit, voir Poulon (1982-a, 1982-b), Parguez (1984), Messori (1985, Lavoie (1987) et Graziani (1988, 1990).

262 Jusqu'ici nous avons utilisé plutôt le terme d'acteur aussi bien pour l'offre (capitalistes) que pour la demande (ménages ou travailleurs) du marché de la localisation. Concernant le circuit monétaire urbain, nous nous proposons d'utiliser le mot "personnage" pour identifier les capitalistes, les travailleurs et la banque, non pas parce qu'il change la "typologie" des participants au marché, mais plutôt pour souligner que nous sommes ici dans une perspective plus agrégée que dans le processus spéculaire qui

leurs stratégies décisionnelles que nous décrirons les relations monétaires qui s'instaurent entre eux.

3.1. Les personnages du circuit monétaire urbain simple et leurs stratégies minimales

Dans le chapitre sur l'incertitude urbaine, nous avons souligné le fait que les décisions cruciales pouvaient aussi bien provenir des ménages que des capitalistes-entrepreneurs. Ainsi, dès lors que nous avons conçu l'ordre urbain comme une mosaïque d'externalités de voisinage, et les résidences comme n'étant plus bâties selon le principe orthodoxe du "capital malléable" (la ville-Leggo), la place des capitalistes-entrepreneurs en tant qu'acteurs actifs de la configuration des externalités nous a amené à rejeter la perspective orthodoxe de l'homogénéité des agents du marché de la localisation. Dans ce sens, la figure de l'entrepreneur schumpétérien est celle qui nous a paru représenter le mieux le désir de retrouver un pouvoir et une capacité d'action sur le marché.

Ce clivage entre les acteurs du marché de la localisation a également été mis en évidence dans le processus spéculaire urbain, où la peur et le doute engendrés par l'incertitude produisent des comportements imitatifs. Dans ce contexte, et profitant de leur position d'acteur qui offre des biens résidentiels, on a vu que les capitalistes-entrepreneurs s'efforçaient de faire croire aux ménages qu'ils savaient d'avance où les externalités de voisinage qu'ils escomptaient pourraient se manifester. Si cette idée d'une capacité supérieure d'anticipation chez les entrepreneurs devient croyance, les propositions d'innovation spatiale faites par ceux-ci deviendront crédibles aux yeux des ménages. Au plan cognitif du processus spéculaire urbain, nous avions ainsi mis en lumière une certaine "hétérogénéité" des participants à ce jeu d'anticipations croisées.

3.1.1. Au début étaient la dépense productive... et le capitaliste-entrepreneur

Si l'on sort d'un cadre strictement cognitif, on peut imaginer que le clivage entre les acteurs du marché s'établira en fonction de leur capacité effective d'accès à la monnaie et de dépense monétaire. Cette remarque nous incite à douter de l'hypothèse orthodoxe des "échangistes volontaires" égaux au niveau des relations marchandes et

---

fait émerger la convention urbaine. Tandis que l'acteur renvoie à la dimension cognitive et à des comportements individuels, le personnage dévoile une perspective agrégée et plus fonctionnelle.

nous rapproche de celle de l'hétérogénéité des individus, qui suppose l'existence d'au moins deux catégories d'agents, "*les uns ayant la possibilité de prendre les décisions économiques relatives à la production et les autres ne pouvant décider leurs actions qu'au vu de la situation créée par les premiers* "[263]. Comme on l'a vu dans le chapitre sur la convention urbaine, cette idée, au niveau strict de la spécularité cognitive pure, est difficilement acceptable puisque tous seraient alors plongés dans le jeu cognitif et qu'il n'y aurait pas les limites que peut imposer à l'imagination la restriction des actes. Mais dans le jeu spéculaire spatial et économique, les anticipations doivent se traduire en actes marchands, et c'est là que la capacité des participants au jeu spéculaire à prendre effectivement leurs décisions va se différencier: elle dépendra de leur capacité de dépense.

On pourrait établir une analogie entre la distinction de Cartelier rappelée ci-dessus et la configuration de l'ordre résidentiel, en disant que la capacité d'émergence effective d'externalités de voisinage autour des résidences nous renvoie aux décisions de production de biens résidentiels, qui nous renvoient à leur tour aux différences d'accès à la capacité de dépense et au rôle même que ces dépenses auraient au niveau des stratégies des participants au marché. Si l'on se place dans cette optique, il est possible de faire appel au principe de fonctionnement de l'économie capitaliste, proposé sous forme d'aphorisme par Kalecki, qui consiste à dire que "*les capitalistes gagnent ce qu'ils dépensent, tandis que les salariés dépensent ce qu'ils gagnent* ". En même temps qu'elle définit des stratégies marchandes différentes, cette image va établir une vraie distinction entre deux "classes" d'agents selon leur "possibilité ou non de prendre l'initiative des dépenses"[264]. Autrement dit, elle permet de saisir l'hétérogénéité des acteurs du marché du point de vue de la circulation monétaire[265].

En gros, ce qui ressort de cette définition de la non-homogénéité des agents, c'est que d'un "côté" du monde marchand il y aura ceux qui, en obtenant l'accès à la monnaie grâce à une "déclaration d'intention de produire", acquièrent la possibilité de mettre en oeuvre une chaîne de relations d'échange - pour ces "gens-là", les "portes" de la création monétaire s'ouvriront à partir d'une décision (d'un engagement) de dépense productive-, tandis que de l'autre "côté" se

---

263 Cartelier, 1990, p.10.

264 Ibid., p.11.

265 Sur ce point, il faut se souvenir de la proposition de Cartelier et Benetti (1981), et plus particulièrement de celle de Cartelier (1985) disant que les postulats de la nomenclature des biens et de la monnaie sont deux points de départ différents dans la discussion sur les relations marchandes (voir notre chapitre sur la convention urbaine).

trouveront ceux dont la possibilité d'accès à la monnaie, et donc au pouvoir de dépense qu'elle confère, dépend de la décision de dépense des premiers. Cette distinction est au coeur des propositions hétérodoxes concernant la circulation monétaire, et plus particulièrement de la "théorie du circuit". En effet, elle permet d'expliquer les rapports fonctionnels établis entre ces deux classes. Plus avant, nous reviendrons sur cette inégalité d'accès à la monnaie pour évoquer à nouveau le circuit monétaire, mais il convient auparavant de souligner que cet accès s'articule aussi, pour les deux "classes", avec les stratégies de dépense que chacune d'elles se fixe.

L'aphorisme de Kalecki montre clairement que ceux qui ont accès à la monnaie (par le biais de la création de la monnaie de crédit) se donnent comme objectif de capturer un flux monétaire supérieur à celui dont ils disposent au départ du processus de circulation. Mais il leur faudra dépenser et établir une stratégie pour opérer cette capture, c'est-à-dire produire un bien. Ainsi les capitalistes-entrepreneurs gagnent bien ce qu'ils dépensent et les autres, les salariés (les travailleurs ou les ménages) n'auront comme seule stratégie que de dépenser ce qu'ils gagnent, et ce qu'ils gagnent ne sera rien d'autre que la dépense des capitalistes. C'est là qu'il faudrait se demander comment les stratégies de dépense des capitalistes peuvent les amener à capturer un flux monétaire. La réponse de la tradition hétérodoxe, et post-keynésienne en particulier, fait appel de nouveau à Kalecki en lui empruntant la notion de *mark up*.

Nous devons revenir ici à la dimension strictement spatiale et dire que la stratégie des capitalistes-entrepreneurs urbains aura des particularités qui la distinguera de celle des autres capitalistes-entrepreneurs, puisque l'anticipation qu'ils font repose sur un exercice de prévision concernant l'avenir de l'ordre résidentiel. Autrement dit, ils vont participer au jeu spéculaire urbain en cherchant à propos de l'ordre spatial futur des indices qui leur permettent de fixer un *mark up* (imposition d'une marge bénéficiaire à la demande). Il est donc raisonnable d'affirmer qu'au niveau des représentations de la circulation monétaire on peut établir une distinction entre les capitalistes-entrepreneurs et placer celui qui produit les biens résidentiels au centre du circuit. Il en est le premier personnage: celui dont la décision de produire déclenchera d'autres actes de dépense monétaire. C'est la perspective de la capture d'un flux monétaire futur induit par la modification de la configuration de l'ordre spatial que va définir l'entrepreneur urbain et ses dépenses productives.

Il nous semble opportun de dire ici quelques mots du rapport entre *mark up* urbain et circuit monétaire, et cela en reprenant l'idée de différenciation-innovation spatiale présentée au chapitre sur l'incertitude urbaine. Nous supposions alors que les pratiques d'innovation visaient surtout la réintroduction sur le marché d'une capacité à imposer un profit, et nous avions emprunté l'hypothèse schumpétérienne pour faire ressortir le caractère crucial de ces actes. En la reprenant d'un point de vue kaleckien, nous avons dit que le pouvoir de ces entrepreneurs consistait à imposer un *mark up* urbain. Cependant, ce *mark up* anticipé ne pouvant se réaliser que sous l'effet d'une convergence des décisions de localisation, nous avons suggéré qu'il était effectivement la traduction monétaire d'une proposition de convention urbaine nouvelle. Mais étant donné qu'il s'inscrit aussi dans la demande de monnaie des entrepreneurs et qu'il traduit en termes monétaires la croyance nourrie sur l'avenir de l'ordre spatial, il pourrait établir un premier lien entre le circuit monétaire urbain et la convention urbaine, et cela par le biais de la stratégie de fixation du *mark up* par les capitalistes-entrepreneurs.

Auparavant, nous avons insisté sur le fait que la convention urbaine était le résultat d'un processus spéculaire où, face à l'incertitude urbaine radicale et à l'obligation d'anticiper les choix de localisation des autres agents du marché, les acteurs utilisent comme "technique de prise de décision" des comportements mimétiques. Dans cette représentation de l'ordre spatial en tant que mosaïque d'externalités de voisinage coordonnées par les conventions urbaines, il y aurait toujours la possibilité de voir des décisions cruciales bouleverser l'ordre établi par l'ancienne convention, mais aussi d'en voir d'autres qui, en rejetant la convention en place, vont en proposer une nouvelle. Nous voulons parler de la pratique de la différenciation-innovation spatiale, qui, en tentant d'instaurer un *mark up* urbain, détruit les anciennes conventions et en propose de nouvelles. Nous avons ensuite suggéré que, *grosso modo*, les différenciations spatiales pouvaient prendre deux voies différentes, verticale et horizontale[266], ce qui nous a renvoyé à une segmentation de la demande selon les ressources dont les ménages disposent pour décider de leurs dépenses. La différenciation horizontale chercherait ainsi à capter la demande à l'intérieur d'un même "type" de ménage, tandis que la différenciation verticale proposerait un changement dans la "qualité" du bien, ce qui nous renvoie à un déplacement de la demande solvable, c'est-à-dire à un changement dans les "types" de ménages concernés par la nouvelle offre de biens. La représentation de l'espace en tant que mosaïque d'externalités définie par les ressources familiales nous a permis de dire que les pratiques de différenciation-innovation, en même temps qu'elles produisent des changements au niveau des caractéristiques du bien logement en soi, induisent aussi des modifications au niveau de la configuration des

---

266 Voir le chapitre sur l'incertitude urbaine.

externalités de voisinage. Autrement dit, il s'agirait bien de différenciations-innovations spatiales.

Nous pouvons alors supposer que toute nouvelle proposition des entrepreneurs d'intervenir dans l'ordre urbain par des innovations spatiales sera comptabilisée au niveau des demandes endogènes de monnaie en tant que *mark up* anticipé. En d'autres termes, la dimension cognitive de la proposition visant à opérer la coordination résidentielle des ménages s'exprimerait en des termes monétaires, et c'est donc la création monétaire qui permettrait les dépenses nécessaires pour que la croyance au sujet de l'externalité résidentielle de voisinage devienne réalité. En anticipant le *mark up* urbain à travers leurs demandes de monnaie, les entrepreneurs provoquent aussi une valorisation monétaire des localisations résidentielles qui confirme les indices cognitifs des propositions avancées pour l'émergence d'une nouvelle convention. Il faut souligner que le *mark up* urbain est conçu ici dans un cadre shacklien où les prix sont des conventions, ce qui nous éloigne quelque peu de la formulation kaleckienne traditionnelle, où l'incertitude radicale ne joue pas un rôle significatif dans la formulation des grandeurs économiques. Dans un univers où les prix reposent sur des conventions, le *mark up* urbain sera indissolublement lié aux conventions établies autour de l'ordre résidentiel, et les créations monétaires en seront le reflet[267].

Ainsi, il est possible d'imaginer qu'en aspirant à des modifications de plus en plus fréquentes des caractéristiques d'une localisation, une logique de différenciation-innovation spatiale verticale entraînera une circulation où le volume de la monnaie de crédit demandée sera de plus en plus important. De ce point de vue, le souci des entrepreneurs urbains de réitérer une telle logique porterait en soi une certaine tendance à faire du circuit monétaire urbain le véhicule d'un accroissement incessant de ce volume, avec tous les dangers que cela comporte[268].

---

267 Pour Kalecki, le *mark up* serait déterminé par le degré du pouvoir que détiennent les firmes sur le marché et par leur capacité d'autofinancement dans un environnement plutôt agrégé (absence de dimension micro-économique) et de "certitude". Agliardi (1988) a cherché à introduire une dimension d'incertitude dans la formulation de Kalecki en utilisant des procédures bayésiennes. Cette approche a été critiquée par Garretsen (1990), qui met en cause l'opération de réduction de l'incertitude au risque knightien et propose une démarche fondée sur les prix définis par convention. C'est cette démarche que nous adopterons.

268 Cette image d'une circulation monétaire qui permet que soit pris un nombre de plus en plus élevé d'engagements de prêt-emprunt ayant tous comme point de départ une convention urbaine renvoie à Minsky (1982) et à son idée de fragilisation financière. Par analogie, on pourrait parler de "fragilisation urbaine", et donc d'une possibilité de crises urbaines.

Ce gonflement, que l'on pourrait appeler effet de "boule de neige" monétaire (qui à chaque changement de convention urbaine entraîne des volumes supérieurs), serait de fait la manifestation du déplacement spatial des effets de valorisation. Ces derniers, comme on l'a vu, sont l'un des résultats de la logique de destruction créatrice de localisations résidentielles[269]. Cependant, étant donné les fuites possibles du circuit monétaire urbain et l'éventuelle défaillance de la convention urbaine comme élément de la coordination des décisions de localisation, cette tendance à l'accroissement du volume de monnaie de crédit en circulation renvoie aux "bulles spéculatives" auxquelles Galbraith fait souvent référence[270]. On trouve ici un premier point de tension entre la stratégie adoptée par l'un des personnages du circuit monétaire urbain (l'entrepreneur-capitaliste) et la logique circulatoire que celui-ci déclenche. S'il est vrai que cette tension fait référence à la capacité de coordination de la convention urbaine et aux effets agrégés des actes marchands, il est tout aussi vrai qu'en introduisant des volumes monétaires croissants, cette logique pourra déborder sur des mouvements de spéculation spatiale pure ("motif-spéculation" des travailleurs-ménages).

Sur ce dernier point, la perspective de la théorie du circuit devrait selon nous sortir de son champ circulatoire et s'ouvrir aux propositions post-keynésiennes telles que celles de Minsky et Davidson. Selon ces auteurs, la liquidité et la dynamique spéculative de "Wall Street" sont en effet à même de s'imposer à l'économie de production. On retrouve ici un premier indice de ce que le fonctionnement du circuit monétaire urbain dépend de la confiance dont jouit la convention urbaine et de son pouvoir de rassemblement. En outre, lorsque les entrepreneurs poussent leur décision de produire - celle qui permet l'ouverture du circuit - à l'extrême de la logique de l'innovation spatiale, elle s'avère capable conduire à une "logique de Wall Street" pure, ou, selon les termes de Parguez, proche de celle d'une "économie de rentiers"[271]. C'est-à-dire qu'en radicalisant leur logique d'accumulation à travers l'innovation spatiale, les entrepreneurs risqueront d'entraîner la négation de l'économie monétaire de production résidentielle, et de plonger la circulation monétaire dans une logique de spéculation pure. Se produirait alors la paralysie des décisions de dépense productive, et donc la rupture de la circulation monétaire urbaine. De là à la crise urbaine, il ne restera qu'un pas à franchir...

---

269 Voir le chapitre sur la convention urbaine.

270 Cf. Galbraith, 1992.

271 Cf. Parguez (1987-a, 1987-b).

3.1.2. Les travailleurs-ménages et les deux motifs du choix de localisation

A ce stade de la présentation des personnages du circuit, il est temps d'introduire ceux qui "dépensent ce qu'ils gagnent", c'est-à-dire les salariés[272]. Pour la théorie du circuit, les travailleurs (ou les ménages) ont un double rôle: "*d'une part, ils fournissent la main-d'oeuvre exigée par la production; et d'autre part, ils justifient ou non les anticipations et les décisions des entreprises de par l'utilisation qu'ils font du revenu qui leur a été distribué préalablement.*"[273] Ce sont ici les travailleurs-ménages qui ratifient les anticipations de localisation proposées par l'offre de biens résidentiels. Leur manière de ratifier (ou de rejeter) le jugement que portent les capitalistes-entrepreneurs sur la demande et les prix sera de partager (ou non) l'avis de ces derniers sur la configuration des externalités de voisinage et sur leurs caractéristiques en termes de composition du bien résidence. Autrement dit, les travailleurs se poseront en "arbitres" ultimes de la configuration spatiale en ratifiant (ou non) le *mark up* urbain anticipé par les entrepreneurs. Cependant, cette anticipation se fondant sur une convention issue d'un processus spéculaire cognitif dont les travailleurs participent, leur ratification sera aussi la confirmation de leurs propres anticipations de l'avenir spatial.

Bien que cette opération soit apparemment simple et semble relever de l'intérêt commun du travailleur et du capitaliste-entrepreneur, il n'en va pas ainsi dans la pratique. A vrai dire, ces deux personnages, par la possibilité qu'ils ont de prendre des décisions cruciales (opportunistes d'un côté et d'innovation spatiale de l'autre), transforment leur choix de localisation en un véritable pari sur l'avenir de l'ordre spatial. Une décision prise aujourd'hui selon une anticipation formulée à partir d'une convention urbaine peut toujours se heurter à une déception; il suffira que la convention ne réussisse plus à rassembler autour d'elle les croyances liées aux localisations. Le travailleur-ménage pourra se retrouver dans une situation où les externalités de voisinage attendues ne se réalisent pas, et la décision d'achat-localisation comportant une certaine irréversibilité en raison des caractéristiques mêmes du bien logement, il se montrera très attentif au moment de formuler ses anticipation spatiales.

---

[272] Nous suivrons ici la définition de Kalecki qui attribue au salarié, au ménage et au travailleur un même rôle fonctionnel au niveau du circuit monétaire. A ce propos, voir Graziani (1988, 1990) et Lavoie (1987).

[273] Lavoie, 1987, p.68.

Sachant qu'ils peuvent se tromper, et principalement que les conventions urbaines peuvent être bouleversées, ces travailleurs prendront leurs décisions en obéissant à certaines stratégies. Si, dans le chapitre sur la convention urbaine, nous avons fait remarquer que le comportement mimétique était une façon de se prémunir contre l'incertitude radicale, on peut penser qu'une telle stratégie aura ici des motivations différentes. Pour schématiser le choix de localisation des travailleurs-ménages, nous supposerons qu'il est régi par deux types de motifs ou "d'incitations": un "motif-résidence" et à un "motif-spéculation". Il faut souligner que tous deux renvoient à la configuration de l'ordre spatial comme mosaïque d'externalités de voisinage. La différence va s'établir au niveau de l'objectif que chacun de ces motifs porte en soi par rapport au choix de localisation.

Les anticipations formulées selon le "motif-résidence" chercheront avant tout à identifier la configuration de l'externalité de voisinage qui correspond au type de ménage recherché. De la sorte, les travailleurs essaient d'anticiper la localisation de leurs semblables, avec lesquels ils jugent pouvoir vivre[274]. Nous sommes donc dans une logique "pure" de localisation résidentielle, celle de la "recherche d'externalités de voisinage", sans qu'aucune autre intention ne commande l'anticipation spatiale. C'est donc le "motif-résidence" qui se trouverait à la base des décisions de localisation des travailleurs-ménages.

Cependant, il peut y avoir des situations où le choix résidentiel ne sera qu'un moyen d'investissement. Précédemment, nous avons vu que les ménages pouvaient concevoir des décisions opportunistes, ce qui nous avait conduit à la conclusion que, dans certains cas, ils faisaient de leur choix de localisation un moyen d'augmenter leur "profit" familial, ce choix correspondant alors à une décision d'investissement de leur part[275]. Dans un univers où les conventions sont constamment bouleversées par des propositions d'innovation spatiale (où les dépréciations "fictives" de stocks font partie de la configuration de l'ordre-désordre urbain), la coordination résidentielle par conventions est placée sous le signe des changement virtuels. Il serait alors possible d'imaginer que certains travailleurs désireront profiter de ces mouvements de valorisation qu'engendre le "ballet" des conventions urbaines.

En faisant de sa décision de localisation un moyen de réaliser un gain d'argent, le travailleur s'apparente effectivement au professionnel

---

274 Le critère de similarité utilisé ici est celui des ressources monétaires; cependant, on pourrait y ajouter d'autres critères d'identification.

275 Voir à ce sujet Abramo, 1994.

de l'anticipation de Keynes. Son seul souhait sera d'anticiper la configuration des externalités de voisinage pour en retirer un profit monétaire et non plus pour côtoyer ses semblables; l'anticipation de son choix résidentiel apparaîtra alors inspirée par un "motif-spéculation"[276].

Il faut noter que le "motif-résidence" et le "motif-spéculation" incitent l'un et l'autre les travailleurs à suivre un raisonnement spéculatif concernant l'ordre résidentiel futur. Puisque nous sommes dans une dimension des actes marchands où le déroulement du temps joue un rôle central, tous les raisonnements se font ici en termes d'anticipation. Et puisque nous sommes dans un monde marchand où la configuration spatiale sera le résultat de l'interdépendance des décisions de localisation, on peut ajouter que tous les raisonnements reposent sur des anticipations croisées. Cependant, si toutes les décisions des travailleurs sont d'ordre spéculatif, seules celles qui s'inspirent du "motif-spéculation" s'apparenteront à la pratique du "professionnel de l'anticipation" keynésien. A l'inverse du "motif-résidence", où les travailleurs essaient d'anticiper l'ordre urbain pour mieux savoir où vont s'installer ceux auxquels ils s'identifient, le "motif-spéculation" fait de la décision de localisation une possibilité de réaliser un gain monétaire anticipant les changements susceptibles d'intervenir dans l'ordre urbain.

Dans ce sens, les objectifs de ces travailleurs se rapprochent de ceux des entrepreneurs urbains. Mais une différence déterminante subsiste, puisque ces derniers doivent proposer des changements et les réaliser en engageant des dépenses productives, tandis que le travailleur poussé par le "motif-spéculation" ne serait qu'une sorte de "parasite" de la logique d'innovation-bouleversement spatiale promue par les capitalistes-entrepreneurs. Ce point est d'autant plus important qu'il s'articule avec les possibilités de crise au sein du circuit monétaire, et il rejoint en ce sens la critique adressée par Keynes à l'opportunisme des professionnels de l'anticipation. En effet, la dynamique spéculative des entrepreneurs débouche sur des propositions de nouvelles conventions urbaines qui pourront entraîner une redéfinition de l'ordre résidentiel, donnant ainsi de "l'oxygène" à l'économie de production résidentielle. A l'inverse des décisions de ces derniers, celles des travailleurs vont se montrer susceptibles, en se fondant sur le motif-spéculation et en profitant de cette dynamique spéculative, de provoquer la défaillance de la convention sans que leurs actes portent en soi une nouvelle proposition de coordination spatiale. En un mot, quand elles se généralisent, ces décisions familiales motivées par la spéculation sont le

---

276 L'idée des motifs de localisation est effet un essai de traduire en termes spatiaux la typologie de la demande de monnaie telle qu'elle a été proposée par Keynes (1936).

plus souvent porteuses d'un risque de crise pour la coordination des choix résidentiels, et par conséquent d'un risque de blocage du processus d'enchaînement séquentiel des circuits monétaires urbains.

Un autre point qu'il convient de signaler par rapport aux décisions des travailleurs, et qui nous renvoie au circuit monétaire urbain, concerne la haute valeur monétaire des biens résidentiels. En général, pour pouvoir acheter un tel bien, les ménages doivent prendre une décision d'endettement, c'est-à-dire compromettre leurs revenus futurs. D'où il ressort que pour l'acheter (pour parier sur l'incertitude urbaine), il leur faudra faire des anticipations sur le maintien de leurs ressources, ce qui représente en effet un pari sur leur avenir économique (leur niveau d'emploi et de salaire).

Autrement dit, l'endettement relevant d'une décision qui engage le revenu à long terme plonge les travailleurs, quant à l'individualité de leurs prises de décision, dans une aventure qui consiste à défier un horizon d'incertitude économique. Sachant que leurs anticipations peuvent être entravées par des événements imprévus, et sachant que le contrat d'endettement les obligera à reverser une importante somme (même s'ils se retrouvent au chômage forcé), ils vont devoir réfléchir aux possibilités de se désengager de leur dette. C'est là que la liquidité des stocks résidentiels jouera un rôle important, dans la mesure où la liquidation de leur bien résidence leur permettra de rembourser leurs créanciers et de solder leur dette. Le jugement qu'ils portent sur la liquidité de leur localisation-logement sera donc un élément central de leurs calculs au moment de contracter un emprunt. S'agissant d'un engagement qui s'inscrit dans le temps (historique), ils essaieront d'anticiper l'ordre spatial à venir, mais cette fois-ci pour s'assurer de la liquidité future de leur résidence-localisation.

On touche ici une dimension du circuit monétaire urbain qui peut devenir critique, puisque c'est cette décision d'endettement qui permettra aux anticipations des entrepreneurs de se réaliser. En effet, l'endettement des ménages est un acte (engagement) de transfert des ressources monétaires nécessaires pour que les capitalistes-entrepreneurs puissent rembourser la somme (monnaie) qu'ils avaient empruntée auparavant, et donc solder leurs dettes. Mais la pratique de l'innovation spatiale conduit à la dépréciation fictive des stocks du passé, ce qui signifie une perte de liquidité urbaine pour les localités où les contrats d'endettement sont plus anciens. Si les travailleurs étaient en mesure d'anticiper une telle dévalorisation, ils ne s'endetteraient pas et les entrepreneurs seraient incapables de concrétiser leurs propres anticipations. Selon les termes qui seront présentés plus loin, le circuit ne se clôturera pas, et il sera alors permis d'imaginer une crise urbaine par défaillance de la convention en place. Et si le circuit monétaire n'est pas bouclé, il en résultera un arrêt des demandes de création monétaire (décisions de dépenses résidentielles productives); ainsi, le blocage du circuit monétaire urbain conduirait à un blocage du processus de coordination spatiale.

Lorsque les travailleurs prennent leurs décisions d'endettement en raisonnant selon le motif-spéculation, leurs calculs ne sont plus un défi par rapport à l'horizon économique futur (niveau d'emploi), mais avant tout un pari strictement financier: ils décideront de s'endetter en fonction du rapport existant entre le taux d'intérêt qui leur est proposé et l'anticipation du gain qu'ils estiment pouvoir réaliser en raison de la valorisation de leur localisation. Si la convention urbaine les amène à conclure que ce gain sera supérieur aux intérêts qu'ils devront verser à leurs créanciers, alors ils s'endetteront. Dans ce cas, le choix de la localisation devient un moyen d'enrichissement spéculatif. Nous sommes ici dans une logique financière pure, où les travailleurs-ménages - devenus des "professionnels de l'anticipation"-, conçoivent l'ordre urbain comme un ensemble d'externalités de voisinage qui changent de valeur au cours du temps et en fonction des conventions urbaines.

Ainsi, un bien résidentiel qui fait partie d'une telle localisation-convention sera une sorte "d'actif urbain", ou plutôt un "titre urbain" dont la valeur va changer au gré des variations que connaissent les croyances au sujet de la localisation des divers types de ménages. Comme le disait Keynes, en "anticipant avant la foule", ils pourront être amenés à acheter un "titre de localisation" résidentielle en se basant sur une convention en place dont ils pensent qu'elle sera bouleversée par une autre de statut plus élevé. Si la nouvelle convention liée à la localisation anticipée se confirme en produisant une externalité de voisinage de type supérieur (ménages plus aisés), la valeur des actifs résidentiels sera supérieure elle aussi, et les ménages - "spéculateurs professionnels" pourront ainsi réaliser un gain monétaire d'anticipation.

A mesure que cette logique va prendre de plus en plus d'importance dans l'ensemble des décisions de localisation, il est possible d'imaginer que de véritables "bulles" spéculatives urbaines se formeront, entraînant un blocage du circuit monétaire. La logique de l'accumulation par le crédit (de l'économie monétaire de production résidentielle) sera en effet entravée par les "professionnels keynésiens de l'anticipation", qui, en spéculant sur l'avenir de l'ordre urbain, pourront produire des "rumeurs urbaines", des soupçons quant à la coordination future, incitant ainsi les acteurs du marché de la localisation à douter de leurs croyances. Bref, ces anticipateurs seront en mesure d'entraîner la défaillance des conventions urbaines, et donc de bloquer la condition préalable et nécessaire à l'enchaînement des actes de dépense qui composent le circuit monétaire urbain. La généralisation, chez les travailleurs-ménages, du désir de partager la condition de spéculateur autour des changements de l'ordre urbain, c'est-à-dire de prendre leurs décisions à partir du motif-spéculation, peut en effet amener des troubles dans la coordination des conventions urbaines, et ainsi provoquer une rupture de la "boucle" qui relie le circuit monétaire et la convention. L'éclatement de cette boucle, qui assurait auparavant la continuité dans le temps (chronologique) de la croyance au sujet de l'avenir urbain et permettait la coordination spatiale des acteurs urbains, réintroduira un environnement d'incertitude urbaine radicale[277].

3.1.3. La banque et la création du pouvoir de dépense productive

Dans une économie monétaire de production où les capitalistes-entrepreneurs décident de parier sur le futur en produisant des biens, le rôle de la banque (ou du système bancaire) est assez simple[278]. Lorsqu'ils prévoient le volume des biens résidentiels à produire et leur localisation à partir d'anticipations de l'ordre urbain futur (étant donné le revenu des ménages), les entrepreneurs ont besoin, pour passer du "projet" à l'action marchande, d'une capacité de dépense dont ils ne disposaient pas au départ. Ces personnages doivent alors demander l'ouverture d'un crédit monétaire qui leur permettra d'effectuer les dépenses nécessaires à la réalisation de leurs plans. Selon l'hypothèse wickessellienne de l'économie de crédit[279], ces entrepreneurs vont s'adresser à un troisième personnage ayant la capacité de créer la liquidité dont ils ont besoin. Ce nouveau personnage est le système bancaire (représenté par la banque), dont le pouvoir de création monétaire par crédit permettra le financement des désirs de production des entrepreneurs.

---

277 Sur l'idée de la boucle qui lie la convention urbaine au circuit monétaire, voir dans le chapitre antérieur la notion de "couloir". Cette idée sera reprise dans ce qui suit.

278 Nous ne présenterons qu'une version minimale de la théorie du circuit monétaire où nous ne ferons intervenir que la banque. Pour une présentation plus systématique, se reporter à Graziani (1988, 1990), Lavoie (1987), Schmitt (1988) et Vallageas (1988).

279 Nous reprenons ici la définition que donne Graziani (1988), p.18: "*in qualsiasi istante, la quantità di moneta esistente può essere definita in due modi diversi del tutto equivalenti: a) dal punto de vista di coloro che hanno effetuato pagamenti, la moneta esisente non è altro che l'insieme dei debiti contrati verso il settore bancario; b) dal punto di vista di coloro che hanno effetuato incassi, le scorte liquide non sono altro che un credito verso il sistema bancario.*" Comme on le verra dans la description du circuit, le contrat de prêt-dette sera la manifestation institutionnelle de ces relations monétaires.

Cependant, la banque n'accordera le crédit demandé que si les capitalistes-entrepreneurs s'engagent à rembourser le montant emprunté augmenté des intérêts. Cela signifie que les intérêts seront une composante de la dette, qu'ils vont s'engager à restituer après la réalisation marchande de leurs anticipations[280]. Il faut souligner que pour la théorie du circuit le taux d'intérêt n'est pas le résultat de la confrontation marchande qui existerait entre l'offre et la demande de monnaie dans un hypothétique marché monétaire. Comme le dit Lavoie, "*chez la plupart des circuitistes, les notions d'offre et de demande (de monnaie) sont en quelque sorte inexistantes. Le taux d'intérêt est le résultat d'un consensus d'opinion auprès des participants au marché monétaire. C'est le taux considéré, le résultat d'une convention* ."[281]

En ce sens, le rapport entre la banque et les entrepreneurs renvoie aux questions concernant la capacité à anticiper l'ordre urbain et aux décisions effectives qui visent à le transformer, c'est-à-dire aux repères qui aident à coordonner les anticipations des choix de localisation, et donc à opérer le passage de la croyance (virtualité) à la réalité spatiale. Les jugements portés sur l'avenir de la configuration résidentielle joueront un rôle central dans ce rapport. En effet, nous pouvons dire que l'engagement des entrepreneurs de rembourser la banque (intérêts compris), engagera cette dernière à parier elle aussi sur l'avenir spatial en cautionnant la production de biens résidentiels.

Autrement dit, en répondant à la demande de monnaie de crédit des entrepreneurs (création monétaire), la banque devient à son tour un "aventurier" de l'avenir urbain par le biais de leurs anticipations. Cependant, sa décision de parier sur l'avenir spatial pour gagner des intérêts (sur l'aventure commune avec les capitalistes-entrepreneurs et leur "esprit animal") intervient après que les entrepreneurs ont fait leur déclaration d'intention de production. La banque jugera par conséquent leurs propositions d'anticipation de la configuration résidentielle future à la lumière de ses propres anticipations économiques (demande effective) et urbaines (configuration des externalités de voisinage). C'est donc après avoir avalisé ces propositions, qu'elle avancera les moyens monétaires permettant le déclenchement des décisions de dépenses productives urbaines (départ du circuit monétaire), et donc les transformations effectives du parc résidentiel.

Comme l'explique Graziani, ce sera "*la banche dal canto loro esercitano la funzione non meno delicata di sceglieri le imprese cui concedere un finanziamento, valutando la capacità dei singoli*

---

280 Voir à ce propos Messori, 1985, p.211.

281 Lavoie, 1987, p.91.

imprenditori di vincere la concorrenza e di superare i rivali nella conquista dei mercati."[282] En termes strictement spatiaux, ce jugement portera sur la capacité à conquérir un marché (en offrant des biens résidentiels) par anticipation d'une externalité de voisinage. En faisant dépendre sa création monétaire des jugements qu'elle porte sur les anticipations des capitalistes-entrepreneurs, la banque s'inscrit dans un certain "rapport de pouvoir" fonctionnel au niveau du circuit monétaire urbain. En effet, seules les anticipations de configurations d'externalités de voisinage qu'elle juge acceptables pourront se transformer en un défi effectif à l'égard de l'avenir urbain. Quant aux anticipations de l'ordre urbain (demande de monnaie visant à offrir des biens résidentiels) jugées peu crédibles ou trop éloignées de la convention en place, la banque pourra les refuser, ce qui veut dire que, dans ce cas, les demandes de monnaie ne se traduiront pas en capacité de dépense, ni par conséquent en propositions réelles de changement de l'espace résidentiel[283].

Cependant, la capacité des banques à évaluer les anticipations des entrepreneurs urbains ne signifie pas qu'elles détiennent un pouvoir supérieur de prévision (comme le modélisateur de la théorie des jeux) ou de coordination (comme le secrétaire du marché walrasien). Parce qu'elle est confrontée à un ensemble de demandes décentralisées de monnaie, toutes porteuses d'anticipations de l'avenir urbain, c'est la banque qui en dernière instance dispose du plus grand nombre d'informations sur ce que pensent de cet avenir les entrepreneurs. Cela ne veut pas dire pour autant qu'elle connaîtra la configuration de la structure résidentielle future, mais simplement qu'elle a accès à des déclarations d'intention privées que les autres entrepreneurs, dans leur individualité marchande, ne peuvent pas connaître. Ainsi, ce sont avant tout la place et le rôle fonctionnel des banques qui établissent les critères de jugement à l'égard des demandes de monnaie des capitalistes-entrepreneurs urbains.

Ce rôle exercé par la banque dans l'évaluation des paris sur l'avenir de l'ordre résidentiel doit être accepté par la société. Autrement dit, il faut que la fonction de la monnaie de crédit soit reconnue elle aussi en tant que telle par l'ensemble de la société, la banque devenant ainsi une "convention" sociale. A ce sujet, Parguez souligne que "*la société comprend une institution qui a pour fonction de prendre les paris sur l'avenir, au nom de tout le corps social; c'est la banque qui*

---

[282] Graziani, 1988, p.19. Dans le même ordre d'idée, Lavoie (1987, p.68) écrit que "*les banques décident en définitive des projets de production qui apparaissent rentables* ".

[283] Ce point nous semble important, car il souligne que la dynamique de production des biens résidentiels peut être entravée par les banques quand celles-ci décident de jouer le jeu de ce que Parguez (1987, 1992) appelle l'austérité monétaire.

joue ce rôle indispensable. Chaque entreprise s'adresse à une de ces banques pour lui demander d'enregistrer son pari. En acceptant l'engagement, la banque se porte caution envers la société pour le bien-fondé du pari de l'entreprise."[284] C'est en ce sens que la théorie du circuit envisage le taux d'intérêt comme le résultat d'une opinion sur un consensus: il réfléchira donc les jugements portés sur l'avenir par la médiation de la banque.

Cependant, on ne saurait se faire trop d'illusions quant à la disparition de l'horizon d'incertitude radicale. L'éventualité de changements et d'événements non prévus est toujours présente et la perception hypnotique et routinière que sous-tend la convention est toujours porteuse d'une défaillance virtuelle dans la coordination des anticipations spatiales. En souscrivant à la demande de monnaie des entrepreneurs urbains, c'est-à-dire en créant de la monnaie de crédit et en finançant la production de biens résidentiels destinés aux travailleurs-ménages, la banque fait donc un pari sur l'avenir spatial. Il s'agira toutefois d'un "pari indirect", puisqu'il sera pris "sur la liquidité future des entreprises"[285]. Cette remarque nous ramène à un aspect assez important de la théorie du circuit, dans la mesure où elle essaie d'introduire une temporalité au niveau du financement des décisions de production, et où cette temporalité deviendra un des éléments-clés de la notion de "circuit".

Selon les circuitistes, le financement des décisions de production devrait être entendu en effet sous l'angle d'un clivage temporel, déterminant pour comprendre le vrai rapport entre l'investissement et l'épargne[286]. La banque aurait ainsi des fonctions différentes selon qu'elle se situe au départ ou en fin de financement. La théorie du circuit avance l'idée que, au début, avant qu'elle ne paie ses salariés ou ses matériaux, l'entreprise doit disposer d'une source de financement : les avances des banquiers. Cela veut dire que "*la monnaie intervient avant l'échange de bien. Donc, la production requiert le financement préalable par le crédit.*"[287] Ce préalable (création monétaire), nécessaire pour donner le feu vert aux dépenses productives, est appelé par la théorie du circuit "financement initial".

Ensuite, les entrepreneurs vont récupérer une partie des fonds empruntés à la banque soit en réalisant leurs anticipations de production, soit en captant les revenus épargnés par les travailleurs (ménages). C'est le financement définitif de la production qui leur

---

284 Parguez, 1987, p.765.

285 Cf. Léonard, 1984.

286 Voir à ce propos Poulon, 1985 et Parguez, 1985.

287 Lavoie, 1987, p.69.

permettra de rembourser la banque et de voir leur dette annulée. Malgré le débat qui existe sur ce point (et les clivages présents parmi les auteurs que se déclarent proches du projet d'une économie monétaire de production), nous nous en tiendrons ici à cet énoncé sommaire[288]. Pour nous, l'importance de la distinction entre les financements initial et définitif touche plutôt aux particularités du bien logement et au rôle, substantiellement différent de celui des banques, que les intermédiaires financiers peuvent jouer dans le circuit monétaire urbain.

On sait que le bien résidentiel (logement) montre des différences remarquables par rapport à d'autres biens marchands[289]. L'une de ses caractéristiques est l'importance de la dépense qu'il faut effectuer pour l'acquérir, et qui représente pour la demande une véritable "barrière à l'entrée sur le marché". Historiquement, c'est la haute valeur individuelle du bien logement par rapport au revenu moyen des travailleurs (ménages) qui a bloqué la production-réalisation capitaliste proprement dite sur le marché résidentiel. Cet obstacle à la "liberté" d'achat ne sera contourné qu'avec l'apparition des agents d'intermédiation financière et du "crédit" au consommateur. L'élargissement de la propriété familiale du bien résidence, ou, selon une terminologie empruntée à la sociologie marxiste des années soixante-dix, l'abandon par les promoteurs immobiliers d'une logique strictement "rentiste", n'aura donc été possible qu'après la mise en pratique - et postérieurement l'institutionnalisation - du "crédit" hypothécaire. Celui-ci a en effet permis de mettre en oeuvre des transferts d'épargne réguliers et systématiques vers le marché résidentiel, et ainsi de dissiper les contraintes de "financement définitif" qui pesaient sur l'activité des capitalistes-entrepreneurs.

Nous aborderons ici ce processus de constitution d'un système hypothécaire, que reconnaissent presque toutes les études historiques relatives à la formation du marché capitaliste des biens résidentiels, sous l'angle fonctionnel de la circulation monétaire[290]. Nous

---

288 Par exemple, les post-keynésiens, pour qui la liquidité aurait un rôle central au niveau des choix des capitalistes (Davidson, Minsky, Kregel, pour ne citer que les plus importants), rejettent la perspective qui consiste à analyser les relations de financement de la production à partir de l'identité entre investissement et épargne que les deux moments du financement font ressortir. Même à l'intérieur de la théorie du circuit, cette question est l'objet d'une discussion: d'un côté, on trouve Parguez, Graziani, Poulon, Lavoie; et de l'autre, les auteurs proches de la perspective de Schmitt. Voir à ce propos, Lavoie (1990-b), Carvalho (1992), Graziani (1988) et Schmitt (1988).

289 Voir la définition devenue classique que donne De Leeuw (1971) du bien résidentiel, qui est reprise dans presque tous les manuels d'"économie du logement".

290 Les analyses historiques de la tradition néoclassique et celles d'inspiration marxiste se rejoignent sur ce point. En ce qui concerne les études marxistes, voir Topalov (1988-a) pour la France, Topalov (1988-b) pour les Etats-Unis, Ball (1983) pour la Grande

n'évoquons ici l'intermédiation financière que pour mettre en évidence le rôle "passif" que ses agents exercent dans la circulation monétaire, et pour définir ce rôle nous emprunterons à Schmitt l'idée selon laquelle les ressources dont disposent ces agents financiers ne sont que le résultat d'un "flux induit" par les décisions de dépense productive des capitalistes-entrepreneurs[291].

Si l'on s'attache à la temporalité du financement, il est possible d'envisager qu'en raison de la haute valeur individuelle du bien résidentiel, le financement définitif fera intervenir une source de "financement secondaire" qui ne sera qu'un flux induit par le financement initial, et que c'est ce financement secondaire qui va conditionner les dépenses (achats) des travailleurs (ménages) en matière de biens résidentiels. En effet, ce flux induit fait appel à l'épargne. Selon les termes de la théorie du circuit, en tant qu'agent d'intermédiation dans la gestion des épargnes, la banque n'aurait pas de vrai pouvoir de création monétaire; son rôle serait restreint à l'opération qui viabilise les transferts de capacité de dépense. En faisant l'hypothèse que, dans le circuit monétaire urbain, les travailleurs n'engagent pas leur épargne dans des paris sur la rentabilité future des investissements capitalistes-entrepreneuriaux (titres et actions du marché financier), on peut dire que la production des biens résidentiels se réalise grâce à des transferts d'épargne entre les travailleurs. Cependant, leur décision d'épargner et de s'endetter devra être jugée par l'agent qui sert d'intermédiaire dans ces transferts; et puisqu'il "administre" ce flux induit ce dernier peut choisir ceux à qui il va prêter.

Il est aisé de sortir du cadre strict de la théorie du circuit et d'imaginer des phénomènes de "rationnement de crédit" ou même de "sélection adverse" si chers, par exemple, aux nouveaux keynésiens[292]. A titre d'exemple, nous pouvons penser que la dynamique d'innovation spatiale amènera certains travailleurs à une logique de spéculation urbaine pure, comme nous l'avons suggéré plus haut. Dans ce cas, ils pourront être séduits par le fait que les agents d'intermédiation proposent des taux d'intérêt supérieurs à ceux issus du consensus (taux par convention). Selon le raisonnement de la "sélection adverse", on verra alors se mettre en place une condition d'accès aux "financements secondaires" dont les travailleurs tournés exclusivement vers le "motif-résidence" seront exclus, parce qu'ils ne sont pas prêts à payer un taux

Bretagne, et Valladares (1981) pour un bilan des études ayant été menées au Brésil. Pour d'autres études basées sur la méthodologie proposée par Ball (1985, 1990) et Harloy et Ball (1991), voir la revue Housing Studies.

291 Cf. Schmitt (1984, 1988) et Vallageas (1981).

292 Voir la présentation que fait Stiglitz (1985, 1988) de ces phénomènes.

d'intérêt qu'ils jugent trop haut[293]. Dès lors, si les décisions d'endettement visant à acheter un bien résidentiel reposent avant tout sur le "motif spéculatif", le circuit monétaire urbain pourra, en adoptant une logique de "financement secondaire", gagner un contenu spéculatif pur et conduire à la faillite de la convention urbaine en place, ce qui entraînera alors le blocage des dépenses productives des capitalistes-entrepreneurs et le retour de l'incertitude radicale urbaine.

En raisonnant selon les termes de l'asymétrie informationnelle, nous pouvons imaginer également que les agents d'intermédiation seront amenés à douter soit de la capacité de certains épargnants à engager des ressources futures, soit de la convention urbaine en place, et à établir une stratégie de rationnement du crédit pour quelques-uns de ces travailleurs (types de ménages). On aura alors un marché rationné impliquant le non-remboursement de leurs dettes pour les capitalistes qui auront produit des résidences là où habitent des travailleurs sujets à la suspicion des intermédiaires financiers. Le non-recouvrement des prêts que la banque leur avait accordés pourra alors l'amener à reconsidérer ses jugements concernant la (les) convention(s) urbaine(s) en place, contribuant ainsi à faire entrer le marché dans une période de doute quant aux croyances sur l'avenir spatial.

Ces deux brèves remarques visaient à souligner que la prise en compte de l'agent d'intermédiation introduit des éléments plus complexes que ce que la théorie du circuit laisse entrevoir, et qui nous invitent à nous référer à des aspects cognitifs du marché qu'elle sous-estime habituellement dans son analyse. Ces nouveaux échelons et rapports intermédiaires rappellent les remarques des post-keynésiens américains sur le rôle de l'instabilité quand les relations monétaires sont soumises à ce que Minsky appelle le "paradigme de Wall Street"[294]. Disons tout de suite que cette parenthèse est avant tout une mise en garde, étant donné que la description du circuit monétaire urbain qui va suivre sera surtout centrée sur l'idée de circularité séquentielle. Dans un premier temps, cette approche pourra faire croire que l'enchaînement séquentiel des circuits monétaires est en mesure de contrecarrer l'inattendu. Comme nous l'avons suggéré dans le chapitre antérieur, la monnaie (en tant que lien temporel) conduirait les acteurs du marché de la localisation à émettre des jugements sur la liquidité urbaine, ouvrant le circuit à l'émergence possible de phénomènes de spéculation pure[295].

---

293 Pour la présentation du cas devenu classique du *lemon market*, voir l'article d'Akerlof; pour une présentation plus pédagogique, voir Robert et Milgron (1990).

294 Sur le paradigme de Wall Street, voir Minsky (1975, 1982).

295 Sur ce point, il convient de garder toujours présent à l'esprit l'attachement de la théorie du circuit à l'idée de l'identité macro-économique entre investissement et épargne.

Dans ce sens, le circuit monétaire urbain sera présenté comme étant placé sous le signe de la "fragilité" de la coordination spatiale par convention, c'est-à-dire comme décrivant les rapports hiérarchisés que les personnages du marché (de la production résidentielle) établissent entre eux pendant le temps où ils partagent une représentation commune de la configuration des externalités de voisinage.

Bref, décrire le circuit monétaire urbain reviendra pour nous, comme le dit Lavoie, à décrire la manière dont la prise en compte de la monnaie permet la hiérarchisation des actes de dépense marchande, en soulignant que "*certains agents sont dominants, d'autres dominés.*"[296] Selon nous, ces "rapports de puissance" qui s'instaurent entre les trois personnages du circuit ne peuvent être cernés dans leur plénitude qu'en introduisant les dimensions spéculaires cognitive et subjective des jugements portés sur l'avenir. En un mot, nous dirons que la convention urbaine permettra, à partir des rapports marchands, l'aboutissement d'un ordre spatial précaire dont la manifestation matérielle fait appel aux rapports hiérarchisés décrits par le circuit monétaire urbain.

3.2. Le mécanisme du circuit monétaire urbain: la description des rapports monétaires entre les divers personnages du marché de la localisation résidentielle

3.2.1. Avant-propos

Nous nous proposons ici de décrire les rapports monétaires qui s'instaurent entre les différents acteurs participant du processus de production et de structuration du stock résidentiel urbain. Nous allons donc nous attacher à mettre en évidence les flux monétaires sui s'établissent entre les trois personnages présentés auparavant, et qui structurent toute l'économie de production résidentielle. Nous discuterons donc du processus de production matérielle du cadre bâti et de la typologie des agents qui interviennent dans celui-ci, en particulier à travers la description du circuit monétaire. Nous ne traiterons pas en revanche les particularités de l'organisation du travail propre au domaine du BTP[297].

---

296 Cf. Lavoie, 1987.

297 En ce qui concerne les débats sur les caractéristiques particulières du processus d'organisation du travail dans le BTP, il existe toute une littérature qui, d'une certaine façon, représente bien la "problématique" marxiste de la sociologie urbaine des années 70

Nous resterons ainsi, au niveau de l'accès à la monnaie et des dépenses qu'elle permet, dans le cadre d'une analyse beaucoup plus agrégée que celle qui s'intéresse au "monde caché et bruyant de la production". Répétons-le, cela ne signifie pas que nous ne serons pas confronté à des "rapports de puissance" et de "domination", au contraire; nous les envisagerons simplement selon une perspective différente de celle qu'adopte la théorie de la valeur: les rapports de "domination" ressortiront ici des relations monétaires entre les agents et de leurs capacités et stratégies différenciées de dépenses marchandes[298].

A partir des hypothèses de la "théorie du circuit" concernant la dynamique de l'économie monétaire de production, nous ferons une description simple des rapports qui s'établissent entre les trois personnages en question en retraçant le parcours de la monnaie de crédit nécessaire à la production de biens résidentiels urbains. Notre démarche consistera à souligner leurs rôles fonctionnels tout au long de ce parcours, ainsi que la hiérarchisation de leurs rapports telle qu'elle est établie par la médiation de la monnaie. C'est son cheminement, depuis sa création jusqu'au moment où la dette est soldée, que nous allons appeler *circulation* ou plutôt *circuit monétaire*, comme le fait toute une tradition de la pensée économique[299]. Ce circuit apparaîtra, dans ce sens, comme un schéma de représentation abstraite qui doit servir de point de départ à une analyse historique particulière des relations de production capitaliste. Et cela parce que toute régularité marchande nécessite un ensemble de règles et de conventions qui, "*sous forme de normes, d'habitudes, de lois, de réseaux régulateurs, assurent à travers la routine du comportement des agents en lutte les uns contre les autres l'unité du processus* "[300].

(voir Lipietz, 1974; Topalov, 1974, 1979, 1983; Dechervoit et Théret, 1979). Plus récemment, un changement de perspective théorique est apparu dans les études sur la taxonomie du BTP. Ainsi, Carassus (1988) et Vicent (1990) proposent d'utiliser la notion de "filière" pour étudier le BTP; Coriat et plus particulièrement De Terte (1989) envisagent l'organisation du travail à partir des notions de taylorisme, fordisme et flexibilisation post-fordiste propres à la "théorie de la régulation" et le groupe du CEREQ dont les travaux de Campinos et Dubernet (1985,1988,1990) sont les plus représentatifs, propose l'hypothèse d'une "méso-analyse" du BTP en partant de l'approche de la théorie de la régulation.

298 Les termes de "rapport de puissance" et "rapport de domination" ont été utilisés par Lavoie (1987, p.92) qui par ailleurs les a empruntés à Perroux (1970).

299 Pour une lecture se situant dans une perspective classique, voir Cartelier (1990) et les articles des Cahiers d'Economie Politique; pour une perspective de relecture de l'histoire de la pensée économique plus proche du "Traité de la Monnaie" de Keynes (identités monétaires), et surtout se fondant sur de la notion de circuit monétaire, voir Poulon (1982-a).

300 Lipietz, 1985.

Cependant, la dimension historique à laquelle le circuit monétaire fait appel pour se reproduire en tant que régularité marchande peut prendre des formes différentes dans le temps. Ici, nous envisagerons la régularité du circuit comme étant garantie par la convention urbaine, c'est-à-dire que c'est la croyance en une certaine configuration des externalités de voisinage qui sera vue comme assurant le caractère séquentiel des circuits monétaires urbains pendant un certain délai, et en dépit des forces de "désordre". Toutefois, l'imposition d'une temporalité par les conventions urbaines n'empêche pas d'imaginer d'autres "règles" et "institutions" qui favorisent la régularité des rapports monétaires nécessaires à la production des biens résidentiels. D'ailleurs, nous suggérerons même l'existence de "macro-conditions" sociales susceptibles de permettre (ou d'empêchent) la manifestation historique et géographique des rapports qui nous occupent[301]. En ce sens, nous nous en tiendrons plutôt au discours économique.

Une seconde mise au point s'impose concernant la notion de circuit, et elle renvoie à la question antérieure: celle qui touche à la dimension temporelle du discours économique. On sait que la notion classique et marshallienne de temps économique établit un clivage entre le court et le long terme. Selon cette vision de la temporalité, on peut dire que la notion de circuit sous-tend des analyses qui sont davantage de l'ordre du court terme[302]. C'est pour cela que la théorie du circuit représente l'économie monétaire de production en tant qu'économie séquentielle. Sur ce point, si elle laisse entrevoir une critique à l'encontre de l'orthodoxie, elle reste toutefois timide dans la prise en compte du déroulement du temps. En effet, présenter le circuit comme une séquence d'actes marchands constitue la critique la plus importante que les circuitistes pensent avoir portée contre la tradition orthodoxe, puisque cela revient à rejeter la simultanéité walrasienne des rapports marchands. Mais si ce rejet rejoint l'héritage hétérodoxe des "années de haute théorie" auxquelles nous faisions référence précédemment, l'idée d'une économie séquentielle qui ne prenne en compte que les flux monétaires passe aussi sous silence un élément déterminant de l'ordre résidentiel, à savoir le parc résidentiel (stock) et les changements qu'il subit.

Autrement dit, s'en tenir à l'enchaînement de périodes de court terme, caractéristique de la temporalité séquentielle du circuit, exclut la problématique du changement structurel. Quelques auteurs ont essayé

---

301 Voir Abramo, 1996.

302 Cela tient à que la théorie du circuit axe généralement l'analyse vers la dynamique des flux en prenant l'hypothèse d'une seule période de production, ce qui revient à exclure le problème du capital fixe. Voir à ce propos Parguez, 1984.

de prendre en compte les stocks monétaires[303], mais sans que cela les amène véritablement à introduire des éléments de temporalité économique de long terme. Il ne fait aucun doute que cette exclusion limite le pouvoir explicatif de la théorie du circuit, et qu'elle a conduit certains circuitistes à proposer, par exemple, un rapprochement entre leurs analyses du circuit monétaire et celles de l'héritage schumpétérien[304]. En ce qui nous concerne, nous pensons que le problème des stocks résidentiels et des modifications de leurs caractéristiques (qu'on pourrait appeler par analogie des "changements structurels") touche particulièrement au processus de production et à celui de configuration de l'ordre résidentiel. Et cela parce que l'immobilité et la durée de vie matérielle de ces biens urbains établissent un lien entre les résultats des circuits du passé et les décisions qui sont à l'origine des nouveaux circuits.

Sur ce dernier point, nous dirons qu'il y a deux types d'effets de réitération: d'un côté, ceux qu'on peut qualifier d'"effets de stock kaleckiens" parce qu'ils rattachent des décisions du passé et du présent par une même convention urbaine, et, de l'autre, ceux qui résultent de stratégies visant à ébranler la rigidité de long terme des caractéristiques physiques des logements urbains en faisant appel aux pratiques d'innovation spatiale - ce sont les "effets schumpétériens". La dynamique du circuit monétaire ne sera donc pour nous qu'un moment du processus de configuration de l'ordre-désordre résidentiel.

Malgré le caractère de court terme des décisions que prennent les capitalistes-entrepreneurs urbains, celles qui sont à l'origine du circuit ne sauraient être toujours réduites à des "décisions de routine". Elles peuvent être aussi des "décisions cruciales" de type shacklien, et ainsi bouleverser les décisions de dépense productive basées sur des références à des anticipations antérieures. Les décisions de production décentralisées pouvant transformer l'ordre résidentiel selon un mode inattendu, celles qui sont au départ du circuit monétaire s'inscrivent dans un cadre d'incertitude urbaine. La convention sera alors l'un des moyens qui permettront aux acteurs du marché résidentiel de sortir de la paralysie décisionnelle dans laquelle l'incertitude radicale tend à les plonger. Dans le contexte macro-économique, cette convention peut être, à la limite, réduite à un seul circuit monétaire, pour lequel les capitalistes établissent une nouvelle convention. Mais au niveau du calcul de production des divers éléments de l'ordre résidentiel, la convention touchant à l'externalité de voisinage doit nécessairement obéir à une temporalité allant au-delà d'un seul circuit monétaire. Elle

303 Voir à ce propos les analyses de Schmitt, 1984, 1988.

304 Voir à cet égard Messori, 1985, 1987 ,1988.

devient ainsi le lien subjectif (croyance) capable d'articuler un ensemble de circuits urbains.

Comme nous le verrons dans le prochain chapitre, c'est cette aptitude à "guider" un ensemble de circuits monétaires qui va nous permettre d'envisager les transformations subies par les stocks résidentiels comme un processus de moyen terme, ou, selon la terminologie que nous proposons, comme une suite de transitions entre divers stades du "cycle de vie" d'une localisation ou aire urbaine[305]. En outre, parce qu'elle fait appel à la temporalité des stocks résidentiels, à la tension entre la volonté de réitération des caractéristiques du stock d'une localisation (continuité de la convention) et le souci d'innovation spatiale, la dimension séquentielle des circuits monétaires établit un rapport indissociable entre le circuit monétaire urbain, où la dépense productive sera l'acte premier (production d'un bien résidentiel), et la convention urbaine (localisation urbaine de la décision de production). Pour reprendre le modèle temporel de Kregel[306], nous dirons que la décision de court terme et les anticipations de "long terme" que porte la convention urbaine sont interdépendantes.

En inversant le raisonnement, on peut dire aussi qu'en partant d'un circuit monétaire urbain de court terme, il est possible d'établir une analyse de moyen terme et ainsi avancer vers une analyse de la dynamique spatiale. C'est ce que nous allons voir plus loin, il convient auparavant de présenter l'ébauche du circuit monétaire urbain simple.

3.2.2. Le Circuit Monétaire Urbain Simple

On peut décrire le circuit monétaire comme étant le chemin parcouru par la monnaie depuis le moment de sa création jusqu'à celui où elle est "détruite", c'est-à-dire où elle retourne à la banque[307]. Messori définit ainsi les caractéristiques du circuit: "*l'analisi del circuito monetario si concentre, perciò, su due aspeti. Il primo, che investe la fase di apertura del periodo, riguarda i legami fra le décisioni di*

---

305 Dans la partie qui suit, nous reprendrons l'analyse des changements de la structure résidentielle en termes réels, comme nous l'avions suggeré dans Abramo (1989). Le terme d'"aire", que nous utlisons comme synonyme de localisation, revêt ici le sens que lui donne Robert de "*région plus ou moins étendue occupée par certains êtres, lieu de certaines activités, de certains phénomènes* (...)."

306 Cf. Kregel, 1976.

307 Dans cette brève présentation de la théorie du circuit, nous suivrons les synthèses de Graziani (1988, 1990), Lavoie (1987), Messori (1985), Parguez (1984, 1986), Poulon (1982-b), ainsi que de plusieurs autres articles ayant été publiés dans la série MP de la revue Economies et Sociétés.

produzione delle imprese e la disponibilità dei mezzi liquidi necessari alla realizzazione di tali décisioni. Il secondo, che determina la chiusura del periodo, riguarda la distribuzione del reddito prodotto e la destinazione della liquidità resa disponible nella fase iniziale "[308].

Au cours de ce périple entre l'ouverture et la clôture du circuit, nous retrouverons les trois personnages présentés plus haut et leurs rapports fonctionnels. Le premier moment du circuit, ou sa phase de départ, est défini par la création de monnaie, c'est-à-dire par l'acte-décision de la banque d'ouvrir un crédit à un capitaliste-entrepreneur qui souhaite parier sur l'avenir par le biais d'une production de marchandises. La traduction monétaire de ce désir sera la "demande de monnaie endogène". Ainsi, la condition indispensable du bon fonctionnement du circuit monétaire, quand celui-ci est commandé par une logique d'accumulation par crédit[309], sera la croyance chez les entrepreneurs de ce que, dans le futur, des acheteurs leur permettront de rembourser l'argent dépensé dans la production de logements et de réaliser le *mark up* anticipé. Ces derniers devront alors préjuger du niveau de l'emploi futur, car le seul support dont ils disposent pour décider de produire est l'anticipation de la demande. A partir de cette projection (et si le salaire monétaire des travailleurs est donné), ils pourront anticiper le *mark up* et demander à la banque l'ouverture d'un crédit. Celle-ci acceptera ou non leurs paris en fonction de sa propre évaluation de l'environnement économique et urbain futur. A partir de cette confrontation entre ses propres anticipations et celles formulées par les capitalistes, la banque endossera (ou refusera) les paris et fixera le taux d'intérêt des prêts[310].

Dans le circuit monétaire urbain, la banque doit avaliser deux types d'anticipations qui nous semblent de nature différente. Le premier, strictement économique, exige un effort d'évaluation du niveau de l'emploi futur (demande effective), puisque la réalisation des anticipations de la demande en dépend. Le deuxième, qui nous intéresse plus particulièrement ici, touche à l'espace urbain et renvoie à l'anticipation de la configuration des externalités de voisinage. La banque avancera l'argent demandé par les capitalistes-entrepreneurs selon le jugement qu'elle porte sur ces deux types d'anticipations. On peut donc dire, pour citer Lavoie, que "*ce sont les anticipations des entreprises qui déclenchent les processus productifs (la demande effective). Les entreprises sont responsables des décisions de production. Et le groupe des banques, qui comprend aussi la banque*

---

308 Messori, 1988, p.285.

309 Voir à ce sujet Parguez, 1987.

310 Cf. à ce propos Graziani (1990, p.12).

dominante, la banque centrale, fournit le crédit monétaire nécessaire à la production."[311] Dès lors, les capitalistes et la banque signeront un accord de dette/prêt qui va symboliser l'ouverture du circuit et définir sa première phase.

Comme on peut le constater, le cadre qui entoure l'ouverture du circuit peut être caractérisé par l'espoir de voir se réaliser les anticipations des capitalistes. Cependant, cet espoir reposant surtout sur le rapport subjectif entre ce que la banque pense que les capitalistes pensent de l'avenir et ce qu'elle pense elle-même de cet avenir (à partir des jugements qu'elle porte sur ceux des autres), la décision d'ouvrir un circuit sera prise dans un environnement de "spécularité" économique et urbaine. Si un tel raisonnement est correct, on peut affirmer que l'existence du circuit ne sera possible que s'il y a "émergence" d'une croyance sur l'évolution économique et urbaine (d'une convention).

Une fois le prêt accordé par la banque, on entre dans la phase intermédiaire du circuit. Dans un premier temps, les capitalistes achètent à d'autres les marchandises nécessaires à la mise en oeuvre de la production et, en même temps, débloquent des salaires grâce auxquels les travailleurs vont décider d'acheter des biens ou d'épargner - soit sous la forme liquide de dépôts bancaires, soit en acquérant des titres, des obligations, des actions, etc.[312] S'il fallait distinguer les flux monétaires d'un circuit urbain de ceux d'un circuit macro-économique, on pourrait classer les achats des travailleurs en deux catégories: ceux de biens résidentiels, d'un côté et ceux d'autres marchandises, de l'autre. Ainsi, en supposant que l'épargne est nulle, la part des salaires dépensée en achats "non urbains" ira à la réalisation des anticipations des capitalistes-entrepreneurs non urbains et celle destinée aux achats urbains (résidentiels) servira à concrétiser les anticipations des capitalistes urbains. Dans ce schéma simplifié, ce sont les achats inter-capitalistes aussi bien que ceux des travailleurs qui permettent aux entrepreneurs de rembourser les banques. Le retour de la monnaie à son point de départ annule ainsi le contrat de prêt-dette signé entre les deux parties et scelle la **clôture** du circuit monétaire. Selon les termes de la théorie du circuit, c'est la phase du "financement définitif"[313].

Dans l'hypothèse où les travailleurs dépensent tout leur salaire en achetant des biens, la réalisation de la production des capitalistes urbains dépendra de la différence entre le montant des salaires versés et celui des achats de biens non urbains, que l'on peut appeler

---

311 Lavoie, 1987, p..68.

312 Pour une description de ces mécanismes et des problèmes qu'ils soulèvent, voir Vallageas (1989) et Graziani (1990).

313 Cf. Parguez (1982).

consommation courante des travailleurs (Ru=Nw-Cw; où N est l'emploi, w le salaire monétaire, Ru le revenu des capitalistes urbains et Cw la consommation courante des travailleurs). Dans ce cas, la clôture du circuit se fera "sans fuite"[314], puisque les travailleurs auront décidé de ne rien épargner[315].

Mais si les travailleurs décident d'épargner une partie de leur salaire, les capitalistes devront utiliser d'autres stratégies pour rembourser les banques, puisqu'une partie de la production (résultat de la demande anticipée), du moins dans un premier temps, ne sera pas vendue. Il leur faudra alors capter cette épargne par le biais de titres, d'actions, etc., ou traiter avec la banque soit en négociant l'étalement de leur dette, soit en lui proposant de prendre une participation en actions[316]. Par contre, les travailleurs pourront choisir entre plusieurs options d'épargne: maintenir leur argent sous forme liquide (dépôt bancaire), "investir" en achetant des actions ou jouer le jeu de l'accumulation financière. C'est l'existence d'une épargne qui donne sa raison d'être à l'activité des agents financiers, dont la fonction sera de "réinsérer" dans le circuit une monnaie déjà créée. Leur action ne peut donc être confondue avec celle de la banque, la création de monnaie (financement initial) étant d'une nature tout à fait différente de celle d'un éventuel étalement de la dette ou du financement d'un achat[317]. Ceci nous semble d'autant plus important que, dans le circuit monétaire, les marchandises produites par les capitalistes ont dans la plupart des cas besoin de cette "intermédiation" pour pouvoir être vendues, vu la haute valeur individuelle des biens résidentiels urbains.

Leur salaire étant insuffisant pour payer comptant de tels biens, les travailleurs qui veulent acheter un logement devront s'endetter. Mais quand ils s'endettent, c'est en anticipant sur le contexte économique futur, puisque la décision d'emprunter est un pari sur la permanence de leurs revenus. Toutefois, dans cette atmosphère d'ambiguïté où, d'une part, ils trouvent dans la nécessité de croire à la continuité de leur emploi et, d'autre part, ils ne peuvent avoir la certitude de le conserver, le doute sera modéré, en ce qui concerne strictement leur décision

---

314 Voir à ce propos Graziani, 1990, p.13.

315 On suppose ici qu'il n'existe pas de rentiers et que les loyers sont versés comme dans un système de "consortium" par le biais des agents financiers.

316 Cf. à ce sujet Vallageas (1989).

317 Comme nous l'avons déjà souligné, ce point sera déterminant dans la critique que les circuitistes adressent à la formulation orthodoxe de l'identité entre investissement et épargne. Sur ce point, Schmitt (1984) a critiqué les formulations keynésiennes reprenant l'idée du multiplicateur, et il en a proposé une avant tout comptable des relations macro-économiques.

d'achat-endettement d'un bien urbain, par la possibilité de récupérer sa liquidité en le revendant sur le marché secondaire.

Nous avons vu par ailleurs que cela amenait les travailleurs à formuler des jugements d'anticipation sur la "liquidité urbaine". La décision d'acquérir un bien urbain les conduira ainsi à spéculer sur les conditions futures de cette marchandise, puisqu'ils savent que tout produit urbain fait partie d'un ensemble d'externalités de voisinage (ordre résidentiel) et que ses caractéristiques de localisation changent dans le temps. Si, en anticipant le futur, les travailleurs peuvent chercher à prévoir les transformations physiques du stock résidentiel (et socioculturelles), ce sont surtout les variations monétaires induites par les modifications de l'environnement urbain bâti qui les intéressent. Ici, le "motif-résidence" est présent, mais c'est le "motif-spéculation" qui servira de principal élément d'incitation au pari sur l'avenir, soit parce que les travailleurs croient que le risque de chômage peut être compensé par la perspective d'une vente de leur bien, et donc par un remboursement de leur dette auprès des agents financiers (stratégie défensive), soit parce qu'ils escomptent réaliser un gain monétaire grâce à la valorisation de la marchandise urbaine (stratégie offensive).

On peut donc dire que s'il y a un risque de chômage involontaire, c'est-à-dire d'interruption dans le flux des revenus des travailleurs (et donc d'impossibilité pour eux de rembourser leur dette), il y aura aussi la possibilité de revendre le bien résidentiel sur le marché secondaire. Mais pour cela, il faut que le bien ne se dévalorise pas, d'où l'obligation d'anticiper la liquidité urbaine. Bref, la possibilité pour les travailleurs d'anticiper un changement de l'environnement pourra réduire leur réticence face à l'endettement. L'anticipation des liquidités urbaines comporte néanmoins pour eux un danger: celui de les entraîner dans une logique du "professionnel des anticipations" (motif-spéculation) susceptible de bouleverser le critère même de la configuration de l'ordre résidentiel (convention). La décision de localisation qui se fonde sur la recherche d'externalités de voisinage sera alors battue en brèche par un "mouvement spéculatif pur" qui ne visera rien d'autre qu'un gain monétaire par le biais de l'anticipation spatiale. Comme cela a déjà été dit, ce processus pourra libérer des "bulles" spéculatives et bloquer ainsi la mécanique de la coordination spatiale.

L'ambiguïté qui ressort de cette dynamique d'anticipation des liquidités urbaines se traduit par cette incitation à l'endettement qui est due à l'effet de valorisation[318]. Si, d'un côté, ce mouvement peut déclencher la défaillance d'une convention urbaine et le blocage des

---

318 Pour la présentation de l'effet de valorisation, voir le chapitre sur la convention urbaine

nouveaux circuits monétaires urbains, de l'autre, il permet, en encourageant les ménages à s'endetter, de mettre un terme au contrat de prêt-dette signé entre les capitalistes et la banque. En regardant de plus près ce dernier aspect, nous verrons que la bonne marche de la circulation monétaire suppose que les trois personnages du circuit partagent la convention urbaine.

Dans le circuit urbain, en termes agrégés, les travailleurs ne prennent leurs décisions de localisation effective que dans la mesure où ils reçoivent un salaire. Ainsi, l'anticipation urbaine des capitalistes financés par la banque devra être ratifiée par les dépenses des travailleurs. Mais pourquoi ceux-ci ratifieraient-ils une convention proposée par l'offre capitaliste? Qu'est-ce qui peut les amener à confirmer des croyances d'ordre cognitif, c'est-à-dire à prendre leur décision de dépense monétaire? Ici, il faut garder à l'esprit que la production de résidences prend du temps, et donc qu'il y a un certain délai entre l'émergence du processus cognitif qui produit la croyance autour de la localisation et le moment de l'offre-achat du bien résidentiel.

C'est sans aucun doute grâce aux effets de réitération de la convention (que nous avons présentés dans la partie traitant du couloir de la convention) que le financement définitif pourra se réaliser. D'abord parce que les capitalistes fixent le *mark up* urbain en anticipant monétairement les changements de la configuration résidentielle future. La conséquence de cette pratique sera une variation (valorisation) des prix monétaires dans la localisation-convention, vue à son tour comme vecteur d'expansion-changement de la spatialité urbaine. Ce mouvement des prix va produire un effet d'attraction sur la demande par le biais du motif-spéculation. Autrement dit, le taux d'augmentation des prix dans l'aire correspondant à la convention étant supérieur à celui des stocks dépréciés (en raison du *mark up* anticipé), les travailleurs croiront que ce processus de "valorisation" continuera dans le temps. Pensant ainsi que la localisation en question acquerra une liquidité urbaine croissante, ils seront amenés à confirmer leur croyance au moment de la prise de décision des capitalistes, et donc à partager la convention urbaine en cours. Ici, c'est "l'effet-valorisation" qui permet la confirmation des anticipations faites par les capitalistes-entrepreneurs urbains; il fonctionnera alors comme un "outil" servant à inciter les travailleurs à la dépense et à financer de façon définitive l'investissement productif des capitalistes.

La seconde raison entraînant les travailleurs à confirmer leurs anticipations renvoie au processus de transformation réelle de l'ordre résidentiel; si la convention est partagée par les capitalistes urbains (et aussi par le responsable des équipements urbains - le gouvernement), les stocks résidentiels de la localisation-convention changeront en adoptant les caractéristiques proposées par la croyance. Dès lors, les travailleurs auront des raisons supplémentaires de croire que l'externalité de voisinage escomptée se concrétisera. Les offres leur apparaissant comme des signes de confirmation de la croyance, ils seront plus enclins à dépenser. Dans ce cas, c'est "l'effet de stock réel" qui va les inciter à financer de façon définitive les dépenses productives des capitalistes. La conjonction de "l'effet de variation monétaire" (motif-spéculation) et de "l'effet réel de stock" (motif-résidence) finira par conduire les ménages à acheter/s'endetter, confirmant ainsi la convention urbaine qui avait été mise en place au moment de l'ouverture du circuit monétaire et contribuant à la réalisation des anticipations des capitalistes urbains.

Ces remarques nous amènent à conclure que si la signature d'un contrat (rapport) de prêt/dette entre ces capitalistes-entrepreneurs et la banque (le point de départ du circuit urbain) exige l'émergence d'une convention urbaine, son expiration n'aura lieu que si les acheteurs (les travailleurs) partagent avec les deux autres personnages du circuit les mêmes croyances sur la configuration des externalités résidentielles de voisinage.

Si l'on voulait résumer le parcours du circuit monétaire urbain simple, on pourrait le représenter comme un enchaînement de phases qui mettent en contact les capitalistes, les travailleurs et la banque[319]. Dans une première phase, les capitalistes-entrepreneurs décident du volume et de la localisation des biens résidentiels à produire à partir des anticipations de la demande concernant les externalités de voisinage. Après avoir traduit en termes monétaires ces anticipations, ils sollicitent auprès des banques l'ouverture du crédit nécessaire pour faire face au processus de production. La banque "évalue" les anticipations de la demande (quantité et localisation) telles qu'elles lui sont formulées par les capitalistes et s'engage à leur fournir le montant demandé. Enfin, les entrepreneurs versent les premiers salaires et donnent le départ au processus de production. Ces actes correspondent aux phases deux et trois de la figure ci-dessous.

Après la phase des achats inter-capitalistes, on entre dans celle où les travailleurs choisissent entre épargner et acheter des marchandises "courantes" et "urbaines". L'acquisition de ces dernières (biens résidentiels urbains) ne sera possible que grâce à la signature d'un nouveau contrat (rapport) de prêt-dette (endettement des travailleurs), qui va engager une partie de leur épargne. Ce crédit leur permettra d'acheter des marchandises urbaines et aux capitalistes-

---

319 Nous empruntons ici le schéma proposé par Messori (1985, p.211). Dans un article postérieur, Messori (1988) reviendra sur son idée de circuit à cinq phases pour le réduire à trois.

entrepreneurs urbains de régler leur dette auprès de la banque. De la même façon, leurs homologues non urbains rembourseront leurs emprunts grâce aux achats inter-capitalistes et aux "achats courants" des travailleurs. Si la demande effective est inférieure à la demande anticipée, ils chercheront soit à capturer l'épargne de ces derniers, soit à refinancer leur dettes auprès des banques[320]. La clôture du circuit aura lieu quand les entrepreneurs auront remboursé celles-ci, c'est-à-dire au moment du financement définitif de leurs dépenses productives.

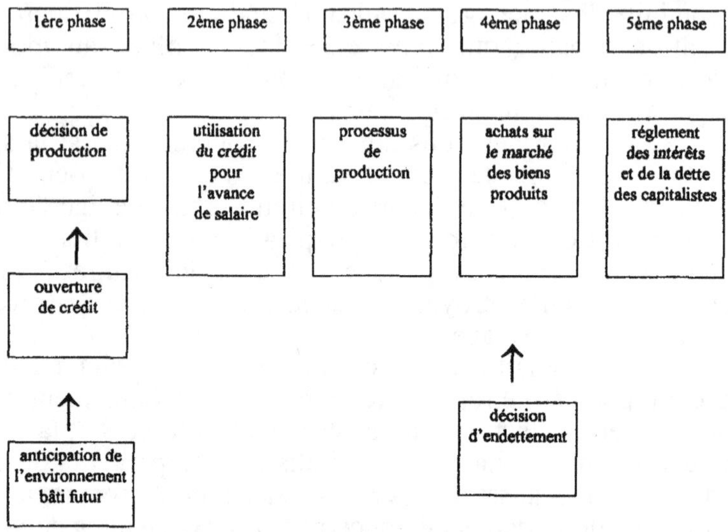

Figure n°4: les phases du circuit

A ce stade de la description des flux monétaires engendrés par la production résidentielle urbaine, on peut introduire un autre personnage: le gouvernement. Celui-ci est en général associé à des dépenses en équipements urbains qui constituent l'autre composante matérielle de l'ordonnancement résidentiel. Comme on le verra par la suite, la particularité de ces dépenses renvoie à la spécificité du financement auquel elles sont attribuées. Cependant, elles sont elles aussi liées à l'obligation d'anticiper l'ordre résidentiel futur. Or on sait que lorsque la décision de produire des équipements urbains est soumise à cette même logique d'anticipation fondée sur des croyances (conventions urbaines), que la concrétisation de la demande est elle aussi assujettie à l'incertitude radicale urbaine. C'est-à-dire que cette décision n'échappera pas aux mouvements imprévus de désordre

320 Cf. à ce propos Vallageas (1989) et Parguez (1986).

spatial que la coordination des décisions de localisation prises par convention porte en soi.

3.2.3. La prise en compte des dépenses de l'Etat dans le circuit monétaire urbain

Le fait d'introduire le gouvernement dans ce circuit a pour objectif d'élargir l'analyse de l'économie monétaire de production résidentielle, afin d'y intégrer, du strict point de vue du flux monétaire, le processus de production des équipements urbains. *Grosso modo*, seuls seront considérés ici les biens urbains qui composent le cadre des externalités résidentielles à usage collectif, et dont la production fait appel à des formes particulières de financement. En introduisant ce type de biens dans le parcours fonctionnel de la monnaie, nous nous attacherons aux deux principaux éléments constitutifs de l'ordre résidentiel urbain que sont le stock résidentiel et les équipements urbains dits publics.

En effet, l'entrée en scène du gouvernement (ou de l'Etat) sur le théâtre urbain ne change pas les caractéristiques générales du circuit précédemment décrit[321]. Dans le circuit de la monnaie, comme le rappelle Poulon, il "*n'est pas une catégorie fondamentale d'agent. L'Etat est une personne morale, que l'on considère à part pour des besoins spécifiques de l'analyse, mais qui participe en fait aux trois catégories de base (l'Etat est en effet à la fois entrepreneur, banquier, consommateur final)*."[322]

Pour notre part, nous ne définirons la place du gouvernement dans le circuit monétaire urbain qu'en regard des dépenses liées à la production d'une catégorie de marchandises possédant certaines caractéristiques économico-spatiales: indivisibilité, haute valeur individuelle et immobilité. En outre, la radicalité de l'irréversibilité de ces actes de production va conduire les décideurs à faire appel à des formes de financement tout à fait spécifiques par rapport à celui de la production réalisée par les autres capitalistes-entrepreneurs. Il est évident que le caractère irréversible de la construction d'équipements urbains fait partie intégrante du processus de configuration de l'ordre

321 L'introduction du gouvernement et des dépenses publiques aura une toute autre répercussion dans un cadre macro-économique; elle conduira à des choix de financement et des à dépenses qui auront des impacts différents sur la détermination des prix et des taux d'intérêt. Pour une discussion du rôle des dépenses publiques en termes macro-économiques selon la théorie du circuit, voir Graziani, 1985.

322 Poulon, 1985, p.72.

résidentiel, et ces décisions seront largement soumises à la dynamique d'interdépendance des choix de localisation[323].

Il faut bien se convaincre de ce que ces biens (les équipements urbains) sont aujourd'hui produits par décision du gouvernement; c'est la société qui lui a légué historiquement cette tâche sociale, le libre jeu du marché s'étant montré incapable de fournir l'ensemble des marchandises nécessaires à la vie urbaine. La place de la dépense publique urbaine, et donc du gouvernement, a changé tout au long de l'histoire du capitalisme en raison de l'évolution du rôle qu'elle a eu à jouer dans la régulation des "rapports sociaux de production". Selon les concepts régulationnistes, cette place est fonction du rapport entre le régime d'accumulation et le mode particulier de sa reproductibilité, c'est-à-dire son mode de régulation[324].

On pourrait très bien admettre qu'une partie des équipements urbains (ou même l'ensemble) soit produite par les capitalistes-entrepreneurs. Cependant, toute la période de l'après-guerre qui a été assimilée à la phase "fordiste" de l'expansion capitaliste - selon les termes de la théorie de la régulation - a vu le gouvernement jouer un rôle presque exclusif dans la production des équipements urbains[325]. Même si, aujourd'hui, nous sommes dans une période de changement aussi bien du régime d'accumulation que du mode de régulation, cette production dépend encore étroitement des dépenses publiques. Comme nous le verrons ensuite, la particularité du rôle du gouvernement dans le circuit monétaire urbain tient beaucoup plus à la façon très spécifique dont il finance cette production qu'à un renouvellement de sa fonction et de ses rapports hiérarchiques[326] .

---

323 Cette caracteristique apparaît clairement dans les modèles d'externalité orthodoxes de la NEU, en particulier dans les modèles de congestion; voir à ce propos Kanemoto et Miyao (1987).

324 Pour des exemples de stylisation historique régulationniste, voir Aglietta (1976), Delorme et André (1982), Lipietz (1988) et Théret (1990).

325 Pendant les années 70, a eu lieu un débat, en particulier au sein de la tradition sociologique marxiste, sur le rapport entre la dépense publique urbaine et la reproduction du capitalisme. Ce débat, suite critique et/ou prolongement des thèses du CME et du structuralisme althussérien, a produit une littérature volumineuse dont les auteurs les plus connus sont Castels (1973), Lojkine (1977), Preteceille (1975), Harvey (1979), Pickvance (1976) et Saunders (1981), entre autres. Pour un bilan très sévère de la littérature française sur le sujet, voir Amiot (1986). Ici, nous envisagerons la fontionalité de ces dépenses au niveau strict de la circulation monétaire, ce qui veut dire que la dimension structurale (ou fonctionelle) des dépenses urbaines, en regard de la "reproduction du pouvoir social du capital", ne nous concernera pas.

326 Nous ne présenterons ici que l'aspect du flux monétaire lié à la décision de production d'équipements urbains quand cette décision est prise selon une logique de remboursement par validation marchande.

Disons tout d'abord, que l'entrée en scène du gouvernement, entendu comme un personnage qui décide ou non de produire un bien urbain, ne change pas la marche globale du circuit, et cela parce que ses décisions sont d'une nature assez semblable à celle des autres décisions productives propres aux capitalistes-entrepreneurs. Nous dirons que la prise en compte dans le circuit monétaire des décisions de production d'équipements urbains peut être conçue, pour reprendre les termes de Parguez, comme une "*extension au gouvernement du principe de la demande effective.*"[327] Là aussi, le financement initial dépendra de l'évaluation que fait la Banque Centrale des calculs anticipatifs du gouvernement, de même que le financement définitif sera fonction de la réalisation ou non de la demande anticipée et/ou de la capacité du gouvernement à capter, en jouant la concurrence avec tous les autres capitalistes-entrepreneurs, l'épargne des travailleurs.

Toutefois, la production d'équipements urbains se heurte à un certain nombre de difficultés pour ce qui est du calcul visant à anticiper la demande. Il y a d'abord le fait que la marchandise "équipement urbain" est un bien d'une très longue durée de vie matérielle, une sorte de "capital fixe urbain"[328] doté d'une haute valeur individuelle. Cela pose au niveau de la réalisation - c'est-à-dire du financement définitif, selon les termes de la théorie du circuit -, un problème d'ordre temporel d'autant plus critique qu'il s'ajoute à la difficulté d'anticiper la demande de biens indivisibles. Comme on le sait, le caractère d'immobilité spatiale des équipements urbains tient au fait que c'est le sol qui leur sert de support. Et si l'on considère la configuration spatiale comme un ensemble d'externalités de voisinage résidentielles, on peut dire que la réalisation de la demande anticipée d'équipements urbains dépendra de la place que chacun d'eux aura dans l'ordonnancement de l'espace résidentiel. Autrement dit, elle dépendra de la configuration des externalités de voisinage: la production de ces équipements sera donc confrontée au problème de la coordination des décisions décentralisées de localisation.

Néanmoins, l'ordre résidentiel change au cours du temps (chronologique) au gré des décisions individuelles de production des capitalistes-entrepreneurs urbains. Etant donné que la décision de produire un équipement urbain est irréversible du point de vue spatial (en raison de l'immobilité radicale de ce bien), et que la demande en la matière dépend le plus souvent de l'ordre résidentiel en place, les changements qui interviennent dans la configuration des externalités de voisinage vont bouleverser les anticipations du gouvernement

327 Parguez, 1987, p.765.

328 Cf. à ce propos Harvey, 1982 et 1985.

concernant la demande en équipements. Tout au long de la vie matérielle de ces derniers planera le danger d'une modification de l'ordre résidentiel susceptible de rebuter la demande espérée. Par conséquent, l'anticipation de la demande d'équipements implique ici une anticipation de l'ordre résidentiel futur.

Par ailleurs, l'ordre résidentiel étant le résultat des offres de biens-résidences que font les capitalistes-entrepreneurs urbains, le responsable des équipements (gouvernement) devra, pour que la demande prévue se concrétise, faire des anticipations de l'ordre résidentiel identiques à celles de ces derniers. Mais leurs décisions productives sont décentralisées, et chacun de ces preneurs de décision devra spéculer sur le choix de localisation des travailleurs, et donc parier sur la configuration des externalités de voisinage et sur les décisions de localisation des autres capitalistes concernant la production de résidences, ceci afin d'anticiper ses propres choix de production. On retrouve ici l'environnement spéculaire urbain qui précède l'émergence d'un repère commun de coordination spatiale: la convention urbaine. C'est parce qu'elle est étroitement liée à la configuration de l'ordre résidentiel que la décision de produire des équipements urbains dans une localisation donnée, tout comme celle de production de biens résidentiels, devra être prise dans un climat de spécularité urbaine: le gouvernement décidera de produire en tenant un jugement spéculatif quant aux anticipations que les capitalistes urbains feront autour de l'ordre urbain futur.

On peut dire également que les équipements urbains et les biens résidentiels ont certaines caractéristiques communes quant à leur financement définitif. D'abord en raison des dangers liés à leur longue durée de vie matérielle, et surtout au caractère inamovible de leur support - le sol - et, par conséquent, à l'immobilité radicale qui les rattache indissolublement à la configuration de l'ordre spatial. Mais l'ordre urbain, à l'inverse des biens urbains, n'est pas statique ("immobile"); il change au fil du temps en raison de la "mobilité" des décisions de localisation. Autrement dit, tandis que, une fois prises, les décisions de production (d'équipements et de résidences) s'immobilisent spatialement, celles à venir vont fluctuer au gré des désirs nouveaux de production. En un mot, c'est la tension qui s'établit entre les décisions du passé (stock) et le désir de les annuler (dépréciation fictive engendrée par l'innovation spatiale) qui conduira les choix productifs liés aux équipements et résidences à se réaliser dans un environnement d'incertitude urbaine. Dès lors, l'anticipation de la demande nécessaire au financement définitif de la production ne saurait être un exercice de routine, en raison même des caractéristiques spatiales de ces biens.

D'un autre côté, le fait qu'il s'agit de biens de haute valeur individuelle ne fera qu'accroître le problème du financement définitif de la production. L'achat de résidences urbaines obligeant les travailleurs à s'endetter et à engager leur épargne, on pourra imaginer de la même façon qu'ils s'endetteront afin d'accéder aux équipements urbains, et il y aura là aussi intervention des intermédiaires financiers dans la gestion de l'épargne. Mais il existe une différence notoire entre ces deux types de biens, qui va donner lieu à des modes distincts de financement définitif de la dépense de production: c'est le caractère indivisible des équipements urbains, dont la mise en oeuvre fera appel à un ensemble de décisions de consommation (achat). Ici, la conjonction des trois traits fondamentaux que sont l'immobilité spatiale, la haute valeur individuelle et l'indivisibilité radicalise davantage encore l'incertitude qui entoure la confirmation de la demande anticipée. C'est le risque élevé d'échec auquel est soumis le financement des équipements urbains qui lui confère les formes particulières le distinguant de celui des biens résidentiels.

Grosso modo, ces différences se manifestent tant au niveau du financement initial qu'à celui du financement définitif. Concernant le premier, la décision de produire un équipement urbain ne sera en effet contresignée par aucun autre personnage. De la même façon que le gouvernement assume une fonction d'entrepreneur capitaliste quand il prend sa décision, il assumera aussi le rôle de la banque au moment du financement initial. Si l'on considère que cette décision n'est pas financée par des revenus courants, c'est-à-dire selon une logique d'accumulation par crédit, la seule façon de financer cette dépense publique sera alors de recourir à la création monétaire. Mais si le gouvernement assume le rôle de la banque, sa dette se traduira par un engagement de remboursement futur auprès de la société. Ainsi, le financement initial des dépenses publiques productives donnera lieu à un accord de "prêt-dette" nommé institutionnellement "déficit urbain". Il s'agit là d'une première différence par rapport au financement des capitalistes, puisque le rapport de prêt-dette établi autour du financement initial des biens produits par ces derniers les engage auprès de la banque, et non pas vis-à-vis de la société.

Ce point est d'autant plus important qu'il va définir les différences concernant le financement définitif. Si celui des biens résidentiels dépend des décisions d'achat-endettement des travailleurs, celui de la production d'équipements urbains, quand elle est assurée par le gouvernement, fait appel à la particularité de l'engagement institutionnel pris pour le financement initial. Ici la dépense du gouvernement "*est financée par une épargne obligatoire personnifiée (qui consiste) en un prélèvement fiscal. Ainsi, le déficit fiscal est financé par la société* "[329]. Cela veut dire que la dépense publique sera financée de façon définitive par un pari sur l'épargne future de la société: "*la dépense publique serait financée à court terme par une création de monnaie assurée par la banque centrale; une fois réalisée la dépense, l'accroissement du revenu provoquerait la formation d'une épargne monétaire qui permettrait de placer des titres pour une valeur correspondante à la dépense initiale* "[330].

En raisonnant du point de vue de la dépense nécessaire à la production d'équipements urbains, et en faisant abstraction de la possibilité de placement de titres, on peut dire que le financement définitif de ces équipements dépendra des variations de la base de calcul des impôts urbains. Cela signifie que le financement final dépendra du niveau de l'emploi (du point de vue macro-économique) et des variations de l'ordre résidentiel (prix de convention et volume du stock). Dès lors que les dépenses en équipements urbains reposent sur des critères strictement spatiaux et que l'épargne obligatoire urbaine s'inscrit dans le déroulement du temps (historique), nous dirons que leur financement pourra être définitif si les variations de la base de calcul de l'impôt accompagnent les anticipations de l'ordre résidentiel. Ainsi, le gouvernement devra anticiper celui-ci pour financer de façon définitive sa dépense en équipements urbains.

Autrement dit, que ce soit pour prévoir la demande en équipements urbains (rôle des capitalistes) ou les possibilités de remboursement du déficit urbain (rôle de la banque), le gouvernement sera obligé d'anticiper l'ordre résidentiel urbain futur. Cet ordre étant le résultat agrégé de décisions interdépendantes de localisation, son anticipation l'amènera à s'interroger sur les jugements des autres participants au marché résidentiel. Bref, ces décisions de dépense productive du gouvernement (équipements) montrent qu'il participe lui aussi de la dynamique spéculaire du circuit monétaire urbain.

3.3. Le Circuit Monétaire Urbain, la Spécularité Urbaine et l'Etat

L'introduction de dépenses gouvernementales au niveau strictement urbain va nous permettre d'élargir la description du parcours de la monnaie s'agissant d'une économie monétaire de production résidentielle. La première question est de savoir comment

---

329 Parguez, 1987, p.765.

330 Ibid., p.765.

sont prises les décisions concernant la localisation des équipements produits. Elle nous amènera à mettre en lumière le rapport existant entre les décisions de production des "objets" qui composent la structure matérielle de l'ordre résidentiel (résidences et équipements) et la coordination spatiale nécessaire à l'émergence des externalités de voisinage.

Selon les termes du circuit monétaire urbain, nous dirons que les anticipations de la configuration résidentielle qu'imposent les dépenses productives du gouvernement (établissement d'un rapport de prêt-dette ou financement initial) et leur aboutissement (clôture du contrat ou financement définitif) s'articulent avec les croyances que nourrissent les autres personnages participant au marché de la localisation résidentielle à propos de l'ordre spatial. Cela veut dire que la production des "objets" réels de l'espace urbain ne peut être dissociée de la coordination cognitive (anticipations) de l'ordonnancement spatial. Ainsi, pour que s'ouvre et se referme ce circuit monétaire, il faudra que tous les personnages qui y participent partagent une même croyance sur l'avenir urbain. Dès lors, il serait possible de voir la convention urbaine comme la croyance qui scellera le début et la fin des rapports de prêt-dette entre les divers personnages du circuit monétaire. Elle peut être vue en ce sens comme la condition cognitive de conjonction des croyances relatives à l'ordre urbain futur et des décisions de dépense nécessaires à la transformation des virtualités en réalité urbaine.

Avant de décrire de façon schématique le rôle de la convention dans un circuit où intervient le gouvernement, revenons un instant sur les financements, initial et définitif, de la production d'équipements urbains. Comme tout fournisseur de marchandises, l'Etat devra faire un calcul d'anticipation de la demande avant de pouvoir décider du volume de l'emploi auquel il devra faire appel. Pour un salaire monétaire donné et un *mark up* par définition nul, il pourra s'adresser au personnage qui détient le pouvoir d'avancer les sommes nécessaires à sa production: la banque centrale. Cependant, anticiper la demande d'équipements dans un cadre où chaque décision de production de biens résidentiels peut devenir "décision cruciale" au sens shacklien du terme, et donc bouleverser les anticipations passées, fait de la décision de produire-localiser un équipement urbain un véritable pari sur l'avenir spatial. Il faut ici garder à l'esprit les trois caractéristiques majeures des équipements urbains (haute valeur individuelle, immobilité spatiale et indivisibilité) pour comprendre la particularité de leur financement. Ainsi, le danger d'un éventuel "blocage" de l'offre capitaliste d'équipements par le libre jeu du marché conduira la société à accepter que la banque centrale avance la monnaie nécessaire à leur production (financement initial) à un Etat devenu désormais "entrepreneur".

A l'inverse de l'engagement pris entre la banque et les capitalistes-entrepreneurs, qui établit des obligations de remboursement à leur niveau individuel, le financement initial de la production du gouvernement est un pari sur le revenu futur de l'ensemble de la société. Quand la Banque Centrale avance les fonds nécessaires à la production d'équipements urbains, c'est entre la société tout entière et l'Etat que le contrat de prêt-dette est établi. Et la dette du gouvernement - le déficit urbain - devra nécessairement être remboursée (financement définitif), puisque l'engagement de départ -"l'accord social"- l'exige.[331]

Mais si l'anticipation que font les capitalistes-entrepreneurs est avant tout un calcul qui cherche à prévoir les prix et le volume de la demande future, et ainsi le financement définitif de la production, le calcul d'anticipation du gouvernement présente d'autres particularités quant à ce financement. Tout d'abord parce que l'élaboration d'un bien indivisible exige qu'un ensemble de consommateurs décide de l'acheter. Sa "valeur d'usage" ne pouvant véritablement se matérialiser sous l'effet d'une décision unique de consommation, il faudra de fait la réunion d'un ensemble de décisions individuelles. Or cela introduit un problème de coordination beaucoup plus complexe que dans le cas des autres types de biens: chaque équipement urbain produit devra être "consommé" par plusieurs travailleurs-ménages durant un certain délai, et la non-vente de cet équipement (la constitution d'un "stock involontaire") posera un problème critique, puisqu'elle va remettre en cause la réalisation des équipements dont la production est soumise à la contrainte de son immobilité spatiale. Le problème de coordination évoqué ci-dessus sera en général résolu par une autre formule: la participation demandée à la société pour financer de façon définitive de tels équipements (ou du moins une partie de ceux-ci) consistera en une épargne obligatoire nommée "impôt urbain".

Par impôt urbain, il faut entendre la participation du revenu social dont le calcul aura pour référence le prix et la structure des stocks résidentiels urbains. C'est-à-dire qu'il va se répercuter sur les revenus des personnages du circuit, et plus particulièrement sur celui des travailleurs, par le biais de l'expression monétaire des stocks. Ainsi, une variation des revenus des ménages ne se traduira en une variation de la perception fiscale que si, en même temps, intervient un changement dans les grandeurs (prix et/ou volume des stocks) de l'espace urbain. Mais si le financement définitif de la production

---

331 Un non-remboursement chronique pourra conduire ici à une crise de crédibilité à l'égard du gouvernement, dont la manifestation la plus courante est la crise fiscale; à ce propos, voir Graziani (1985). Pour un bilan des modèles macro-économiques orthodoxes recents concernant le rapport entre la dépense publique et la crédibilité (modèles de cycle politique), voir Artus (1993, p.237-258)

d'équipements urbains (le solde du déficit urbain) est réalisé grâce à cet impôt, et que celui-ci est fonction des modifications de la structure résidentielle, il en résulte que le gouvernement devra anticiper l'épargne obligatoire nécessaire au remboursement définitif de la dette (déficit urbain) qu'il aura contractée auprès de la société. Par conséquent, anticiper l'imposition urbaine est avant tout anticiper l'avenir de l'ordre spatial urbain[332].

En outre, l'épargne obligatoire qui permettra le financement définitif sera aussi fonction des dépenses que décide d'engager le gouvernement. L'impôt urbain apparaît ainsi comme le moyen qu'utilise celui-ci pour capturer un revenu qui a été créé par ses propres décisions de dépense. Cependant, si l'on fait abstraction de l'effet macro-économique global (tY'>tY), le retour dans le circuit urbain de la monnaie dépensée par l'Etat va dépendre de l'élargissement de la base de calcul de l'impôt urbain (prix et volume du stock immobilier). Cela veut dire que si le financement définitif de la production d'équipements urbains s'effectue grâce à une épargne obligatoire, cela se passe de façon indirecte puisque, par définition, le montant de cette épargne sera lié aux stocks et aux prix résidentiels.

Le financement du déficit urbain ne peut donc être réduit à un calcul de la variation des revenus opéré à partir d'une décision de dépense (et donc de financement) qui serait comprise selon les termes habituels de la macro-économie keynésienne[333]. La décision de produire un bien-équipement urbain implique l'introduction d'une autre variable qui permettra l'anticipation de la demande. Cette variable, qui sert aussi de base au calcul de l'épargne obligatoire urbaine, sera la configuration spatiale elle-même. Si l'on raisonne en termes strictement spatiaux, une dépense urbaine publique ne pourra engendrer à elle seule (par la voie traditionnelle du multiplicateur) les effets nécessaires au financement définitif (épargne obligatoire) de cet équipement. Quand il décide de produire un équipement urbain, ce dernier devra anticiper le financement définitif qui lui permettra de solder son déficit urbain, et,

---

332 Selon une formulation assez simplifiée, l'impôt urbain pourrait être représenté de la façon suivante:

$Tu = \Sigma tu.pui.Kui$ et $(i = 1, 2, ..., n)$

où Tu est le montant de l'impôt urbain, tu est un taux fixe, pu le prix des biens résidentiels et Ku le bien résidentiel étant l'indice i la reférence de le stock. Ainsi, étant donné que le taux tu est constant, l'anticipation de Tu renvoie à l'anticipation des prix et des quantités de biens résidentiels, c'est-à-dire de l'ordre résidentiel.

333 Il est courant de faire appel au raisonnement keynésien traditionel qu'utilise la notion de multiplicateur pour arriver à l'équilibre I-S; pour une présentation pédagogique, voir Dornbusch et Fischer (1981). Pour les développements macro-économiques orthodoxes plus récents qui critiquent la formulation keynésienne traditionnelle, voir Blanchard et Fischer (1989).

pour ce faire, anticiper les changements liés au prix, au volume et à la localisation des stocks résidentiels.

De ce point de vue, au moment de l'ouverture du circuit monétaire urbain, les capitalistes aussi bien que le gouvernement doivent (pour des raisons différentes) anticiper l'ordre résidentiel. Les premiers afin de prévoir la localisation (et le type) des biens résidentiels demandés et le *mark up* urbain qu'ils imposeront, et le second pour prévoir la demande en équipements et le montant de l'épargne obligatoire urbaine. Une fois formulées ces anticipations spatiales, les banques avanceront la monnaie nécessaire à la production de biens résidentiels et la Banque Centrale celle dont l'Etat aura besoin pour verser les salaires et acheter les marchandises nécessaires à la production des équipements urbains, comme le montre la figure ci-dessous.

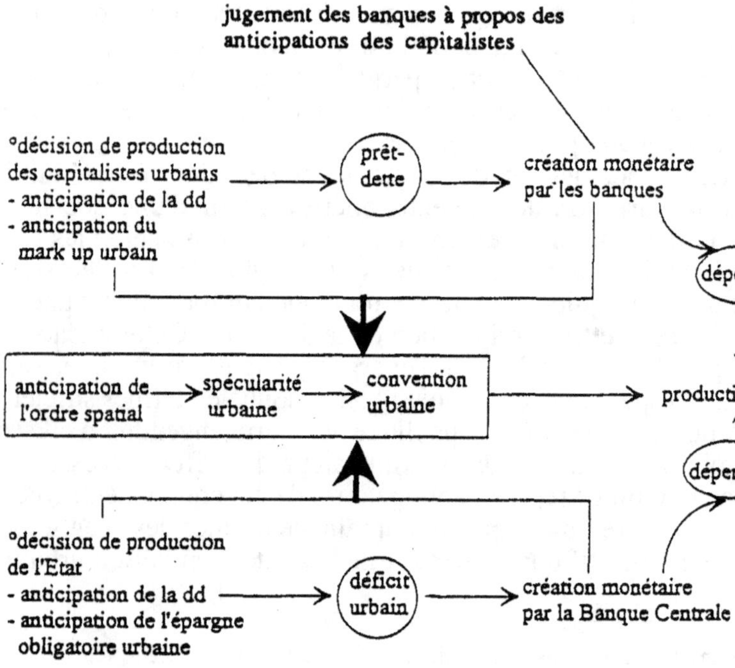

Figure n°5: l'ouverture du circuit monétaire urbain

Après la phase de production des éléments constitutifs de l'ordre résidentiel, on entre dans celle de leur financement définitif, où les travailleurs vont décider soit d'acheter des biens soit d'épargner. S'ils choisissent de dépenser la totalité de leur salaire en marchandises, l'épargne-logement (prélevée par le "consortium") servira de financement définitif de la production de résidences urbaines, puisque, individuellement, les travailleurs ne peuvent acquérir ces biens en raison de leur haute valeur monétaire. Aussi cette "épargne par différence" induit-elle un flux strictement financier permettant l'ouverture d'un crédit qui viabilisera la réalisation de la demande anticipée par les capitalistes urbains. Même dans le cas où l'on a au départ un volume de ressources suffisant pour financer de façon définitive la production de biens résidentiels, cette production ne pourra se matérialiser qu'après qu'une partie des travailleurs aura pris sa décision d'achat-endettement. Comme on le sait, cette décision ne relève pas d'un choix de dépenses courantes; elle est un pari sur le revenu futur et exige de ces travailleurs une anticipation des conditions économiques à venir.

En ce qui concerne la dimension spatiale, cette même décision fera intervenir un calcul anticipatif de la liquidité urbaine future. En outre, leur choix de localisation étant fondé sur la recherche d'externalités de voisinage, les travailleurs souhaiteront voir ces externalités se maintenir dans le temps. Dans les deux cas (aspect financier et aspect spatial), ils seront obligés d'anticiper l'ordre spatial pour prendre leur décision d'achat-endettement. Autrement dit, ils feront appel à une convention urbaine, et c'est en prenant cette décision qu'ils vont confirmer celle qu'ils partageaient au moment où les capitalistes-entrepreneurs urbains et le gouvernement ont pris leur décision de production, ou bien, au contraire, c'est en ne la prenant pas qu'ils vont signifier leur rejet de cette convention. L'aboutissement de l'investissement des capitalistes urbains (le financement final, et donc la fin du rapport de prêt-dette établi entre eux et les banques), exige ainsi le partage par les travailleurs de la convention urbaine sur laquelle les premiers avaient fondé leurs dépenses productives. Dans le même sens, le remboursement du déficit public urbain exigera du gouvernement qu'il ait fait des anticipations semblables à celles des capitalistes urbains quant à l'évolution de la structure résidentielle.

Autrement dit, si les calculs d'anticipation de l'épargne obligatoire (de l'impôt urbain) et de la demande d'équipements qui président à la décision de produire ces derniers sont formulés par le gouvernement sur la base de la convention urbaine, le remboursement du déficit urbain ne se fera que si la variation que connaissent les stocks et les prix résidentiels confirme cette convention. Ainsi, la confirmation-réalisation des anticipations liées à l'épargne urbaine obligatoire implique que le gouvernement et les capitalistes urbains fassent la même concernant l'évolution de l'ordre spatial, puisque ce sont ces derniers qui produisent les stocks et fixent les *mark up* urbains. L'Etat devra donc produire en s'interrogeant sur leurs décisions. De la même façon, ces entrepreneurs s'engageront à produire en spéculant sur les décisions productives du gouvernement, dans la mesure où celui-ci a la possibilité de modifier la configuration des externalités[334]. Comme nous l'avons vu auparavant, cette logique cognitive d'anticipations croisées, où chacun décide en spéculant sur les intentions de l'autre ("je pense qu'il pense que je pense...") débouchera sur un environnement de spécularité urbaine[335].

Si l'on greffe sur ce jeu d'anticipations spéculaires[336] auquel se livrent gouvernement et capitalistes urbains les choix des travailleurs concernant l'achat-consommation ou non de biens résidentiels et d'équipements urbains (qui permettront ou non que se réalisent les anticipations des premiers), on aboutit à une situation où toutes les stratégies de dépense urbaine sont adoptées dans un cadre de spécularité. Comme il n'existe pas de règle de coordination extérieure et supérieure à ces trois personnages (tel le secrétaire du marché walrasien), l'existence même du circuit monétaire sera liée au surgissement de ce qu'Eymard-Duvernay appelle la "convention constitutive"[337], à savoir une convention qui réunit en son sein toutes les croyances relatives l'avenir urbain et permet ainsi la coordination des décisions décentralisées de localisation. La figure ci-dessous permet de visualiser la place que la convention urbaine occuperait ainsi dans la clôture du circuit monétaire urbain.

Quand les personnages responsables de la structuration résidentielle urbaine prennent leurs décisions de production en partageant les mêmes anticipations, c'est-à-dire une même convention urbaine, la modification de la structure matérielle de l'espace est alors la confirmation des spéculations faites sur l'évolution urbaine. Et cette confirmation va produire un effet de réitération des croyances que nourrissent les travailleurs-ménages, soit parce que les nouveaux équipements et biens résidentiels traduisent en termes matériels les signes qui n'étaient auparavant que cognitifs (effet de stock réel), soit parce que l'anticipation que font les capitalistes du *mark up* urbain signifie un changement effectif des prix ("effet de valorisation

---

334 Il sufit d'imaginer, par exemple, qu'un équipement dont la demande viendrait d'un certain type de ménages de revenu inférieur prenne place dans une localisation à laquelle les entrepreneurs avaient attribué une externalité de voisinage correspondant à des ménages de revenu supérieur. Dans ce cas, la décision du gouvernement pourra bouleverser les anticipations des entrepreneurs et faire échouer leurs choix de production.

335 Voir le chapitre sur la convention urbaine.

336 Nous avons emprunté le terme d'anticipation spéculaire à Orléan (1988, 1990).

337 Eymard-Duvernay (1990, p.7) utilise ce terme pour analyser certains phénomènes internes à la firme.

monétaire")[338]. L'effet de valorisation sert aussi d'élément d'attraction de la demande, dans la mesure où l'influence positive qu'il exerce sur la liquidité espérée incite les travailleurs à acheter-s'endetter. Si ces derniers décident d'utiliser tout le flux du financement qu'induit "l'épargne par différence" en achetant les biens résidentiels produits, les capitalistes urbains pourront alors rembourser les banques. De la même façon, quand les travailleurs auront confirmé les anticipations de ces derniers, la base sur laquelle l'impôt urbain est calculé par le gouvernement s'élargira et l'État pourra lui aussi rembourser sa dette (déficit urbain) auprès de la société.

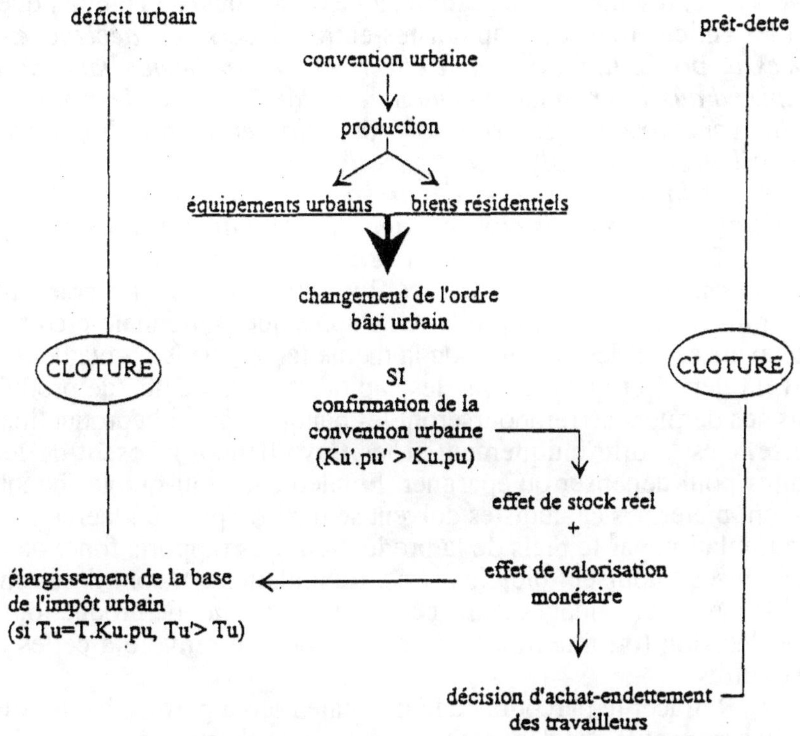

Figure n°6: la clôture du circuit monétaire urbain

La monnaie qui a été avancée par les banques, d'une part (aux entrepreneurs), et la Banque Centrale, d'autre part (au gouvernement), revient dès lors entre leurs mains (celles du personnage de départ). Ce retour à l'émetteur symbolise la "destruction" de la monnaie de crédit

338 Sur le rôle des effets de stock et de valorisation en tant qu'éléments de réitération de la convention urbaine, voir la partie qui traite du couloir de la convention dans le chapitre sur la convention urbaine.

ou la clôture des accords de prêt-dette qui avaient donné le signal du départ au cheminement urbain de la monnaie. Dans le cas précédemment décrit, le circuit n'a pas connu de "fuite", c'est-à-dire que l'épargne mise en jeu n'était que "l'épargne par différence" et que les travailleurs mettaient toutes leurs ressources financières au service de l'achat de biens résidentiels. Mais dès lors qu'on fait intervenir des fuites ou une "logique d'austérité" qui fait apparaître, selon la définition qu'en donne Parguez[339], des "stratégies de rentier", il devient possible de faire ressortir la dimension monétaire de la crise urbaine.

Grosso modo, on peut synthétiser le circuit monétaire urbain à travers la représentation diagrammatique ci-dessous, où l'on voit que ce sont les anticipations des capitalistes-entrepreneurs qui "*déclenchent le processus productif (la demande effective). Le groupe des banques, qui comprend aussi la banque dominante- la Banque Centrale -, fournit le crédit monétaire nécessaire à la production et le rôle des ménages (travailleurs) est double; d'une part ils fournissent la main-d'oeuvre exigée par la production, et d'autre part ils cautionnent ou non les anticipations et les décisions des capitalistes (et du gouvernement) par l'utilisation qu'ils font du revenu qui leur a été octroyé préalablement.*"[340] Par ailleurs, les flux monétaires sont hiérarchisés: les capitalistes ne peuvent produire qu'après que la monnaie-crédit leur a été avancée par les banques, de la même façon que les travailleurs ne peuvent dépenser qu'après que les capitalistes ont décidé de produire. Mais ces derniers ne rembourseront les banques que si la production se réalise, c'est-à-dire uniquement si les travailleurs disposent de leurs salaires pour dépenser ou épargner. Finalement, pour que les banques puissent prêter, les capitalistes doivent se montrer prêts à jouer le jeu de l'accumulation par le biais de la production. Ces rapports fonctionnels hiérarchisés traduisent bien les liens triangulaires qui sont tissés entre les différents personnages d'une économie monétaire de production, où toute décision (ou intention) de dépense de l'un renvoie à celles des deux autres.

Retracer le parcours de la monnaie nous a permis de visualiser les rôles respectifs des dépenses monétaires de chacun des personnages participant du processus de production capitaliste de l'ordre urbain et de confirmer ainsi l'hypothèse de l'hétérogénéité des acteurs du marché de la localisation résidentielle. Cependant, le constat de la circulation monétaire urbaine ne doit pas faire oublier qu'elle dépend d'un ensemble de décisions économiques de caractère strictement individuel.

---

339 Cf. Parguez (1987, 1991). Dans ce travail, nous ne développerons pas cet aspect de la crise monétaire urbaine. Cependant, il nous semble utile pour comprendre certains aspects des crises du système de financement des logements en régime fordiste.

340 Lavoie, 1987, p.68.

Autrement dit, les décisions visant à produire, acheter-s'endetter et avancer la monnaie de crédit ne sauraient être entendues comme extérieures à la volonté et au jugement de ceux qui font des choix de localisation, comme obéissant à une loi qui s'imposerait indépendamment des désirs de chacun.

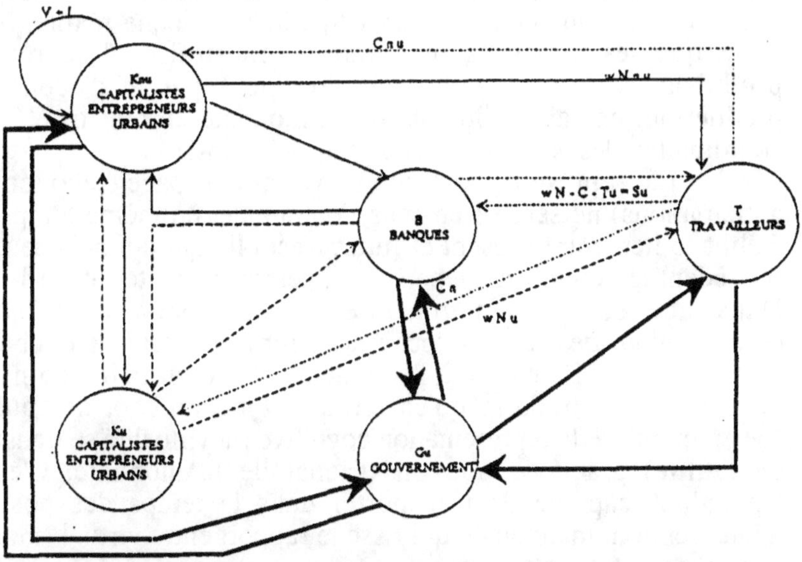

Figure n°7: le circuit monétaire urbain et le gouvernement

En d'autres termes, il faut comprendre le circuit monétaire urbain comme s'inscrivant dans un "monde marchand" où les décisions de localisation sont décentralisées et les plans d'action établis selon une perspective strictement individuelle. Dans ce cadre de choix autonomes et décentralisés, la configuration d'un ordre spatial caractérisé par une mosaïque d'externalités résidentielles fait nécessairement appel à des mécanismes cognitifs de coordination des actions. C'est la convention urbaine qui va servir de référence à cette coordination; c'est sur elle que se fondent les jugements relatifs à la demande de monnaie nécessaire pour produire les stocks résidentiels (ouverture du circuit monétaire urbain), ainsi que les décisions qui mèneront à leur terme les engagements de prêt-dette.

En ce sens, la convention urbaine se pose comme l'élément-clé de coordination du circuit monétaire; elle établit le lien entre la dimension multiple des décisions individuelles de localisation et leur résultat agrégé, à savoir l'ordre urbain. Elle traduit aussi l'articulation entre les dimensions monétaire et réelle de la configuration résidentielle de la structure urbaine marchande. La transformation de la croyance spatiale en réalité urbaine fait en effet ressortir le rapport qui existe entre le caractère cognitif des anticipations (dont l'expression est monétaire) et les actes qui font d'elle une réalité marchande. Cependant, dans un monde marchand, ces anticipations ne peuvent devenir de véritables actions de marché que si elles se manifestent en tant que décisions de dépense. Pour que cette croyance spatiale devienne réalité, il faudra donc que les dépenses monétaires "construisent" le réel en le produisant. C'est en cela que l'on peut parler d'économie de production: en raison du rôle de la monnaie en tant qu'élément de coordination des actes marchands dans le temps.

La représentation cognitive de l'espace (économie des anticipations) ne serait rien sans la monnaie: en même temps qu'elle établit le lien entre présent et futur, c'est elle qui donne à ceux qui la possèdent le pouvoir de dépense qui permet de matérialiser le virtuel. Dans une société marchande, la dimension de temporalité chronologique des actes de localisation renvoie ainsi à un double aspect de la monnaie. D'un côté à l'émergence d'une virtualité (convention) qui ne peut se traduire qu'en termes monétaires, et de l'autre à la "destruction" de la représentation cognitive (la virtualité se transformant en réalité) grâce au pouvoir d'achat de la monnaie. C'est cette "machine" capable de transporter dans le temps des possibilités d'intervention marchande qui tisse le rapport entre virtuel (monétaire) et réel, entre futur et présent.[341]

Le circuit monétaire urbain représente ainsi le moment du passage de la croyance spatiale à la réalité urbaine; bref, le point de rencontre entre le monétaire et le réel. En reprenant l'idée de la non-simultanéité des actions et du déroulement chronologique du temps, il est permis de suggérer que la transformation de la structure résidentielle fait appel à un enchaînement de circuits monétaires "guidés" par une référence commune de coordination spatiale: la convention urbaine. De la sorte, la transformation effective de celle-ci en réalité urbaine se présenterait sur le marché comme un enchaînement de circuits monétaires. Apparaît dès lors un double mouvement qui établit le lien entre l'économie des anticipations (coordination de l'émergence d'externalités) et l'économie de production (matérialité résidentielle).

Du point de vue cognitif, on a vu que le circuit monétaire servait de mécanisme de réitération de la convention au cours du temps (à travers les effets de stock et de valorisation monétaire qu'il produit) tout en permettant l'établissement des rapports de prêt-dette nécessaires

---

341 C'est à Davidson (1978) que l'on doit cette image de la "machine" pour désigner ce qui transporte dans le temps le pouvoir de dépense.

à l'émergence de la matérialité résidentielle. Cependant, l'enchaînement de ces circuits peut être vu aussi à partir de la dimension strictement réelle des actes de production. De ce point de vue, ce sont les caractéristiques propres des stocks résidentiels de chacune des localisations urbaines qui se transformeront, et cela en dépit des changements ayant pu intervenir au niveau de la configuration des externalités urbaines. On voit que l'irréversibilité des choix de production de stocks résidentiels (temps historique) renvoie à un horizon temporel plus lointain que celui de la concrétisation des externalités de voisinage par la coordination des choix de localisation.

Les décisions du passé laissant des traces dans la structure urbaine (en raison de la longévité du bien résidentiel), des tensions vont apparaître entre leurs effets et les décisions productives du présent, dont le circuit monétaire sera la traduction. Schématiquement, et en raison de la transformation des caractéristiques anciennes du stock résidentiel d'une localisation particulière, l'enchaînement des circuits monétaires déterminera une période de transition entre la convention urbaine passée et celle qui l'a remplacée. Ainsi, si l'on ne s'attache qu'à la dimension réelle des stocks résidentiels d'une localisation urbaine, il est possible de lui attribuer un "cycle de vie" qui ne sera rien d'autre que celui de la naissance, de la vie, de la mort et de la succession des conventions qui la concernent. Cette dynamique séquentielle - les déplacements spatiaux qu'engendrent les innovations et la tension entre les décisions de production du passé et celles tournées vers l'avenir (quand elles sont prises sous l'angle strictement réel des résidences urbaines) - renvoie donc à la temporalité de long terme des conventions urbaines. C'est ce mouvement d'ensemble, ancré dans la dimension réelle des stocks résidentiels, que nous appellerons dynamique spatiale.

IV

LA DYNAMIQUE SPATIALE: LE CYCLE DE VIE DES LOCALISATIONS ET LE PROCESSUS DE DIFFUSION DES INNOVATIONS SPATIALES

Le circuit monétaire urbain tel qu'il vient d'être présenté est la traduction (en termes de flux monétaires) des décisions de production concernant les biens qui composent l'espace résidentiel. Nous nous proposerons ici de reprendre d'un point de vue strictement réel celles qui relèvent uniquement des capitalistes-entrepreneurs urbains, et l'offre de résidences sera envisagée avant tout en des termes matériels, c'est-à-dire sous l'angle de l'effet conjugué des décisions du présent et du passé dans la structuration des stocks. C'est cette approche matérielle et spatiale de l'économie monétaire de production résidentielle que nous présenterons dans les paragraphes qui suivent.

Avant de passer à la question des rapports entre les stocks du passé, ceux du présent et la représentation des localisations et caractéristiques des stocks résidentiels futurs, il convient toutefois de préciser que nous envisagerons ici l'espace urbain comme une mosaïque d'externalités de voisinage. Cependant, la dimension coordinatrice nécessaire à la concrétisation de ces externalités sera supposée implicite dans les conventions urbaines.

Dans ce qui suit, nous traiterons surtout la question du rapport entre la structure réelle des stocks résidentiels et la représentation de ceux à venir, c'est-à-dire qu'il s'agira pour nous de savoir comment les dépenses productives des capitalistes-entrepreneurs du marché de la localisation (vues sous l'angle de leur transformation en stocks réels) s'articulent avec les nouvelles prises de décision liées à la production de biens résidentiels. Ce rapport fera ressortir le "poids" qu'a le passé dans la dynamique de configuration spatiale. Autrement dit, nous verrons qu'il existe une tension entre les anciennes décisions (et les stocks qu'elles ont produits) et la dynamique présente de l'économie monétaire de production de logements.

4.1. La non-simultanéité des décisions de production : le cycle kaleckien et l'évolution du profil des stocks d'une localisation

On sait que l'une des façons d'introduire la dimension historique du temps dans le discours économique est celle qu'a proposée Kalecki, qui faisait valoir que la production de biens de capital pouvait être divisée en trois étapes temporelles distinctes[342]. A travers la distinction qu'il effectue entre le moment de la prise de décision (commande), celui de la production du bien et celui de sa livraison, Kalecki souligne le rôle du déroulement chronologique du temps (historique) et rejette aussi bien sa représentation logique ou théorique que l'approche atemporelle des relations de marché. Ce point nous semble d'autant plus important qu'il lui a permis de critiquer l'idée selon laquelle il y aurait coordination préalable des décisions de production. C'est le constat de leur non-simultanéité et de la décentralisation des plans de production des capitalistes qui l'a conduit à replacer les actes décisionnels dans le déroulement du temps historique et à émettre la proposition théorique d'un "cycle pur"[343].

En raisonnant selon le modèle du cycle pur de Kalecki, nous dirons que le résultat agrégé des fluctuations des biens de capital (et donc de la demande effective) sera fonction de la perception qu'ont les preneurs de décision de l'écart existant entre un stock jugé normal (Ko) et les indices du volume effectif de capital au moment de la prise de décision[344]. Toute la démarche de Kalecki a consisté à montrer que le volume de capital qui avait servi de référence à la décision de production pouvait changer entre le moment de la commande et celui de la livraison du bien produit. Ce changement résulte de la non-connaissance, chez celui qui a pris sa décision à un moment (t), de celles prises antérieurement - à un moment (t-1) - par les autres capitalistes et qui, en raison du temps nécessaire à la production des biens correspondants, n'avaient pas encore été comptabilisées en tant que volumes effectifs de capital. Chaque capitaliste va ainsi réagir par rapport aux décisions qu'il a prises dans le passé en réévaluant le volume que devra avoir ce capital au moment de la livraison du bien de production qu'il avait produit auparavant.

---

342 Voir à ce sujet Abramo, 1994.

343 Voir à ce propos Kalecki (1933), et pour une formulation plus complète du cycle, voir Kalecki, 1954.

344 Dans le modèle de Kalecki, les capitalistes prennent leurs décisions d'investissement en fonction avant tout du stock moyen de capital (Ko), de la dépréciation de ce dernier (U) et de l'accumulation de capital (A).

Les fluctuations du volume de capital apparaissent donc comme le résultat de la non-simultanéité des mouvements de recomposition des stocks et du caractère autonome des prises de décision des capitalistes. L'analyse de Kalecki a consisté à mettre en rapport les investissements du présent et ceux du passé par le biais des stocks. Bien que sous-jacente, la dimension anticipative est ici masquée par l'hypothèse d'un volume moyen de capital constant (Ko). Cependant, le retour que l'on observe actuellement des discussions relatives au le cycle économique et fondées sur l'hypothèse des anticipations rationnelles[345] nous a incité à reprendre le cycle pur de Kalecki sous l'angle des techniques pratiques de décision et du processus de coordination subjective des décisions d'investissement tel qu'il a été énoncé dans le projet radical de Keynes.[346]

En nous engageant dans cette voie, nous serons amené à relativiser l'idée de continuité monotone des fluctuations économiques pour y distinguer quatre phases séquentielles, dont la sinusoïde du cycle de Kalecki est la traduction stylisée. A partir de la notion d'état de confiance (convention) de Keynes, il est possible de concevoir des cas de non-simultanéité des décisions de production débouchant sur un cycle pur kaleckien, à condition de se fonder sur une certaine croyance concernant l'avenir. La moindre défaillance de la convention (qui plongera les décideurs dans l'incertitude radicale) pourra alors laisser envisager un blocage des décisions de production. Dès lors, le point d'inflexion des phases du cycle sera déterminé par l'état de confiance des participants au marché, et les conséquences cycliques ne sauraient être envisagées de façon monotone, comme le cycle pur de Kalecki le propose.

Dans le projet radical de Keynes, qui ne témoigne pas de l'automatisme du cycle kaleckien, la reprise de la production est vue comme dépendant de la possibilité d'émergence d'une nouvelle convention capable de mobiliser l'optimisme des acteurs du marché et de les décider à parier sur l'avenir par le biais de la production. Le cycle serait ainsi restreint à la période où les décideurs font confiance à la

345 Le retour de la théorie des cycles et le dépassement du clivage traditionnel entre cycle et tendance opéré à partir de la prise en compte des variables d'anticipation sont l'un des thèmes que les néo-classiques ont introduits dans le débat sur la théorie économique dans les dernières années. La critique qu'ils font de l'accélérateur et du multiplicateur keynésiens les a conduits à voir les fluctuations comme étant liées aux problèmes d'information et/ou aux erreurs d'anticipation, ou encore, du côté de l'offre, aux variations technologiques aléatoires (chocs), comme dans les modèles de cycle réel. Pour une présentation de la reprise du cycle selon les hypothèses des anticipations rationnelles, voir Lucas (1987); et pour un bilan des modèles plus récents, voir Henin (1989), Hairault (1992), Artus (1993) et Muet (1993).

346 Cf. Keynes, 1937.

convention. Si l'on applique cette idée aux décisions de production résidentielles, on peut imaginer que la convention urbaine signalera la localisation où les capitalistes doivent choisir d'offrir des biens résidentiels ainsi que les caractéristiques de ces biens. En effet, elle est une croyance relative au type de ménage qui est supposé s'installer dans une localisation déterminée (externalité de voisinage), selon les innovations spatiales (différenciations du bien résidence) proposées par les capitalistes.

Cependant, la coordination opérée par la convention urbaine relative à une localisation et aux caractéristiques des biens résidentiels qui y sont offerts se saurait résoudre tout à fait le problème de la simultanéité des offres[347]. On peut donc penser que les capitalistes urbains, constatant que le stock d'une localisation est encore substantiellement différent de celui envisagé par la croyance qui y est attachée, décideront de produire des biens résidentiels en obéissant à la convention urbaine. Etant donné qu'aucun mécanisme n'impose que les actions individuelles de transformation de la localisation (décisions de production) décidées selon la convention urbaine soient simultanées, on peut imaginer qu'ils prendront leurs décisions à partir de la perception qu'ils auront du rapport entre le stock présent (traduisant plutôt une convention du passé) et la croyance pariant sur ses caractéristiques futures, et qu'ils s'emploieront ensuite à combler la différence existant entre présent (stock résidentiel réel) et avenir (stock virtuel).

En ce sens, notre démarche sera assez proche de celle qu'a proposée Kalecki dans son "cycle pur", à la différence près que la recomposition du stock résidentiel telle que nous la présentons ici s'appuiera plutôt sur une variable d'anticipation. Les capitalistes vont établir en effet un rapport entre le stock actuel et celui qu'ils envisagent de produire (le stock virtuel donné par la convention urbaine en place): s'ils estiment que, pour que les externalités de voisinage escomptées se matérialisent, le stock doit correspondre à la convention en place, ils investiront à nouveau dans la production de biens résidentiels afin d'ajuster ce stock à la demande potentielle. Il en résultera un changement des caractéristiques de l'ancienne structure résidentielle, et, au fur et à mesure que la composition du stock présent tendra à rejoindre celle que propose la convention urbaine, on se rapprochera du point de stabilisation des changements initiés par la croyance spatiale.

---

347 Le problème de la non-simultanéité des offres sera traité ici en function du caractère décentralisé des actions marchandes. Cependant, ce problème pourra prendre des contours plus radicaux si l'accès au sol - support du bien résidentiel - est entravé par la propriété foncière. Notre démarche part ainsi de l'hypothèse du "propriétaire absent" pour souligner la décentralisation des plans d'action et l'autonomie des prises de décision.

On peut donc estimer que c'est à proximité du point de rencontre entre le stock réel et la représentation véhiculée par la convention urbaine que l'incertitude sera la plus grande quant à l'opportunité de continuer produire des biens résidentiels, tant en raison des possibilités de renversement de la convention en place que du temps nécessaire à cette production, qui, conjugué à l'ignorance des décisions des autres capitalistes, limite les possibilités de réalisation. De fait, d'un côté, la proximité du point de stabilisation pourra amener certains capitalistes à mettre en place une dynamique d'innovation risquant de faire échec à la convention en place, et ce malgré la production en cours; de l'autre, le caractère autonome des décisions de production pourra être à l'origine d'éventuelles crises dans la construction de logements.

Le diagramme ci-dessous donne un aperçu de ce qu'est l'effet de ralentissement des décisions de production quand le stock réel se rapproche des caractéristiques voulues[348]. Le stock y est représenté par un indice composé (verticalité-densité résidentielle) qui ne traduit que de façon indicative ces caractéristiques. Le stock virtuel correspondant à la convention est indiqué par (Dv), tandis que le stock réel sera donné par la courbe (D); (I) représente les décisions de production de biens résidentiels et (G) les livraisons de ces biens. Comme dans le modèle de Kalecki, le temps moyen de production des logements sera donné par (v). Il faut préciser que dans le cycle proposé ici, la confiance placée dans la convention urbaine devra toujours être capable de rassembler tous les acteurs concernés jusqu'à l'aboutissement de la configuration résidentielle recherchée. Cependant, cet aboutissement ne peut être garanti au départ, dès lors qu'il dépend du processus même de coordination. L'évolution de la configuration des stocks telle que la représente ce diagramme reste donc passible de bouleversements à tout moment: pour cela, il suffira que la convention urbaine ne soit plus capable de coordonner les anticipations des acteurs du marché de la localisation résidentielle à propos de l'ordre spatial.

Lorsqu'il n'y aura pas défaillance de la nouvelle convention urbaine relative à une localisation déterminée, le diagramme ci-dessous traduira le processus de modification réelle de son stock résidentiel. Dès qu'ils s'aperçoivent qu'une nouvelle croyance s'est mise en place concernant à la configuration future des résidences sur certains sites, et si les stocks réels y sont significativement différents de ceux proposés par cette nouvelle convention urbaine, les entrepreneurs vont de fait décider d'y produire des logements. Cependant, étant donné que la production s'étend dans le temps (chronologique), des changements

348 Ce diagramme est une analogie avec celui du cycle pur de Kalecki.

réels n'interviendront au niveau de la structure résidentielle qu'après un temps moyen de production (v). Et l'on peut observer sur la figure que les caractéristiques agrégées des biens en question ne commenceront à changer effectivement (à travers l'indice de verticalité-densification) qu'au moment (t1), qui correspond de fait au début de la livraison des biens ayant été commandés en (t1-v).

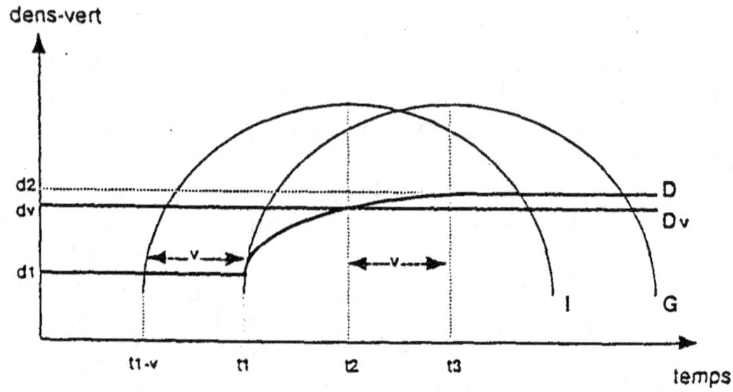

Figure n°8: courbe évolutive du profil des stocks résidentiels dans une localisation donnée.

Nous dirons que, à ce moment précis, et d'un point de vue réel, l'ancienne convention - traduite au niveau de la structure des stocks résidentiels par un certain niveau de densification-verticalité- commence à être rejetée par le biais des offres de nouveaux biens-logements. Ces derniers ayant en général un effet de dépréciation "fictive" sur les stocks anciens, on constatera qu'en cet endroit un changement (transition) de leurs caractéristiques du stock réel a commencé à se mettre en place. Au fur et à mesure que de nouveaux biens sont livrés sur le marché, la courbe qui trace le profil du site en termes réels (D) se rapprochera ainsi de celle qui représente la croyance relative à la configuration future (Dv).

Par ailleurs, le rapprochement des stocks réels de la configuration proposée par la convention va conduire les entrepreneurs urbains à réduire leurs investissements dans la localisation concernée. Comme on peut le voir sur la figure ci-dessus, l'inclinaison des tangentes à la courbe des décisions de production (I) va décroître, ce qui indique en effet que les changements intervenant dans le stock réel tendent à y faire diminuer avec le temps la fréquence des décisions de production. Au moment (t2) où le stock réel acquiert les contours voulus par la convention urbaine (D = Dv), les entrepreneurs perdront tout intérêt à poursuivre leurs offres de biens résidentiels en cet endroit, car cela signifierait un rejet de la nouvelle convention, qui, jusque-là, était l'élément de coordination des actions entreprises par les acteurs de ce marché. Dès lors que le stock réel acquiert le profil structurel souhaité par la convention (Dv), cela veut dire que la "prophétie" relative à la structure réelle des résidences s'est réalisée, la courbe d'investissement des entrepreneurs urbains s'infléchissant alors vers le bas.

En principe, la transition entre l'ancienne convention et la nouvelle s'achève au moment où le profil des stocks réels rejoint celle du stock virtuel (D = Dv). Pourtant, lorsqu'on s'attache à la temporalité des décisions de production, on constate que, au moment où le stock réel concrétise finalement la virtualité de la configuration recherchée, d'autres décisions de production ont déjà été mises en oeuvre, c'est-à-dire que certains investissements sont en train d'y devenir réalité. Ainsi, même si aucune nouvelle décision de production n'a été prise après (t2), celles qui auront été prises auparavant déboucheront sur une situation où la convention se traduira non plus par une croyance, mais plutôt par une réalité spatiale. Bref, la transition entre l'ancienne et la nouvelle convention ne s'achèvera qu'après livraison des biens en cours de production - en (t3) sur le diagramme.

Ces nouveaux biens, qui seront livrés à un moment situé au-delà du point de rencontre de la courbe réelle avec celle correspondant aux stocks virtuels, vont en effet marquer le départ de la destruction de la convention urbaine qui avait coordonné le processus d'innovation spatiale. Désormais, le niveau de densification-verticalité effectif ne sera plus celui qu'elle visait et auquel aspiraient l'ensemble des acteurs du marché résidentiel: il va lui devenir supérieur. Ce dépassement pourra amener les travailleurs-ménages "typiques" de la localisation conventionnée, à travers le constat que la structure réelle des stocks qui la composent n'est pas celle qu'ils escomptaient, à se demander si la configuration des externalités de voisinage en place ne risque pas elle aussi d'être remise en cause. La dynamique des décisions de production qui, dans un premier temps, avaient concrétisé et, un peu plus tard, rejeté la convention urbaine pourra alors déclencher un mouvement plus général d'éclatement de celle-ci au niveau de l'externalité de voisinage émergente. Bref, le processus productif qui permet l'aboutissement d'une configuration résidentielle selon une certaine croyance quant à l'avenir d'une localisation conduira non seulement à la réalisation de cette convention, mais aussi à la mise en oeuvre de son processus de destruction.

Ici, la dimension anticipative des prises de décision des entrepreneurs urbains peut être prise en compte dans l'aboutissement du processus de production des stocks espérés. Plus le stock réel se rapprochera de celui escompté, plus les entrepreneurs s'inquiéteront de savoir si la décision qu'ils vont prendre va se concrétiser sur le marché (livraison) après le point d'intersection entre D et Dv. Ils pourront aussi se demander si d'autres entrepreneurs ont choisi une stratégie d'innovation spatiale qui annonce déjà de nouvelles conventions urbaines, ce qui entraînerait une dépréciation fictive des biens qu'ils envisagent de produire. Cela veut dire que, à mesure que le stock résidentiel réel se rapprochera de celui proposé par la convention, on assistera à un certain retour de l'incertitude urbaine au niveau des décisions de production. Il suffira d'un "bruit" - jusque-là retenu à l'intérieur du couloir de la convention - pour que celle-ci ne parvienne plus à jouer son rôle de coordination spatiale des prises de décision. Dans ce cas, les entrepreneurs pourront décider de suspendre l'offre de biens résidentiels avant (t2-v), ce qui amènera à une configuration du stock réel qualitativement inférieure à celle espérée.

En résumé, ce qu'il nous semble important de signaler ici, c'est que la prise en compte de la dynamique kaleckienne des décisions de production fait ressortir une zone "floue" au sein de la configuration réelle des stocks résidentiels, ceux-ci pouvant acquérir un indice de densification-verticalisation supérieur ou inférieur à celui suggéré par la convention. Et si l'aboutissement du processus de transformation des caractéristiques d'une localisation débouche sur des perspectives de non-réalisation des anticipations, il est raisonnable de penser que la convention urbaine qui avait "guidé" la coordination de l'offre commencera à être l'objet de suspicions de la part des travailleurs (ménages). En d'autres termes, une réalisation incomplète du stock espéré soulèvera des doutes quant à la configuration de l'externalité de voisinage du lieu. A partir d'un certain degré d'amplification de la suspicion, c'est la convention urbaine tout entière qui s'écroulera: une fois achevée la période où elle avait permis la coordination des actions de transformation des caractéristiques d'une localisation (de sa période de vie), ce sera la "mort" (défaillance) de sa capacité de rassemblement.

Autrement dit, la fin du processus de réalisation matérielle des stocks résidentiels (proposés par une convention) sera le moment où la réalité ne confirmera plus la croyance touchant à la structuration des biens concernés: il y aura eu sous-estimation ou surestimation des stocks. Ainsi, la fin des changements transitoires apportés au stock résidentiel marque également le déclin et le terme de la convention urbaine en place. En outre, la stabilisation des caractéristiques d'un stock est le moment où les entrepreneurs urbains se désengagent de la croyance partagée autour de la convention qui s'y attache, et où ils auront tout intérêt à partager une nouvelle convention pouvant assurer ailleurs la coordination spatiale d'autres opérations de transformation de la structure résidentielle urbaine.

Ce qui ressort ici, c'est que le partage d'une convention urbaine entre les entrepreneurs et les ménages se restreint à la période de transition qui va de son émergence à l'apparition d'une nouvelle proposition de configuration pour la même localisation. La transition prendra fin lorsque tous les acteurs du marché partageront cette dernière convention. Le résultat de ce mouvement d'émergence, de vie et de mort des conventions urbaines peut être vu à deux niveaux. Pour une localisation particulière, leur succession au fil du temps permettra de retracer "l'histoire" des stocks résidentiels, que nous appelons son cycle de vie. Sur le plan de la structure agrégée de l'ordre résidentiel, le déplacement dans l'espace urbain des innovations spatiales (conventions) produira des transitions régulières à l'intérieur de ces cycles de vie, et ce sont ces déplacements qui donnent l'image d'une mosaïque d'externalités en constante mutation: celle d'un ordre résidentiel kaléidoscopique. Si l'on observe ces mouvements de conventions, on s'aperçoit que certains sont la manifestation même des innovations spatiales, tandis que d'autres sont l'expression d'un processus de diffusion géographique de ces mêmes innovations. C'est cette conjonction d'innovations et d'imitations de celles-ci, génératrice à la fois d'ordre et de désordre résidentiels, que nous appelons **dynamique spatiale.**

4.2. Le cycle de vie des localisations et le ballet des conventions urbaines

Dans le diagramme retraçant les décisions de production des entrepreneurs urbains (figure n° 8), la courbe de configuration du profil des stocks résidentiels relevant d'une localisation particulière permet de suggérer que, du point de vue strict de la matérialité de ces biens (donnée par l'indice de densification-verticalité), chaque localisation est l'objet d'opérations périodiques de modification de sa spatialité. Si l'on suppose que ces opérations résultent d'une dynamique marchande, on peut alors penser que "l'histoire" des stocks résidentiels en question correspondra à une succession de conventions urbaines marquées par des périodes de transition entre elles.

Ces périodes correspondant, comme nous l'avons vu, aux moments où chaque nouvelle convention va prendre le relais de la précédente dans le processus de coordination des actions de production des stocks concernés, la représentation de cette succession au fil du temps pourra aussi représenter la "vie" de la localisation à travers les changements qu'elles apportent dans les caractéristiques de son stock résidentiel. Ici, c'est la courbe évolutive des stocks réels qui raconte "l'histoire" de cette localisation, et nous dirons qu'elle sert à décrire son "cycle de vie"[349].

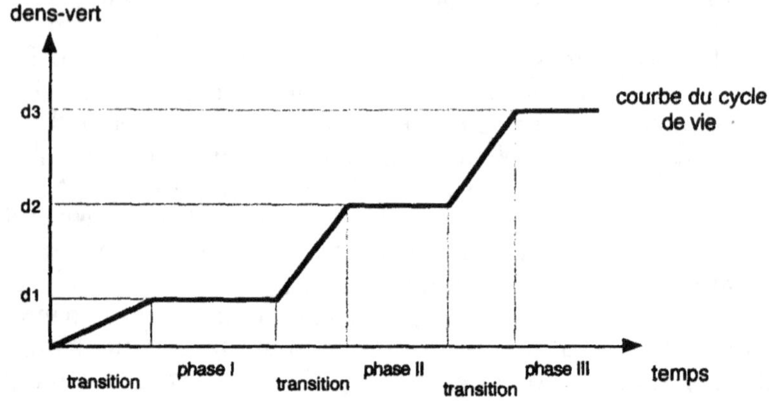

Figure n° 9: courbe du "cycle de vie" d'une localisation résidentielle.

Comme on peut le voir dans ce diagramme[350], le cycle de vie d'une localisation n'est que l'histoire des changements subis par les caractéristiques matérielles des résidences en cet endroit. Il est ainsi composé par une succession de phases pendant lesquelles ces caractéristiques seraient relativement constantes. Etant donné que cette histoire est coordonnée par le marché résidentiel, les changements qui interviennent d'une phase à l'autre traduiront les transitions survenues entre les croyances qui se rapportent à ce site. C'est-à-dire que la période où sa structure résidentielle garde un profil stable traduira celle

---

349 Le terme de "cycle de vie" revêt ici un sens différent de celui d'une trajectoire retraçant la naissance, la vie et la mort d'une unité familiale, telle que l'évoque le modèle de Modigliani (1954, 1986), ou encore de celui du "cycle de vie du produit" de Vernon (1966). Selon nous, c'est la convention urbaine qui suit une telle trajectoire, tandis que chaque localisation matérialisera la "vie" des diverses conventions auxquelles elle a été soumise au fil du temps.

350 La courbe du cycle de vie des stocks résidentiels d'une localisation peut avoir des configurations différentes en fonction de l'évolution des conventions urbaines (traduites par l'indice de verticalité-densification). Dans la figure que nous proposons, on assiste à une évolution croissante de l'indice, ce qui nous semble correspondre à ce qui se passe le plus fréquemment concernant les changements survenant dans les caractéristiques résidentielles d'une localisation. Cependant, il est possible que le profil du cycle de vie prenne d'autres contours, comme dans le cas de "révisions" à la baisse de cet indice. Bref, la configuration dépendra des conventions urbaines adoptées par les participants au marché de la localisation.

pendant laquelle une convention urbaine qui aura réussi à coordonner les actions des entrepreneurs urbains.

Notons que la convention urbaine permet un double processus de coordination: d'un côté une articulation spatiale des offres et, de l'autre, une conjonction des actions autour d'un "modèle" (*pattern*) de configuration du stock et de certaines caractéristiques. Cependant, nul ne peut garantir que cette convention restera en place une fois obtenue la configuration matérielle (physique) voulue. Le fait que l'externalité de voisinage dont elle est porteuse se maintient après le départ des entrepreneurs urbains poussera ceux-ci à la reproduire ailleurs. Parler du cycle de vie d'une localisation ne veut donc pas toujours dire qu'il y a identité entre les externalités de voisinage apportées par les conventions au niveau des stocks réels et celles qui étaient à la base du processus de production de cette structure réelle.

Ce point nous semble d'autant plus important que la logique d'innovation spatiale qui pousse les entrepreneurs à déplacer un certain "type" de ménages là où ils pourront reproduire l'externalité de voisinage en question apparaît comme une stratégie d'attraction sélective à l'égard des divers "types" de ménages qui composent le marché de la localisation résidentielle. Si, de fait, la stratégie d'innovation spatiale réussit à en déplacer certains, cela signifie que les lieux quittés verront s'installer un "type" qui diffère de celui des "sortants". Ici, l'effet de dépréciation "fictive" généré par l'innovation spatiale ne sera ressenti que par le "type" de ménages qui occupe déjà la localisation, celui-là même que les entrepreneurs envisagent d'attirer ailleurs. Dès que des ménages quitteront les logements ainsi "dépréciés", d'autres, de revenu inférieur à celui des "sortants", s'installeront dans les lieux. Pour ces "entrants", l'emménagement signifiera l'entrée dans des résidences jusque-là inaccessibles. C'est en ce sens que la dépréciation "fictive" constitue également pour ces "derniers" une incitation au déplacement. On peut donc dire qu'elle met en oeuvre une logique de sortie-entrée qui, tout en préservant physiquement le stock résidentiel, permet d'en modifier l'externalité de voisinage.

Le résultat agrégé des innovations spatiales se traduira ainsi par un enchaînement de déplacements touchant les différents "types" de ménages. Si, auparavant, nous avons envisagé l'innovation spatiale comme une stratégie grâce à laquelle les entrepreneurs urbains attiraient "un" type de ménage dans une localisation, - en anticipant le *mark up* urbain qu'ils pourraient lui imposer -, il convient dès lors d'ajouter que la dépréciation "fictive" qu'elle déclenche entraîne également une réaction en chaîne de dépréciations d'externalités dans la mesure où ce sont des "types" de revenu inférieur qui sont incités à prendre la place des sortants. Nous verrons, en poussant jusqu'au bout cette logique d'enchaînements, que l'innovation spatiale pourra produire une altération des externalités de voisinage au niveau de l'ordre urbain global.

Au niveau strict des stocks, le cycle de vie d'une localisation pourra comporter différentes configurations de l'externalité à l'intérieur d'une même phase (profil) de "l'histoire" de sa structuration résidentielle. On aura ainsi des changements d'externalité s'accompagnant d'une modification des caractéristiques du stock, et d'autres qui vont préserver celles en place. Et le profil des stocks d'une localisation commencera en effet à changer au moment où les entrepreneurs urbains partageront avec un certain type de ménage la croyance qu'une autre habitée par des ménages de revenu inférieur est passe d'acquérir des caractéristiques matérielles (biens résidentiels) et d'externalité de voisinage supérieures à celles qu'ils y constatent. Dès lors, une nouvelle convention urbaine se mettra en place et le profil des résidences du site considéré entamera une phase de transition.

Cette transition va donc se traduire par un mouvement social de déplacement des ménages. On voit ainsi que le principal facteur de convergence des anticipations spéculaires qui vont donner naissance à cette convention urbaine est la proposition d'une innovation spatiale[351], et que le déplacement occasionné se montre révélateur du fait qu'une autre localisation a été dépréciée de façon "fictive". Nous avons déjà vu que la stratégie d'innovation spatiale adoptée par les entrepreneurs urbains intervenait toujours au niveau des jugements (utilités) que portent les ménages sur les biens localisations résidentiels anciens: en proposant de modifier les caractéristiques de leurs logements, ils incitent en effet ces derniers à réviser l'idée qu'ils ont de leur localisation (et donc à se déplacer). Cette stratégie est dite de différenciation du produit; en raison de l'immobilité et de la durabilité de ce bien, elle ne peut être menée ici qu'en produisant des déplacements spatiaux de la demande. Mais si la transition entre les différentes phases du cycle de vie des stocks résidentiels se fait en général grâce aux innovations spatiales, nous pouvons nous demander comment ces innovations créeront l'effet schumpétérien de destruction créatrice.

En effet, la dépréciation "fictive" que recherchent les entrepreneurs ne produira la destruction créatrice de tous les stocks résidentiels que de façon indirecte. En général, l'innovation est conçue pour "déprécier" les stocks occupés par le "type" de ménages que les entrepreneurs souhaitent attirer vers la nouvelle localisation, et pour y installer à leur place un type de ménages de revenu inférieur. Ici, l'effet

---

351 Sur ce point, voir le chapitre sur la convention urbaine.

de la dépréciation "fictive" se manifeste d'abord au niveau de l'externalité de voisinage des stocks en question. Cependant, les "entrants" vont laisser derrière eux une localisation dans laquelle viendra s'installer un autre "type" de ménages, de revenu encore inférieur, qui laisseront à leur tour un "vide" derrière eux, provoquant de nouveaux déplacements, et ainsi de suite.

La mise en ouvre d'une proposition d'innovation spatiale et la dépréciation qu'elle entraîne (par convention) dans une localisation déterminée vont engendrer ainsi un chassé-croisé entre "sortants" et "entrants" qui mobilisera plusieurs types de ménages et dont l'effet agrégé peut être assimilé à un phénomène global de "destruction créatrice d'externalités de voisinage". Autrement dit, la proposition d'une nouvelle convention urbaine visant à changer les caractéristiques des biens résidentiels et de l'externalité de voisinage d'une certaine localisation pourra s'étendre à l'ensemble de la configuration urbaine. En ce sens, la transition qui intervient entre deux phases du cycle de vie d'un site particulier a la capacité de déclencher le déplacement de plusieurs "types" de ménages en raison des changements d'externalité qu'elle entraîne dans d'autres localisations. C'est ce qui nous fait dire que les modifications survenant au niveau strict du cycle de vie des localisations génèrent des mouvements plus larges qui renvoient à la dynamique spatiale de l'ordre urbain.

Le rapport qui existe entre ces changements de niveau "local" (dont le cycle de vie de la localisation est la traduction) et les modifications qu'ils déclenchent dans la configuration des externalités de voisinage de l'ordre urbain fait ressortir le rôle déterminant de la pratique de l'innovation spatiale en tant que stratégie de bouleversement de l'ordre résidentiel ancien. La démarche des entrepreneurs urbains consistant à proposer de nouvelles conventions pour imposer d'autres *mark up* revêt de ce point de vue une dimension beaucoup plus agrégée que ce que ses contours micro-économiques ne le laissent penser. La différenciation du bien résidence renvoie ainsi, d'un côté, à la possibilité d'imposer des *mark up* urbains par la production de nouveaux biens résidentiels, et, de l'autre, à la restructuration des externalités de voisinage existantes. Le rapport qui s'établit entre le stock et le flux des biens résidentiels ne se restreint donc pas aux changements réels qu'ils subissent; il fait également appel à la configuration et à la modification des externalités de voisinage.

Au vu des courbes de cycle de vie, on constate que la transformation des caractéristiques résidentielles d'une localisation entraîne des changements dans le cycle de vie d'autres localisations urbaines, dans la mesure où elle modifie la convention relative à son externalité de voisinage. Autrement dit, la dépréciation "fictive" imposée par une innovation spatiale dans une localisation préserve la matérialité de son stock résidentiel ancien et produit des changements au niveau de la coordination des choix de localisation des ménages. En termes strictement réels de cycle de vie, cela signifie qu'aussi longtemps qu'une localisation verra ses caractéristiques changer (phase de transition), le cycle de vie des autres localisations se maintiendra dans une même phase.

Toutefois, la "stabilité" du profil du stock ancien n'implique pas nécessairement celle de la configuration de l'ordre résidentiel. L'effet d'enchaînement des déplacements nous a montré que même des conventions d'externalité concernant des stocks du passé pouvaient se modifier, et sans l'intervention du capitaliste-entrepreneur urbain. Mais en l'occurrence, c'est pourtant bien sa décision d'innover ailleurs qui aura déclenché un changement de ces conventions. Tout l'intérêt de ce constat est qu'il met en avant, au niveau de la coordination spatiale, le danger que représente la recherche de *mark up* urbains par le biais des innovations spatiales. Le rôle ambigu de celles-ci tient au fait que si, d'une part, elles permettent l'émergence de nouvelles conventions d'externalité de voisinage, elles produisent d'autre part la défaillance d'anciennes conventions, ce qui renvoie à l'interdépendance des choix du passé et de la coordination des choix présents formulés selon la représentation qui est faite de l'avenir.

Lors de notre discussion sur l'émergence des conventions urbaines, nous avons vu qu'en cas d'opacité de l'ordre résidentiel futur, les entrepreneurs "émettaient" des signes (proposition cognitive d'innovation) pouvant servir de points de convergence aux anticipations spéculaires, et donc aider à coordonner les décisions de localisation. En principe, ce processus de coordination ne concerne qu'une localisation urbaine: celle où les entrepreneurs souhaitent attirer un "type" particulier de ménages. Lorsqu'on observe les effets des innovations sur la dynamique spatiale, on constate pourtant que celles qui ne visent le déplacement que d'un seul type de ménage ont le pouvoir de bouleverser les conventions urbaines qui garantissaient la coordination des externalités de voisinage dont bénéficient les autres "types" de ménages. Ainsi, même s'il existe une certaine échelle des prix de convention -qui reflète dans une large mesure les pratiques anciennes et actuelles de fixation du *mark up* urbain-, la propagation spatiale du bouleversement des conventions anciennes imposera une "révision" des choix de localisation, avec tous les dangers que comporte ce retour de l'incertitude urbaine radicale.

En outre, de par l'utilisation qu'elle fait des signes émis par les conventions anciennes (caractéristiques du stock et prix de convention), la coordination des décisions de localisation n'échappe pas elle non plus à une certaine ambiguïté: celle qui consiste à prendre ces signes pour des repères dans un environnement où ils sont l'objet d'un "rejet" dû à l'innovation spatiale. La coordination se fera ici dans une situation de tension entre les propositions touchant à l'avenir des caractéristiques du stock (innovations) et l'héritage de ce stock [352].

En effet, la transformation des caractéristiques d'une localisation qu'engendre une innovation spatiale est la manifestation d'un changement de la structure réelle des stocks résidentiels, et donc révélatrice de l'action des entrepreneurs urbains en tant qu'agents de la rupture avec les actes du passé. C'est en ce sens que les transitions que l'on observe entre les phases du cycle de vie d'une localisation traduiront la dynamique spatiale en termes réels. Outre sa manifestation locale au niveau du cycle de vie de la "matérialité" résidentielle, l'innovation spatiale pourra bouleverser l'ensemble des conventions urbaines qui permettent la configuration d'une mosaïque d'externalités de voisinage (ordre urbain). Le rapport entre le stock résidentiel ancien et les nouvelles offres (flux) renvoie donc bien aux problèmes de coordination des décisions de localisation, c'est-à-dire d'émergence des externalités de voisinage (espace résidentiel). C'est en raison de cette indissociabilité qu'on ne peut parler du "cycle de vie" en tant que trajectoire évolutive des caractéristiques résidentielles sans faire appel à la dynamique spatiale et au processus de coordination urbaine.

Dès lors, l'innovation spatiale pourra se révéler porteuse du "virus" du désordre urbain; en bouleversant la configuration des externalités de voisinage en place, elle fera revenir l'horizon l'incertitude radicale. Par ailleurs, le retour des anticipations spéculaires de l'avenir urbain pourra faire émerger un nouveau repère pour la coordination des choix de localisation e/ou rejeter les repères existants. Au niveau d'une localisation particulière, l'innovation permettra par exemple l'émergence d'une nouvelle convention urbaine, tandis qu'elle ne sera plus d'aucune utilité dans le processus de coordination des choix concernant les localisations dont elle avait entraîné la dépréciation "fictive".

En tant que composante du marché résidentiel, l'innovation spatiale révèle ainsi la symbiose existante entre l'ordre et le désordre spatiaux urbains: d'un côté elle provoque un mouvement d'apparition de nouveaux ordres résidentiels (dynamique spatiale) et, de l'autre, elle a la capacité de bouleverser les externalités (retour de l'incertitude urbaine) et de bloquer la coordination nécessaire à leur recomposition, et donc d'engendrer le désordre.

---

352 Il faut se souvenir que les innovations peuvent se diffuser au sein de l'espace urbain, et que les anticipations de cette diffusion pourraient être prises en compte au moment où les ménages prennent leurs décisions de localisation. La tension entre le passé (stock) et l'avenir (innovation) serait donc un élément de plus intervenant dans les anticipations spéculaires des ménages qui s'installent dans des stocks anciens.

4.3. La diffusion de l'innovation spatiale et le double mouvement d'homogénéisation-différenciation de la structure résidentielle

Le précédent constat permet de mieux comprendre le rôle déterminant de l'innovation dans la dynamique résidentielle et dans l'évolution du cycle de vie des localisations. Dans sa manifestation spatiale, cette stratégie montre que la dynamique de l'espace urbain relèverait d'un mouvement continu de différenciation des stocks résidentiels. Cependant, ce n'est là qu'une partie du processus de transformation de la structure réelle des résidences, l'autre moment de ce changement étant la pratique imitative qui permet à la différenciation produite par cette innovation de se déplacer à travers l'espace résidentiel urbain.

L'utilisation de cette stratégie de différenciation dans des localisations différentes - soit simultanément, soit au fil du temps - engendrera une configuration dans laquelle divers stocks résidentiels présentent des caractéristiques semblables. En effet, la diffusion d'une même innovation spatiale (dans le temps et/ou l'espace) laisse entrevoir un double mouvement: d'un côté elle permettra, à l'intérieur d'une localisation, une modification des caractéristiques résidentielles qui ne sera rien d'autre qu'une différenciation du bien logement par rapport au stock du passé; de l'autre, elle générera, par sa reproduction dans diverses localisations, une certaine homogénéisation des caractéristiques résidentielles de l'ordre urbain. Ce double mouvement va donc se manifester, au niveau du cycle de vie, par une différenciation des stocks, et au niveau de la dynamique spatiale, par un processus d'homogénéisation de la structure résidentielle réelle.

En représentant graphiquement le déplacement spatial des phases du cycle de vie des localisations selon un "vecteur" de différenciation ou d'homogénéisation des caractéristiques de leur stock, on aura un diagramme où, comme nous l'avons suggéré auparavant, ces phases (et les changements qui leur correspondent) seront traduites par l'indice composé de verticalité-densification. Si l'on prend deux moments distincts (t1) et (t2), on peut voir que le changement spatial par différenciation et/ou homogénéisation se vérifie dans plusieurs localisations soit simultanément - au moment (t1) -, soit dans le déroulement du temps - en un moment (t2). Dans le premier cas, le "vecteur" AC reflète l'imitation d'une innovation passée dans plusieurs localisations (avec une tendance à l'homogénéité des caractéristiques de leurs stocks), tandis que AE révèle l'introduction d'une nouvelle innovation spatiale, qui aura pour conséquence une différenciation du stock. Dans le second cas, la différenciation dans le temps et l'espace est donnée par AD, tandis que la tendance à l'homogénéité des caractéristiques du stock résidentiel est représentée par AB.

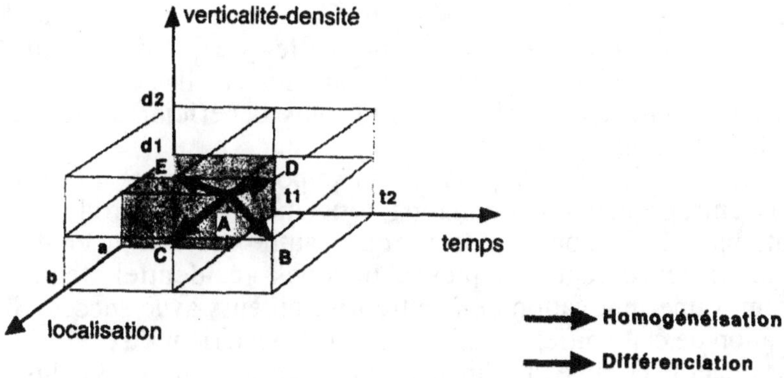

Figure n°10: différenciation et homogénéisation des caractéristiques des stocks résidentiels dans le temps et l'espace

L'intensité de l'homogénéisation de la structure réelle des stocks résidentiels dépend de la trajectoire même que suit l'innovation au cours du temps et à travers l'espace urbain, la notion de trajectoire renvoyant généralement ici à sa diffusion, laquelle sera représentée par le parcours de sa transformation en pratique marchande courante[353]. Du point de vue de la stratégie des entrepreneurs, on peut cependant raisonnablement supposer que la propagation spatiale d'une innovation, c'est-à-dire sa généralisation par imitation, tendra à réduire les possibilités d'imposition d'un *mark up* urbain, puisque c'est avant tout la production d'une différenciation spatiale qui leur permet d'imposer cette marge de gain.

353 Nous nous référons ici à la notion de trajectoire technologique que l'on trouve dans les travaux néo-schumpétériens, dont la caractéristique principale est de proposer une approche évolutionniste du changement technique. Cependant, la notion de trajectoire et celle de diffusion revêtent ici un sens quelque peu différent de celui que leur donne la formulation évolutionniste, notre objectif étant de faire une description minimale de la dynamique spatiale en l'envisageant sous l'angle des innovations et de leur diffusion spatiale. Nous nous éloignons donc des approches évolutionnistes qui souhaitent bâtir une théorie basée sur le changement économique alternatif. Pour une présentation du projet évolutionniste, voir Dosi (1988, 1991) et Dosi et Chiaramonte (1992); et pour une présentation plus pédagogique de ce même projet, voir Gaffard (1990, p.238-291).

Ainsi, plus la structure réelle d'une localisation se rapprochera d'une certaine homogénéité, moins les ménages qui ont choisi de s'y installer seront enclins à la quitter, ce qui veut dire que la tendance à l'homogénéisation des stocks - que produit la diffusion d'une innovation - sera un obstacle aux tentatives des entrepreneurs visant à déplacer les divers "types" de ménages. Ces derniers n'auront en effet aucune raison d'opter pour une nouvelle localisation dont les caractéristiques seraient les mêmes que dans celle qu'ils occupent et où, de plus, ils courraient le risque de ne plus bénéficier de la même externalité de voisinage.

Si, pour récupérer la possibilité d'imposer des *mark up* urbains, certains entrepreneurs vont malgré tout chercher à introduire des innovations spatiales, on peut penser que d'autres préféreront envisager de changer les caractéristiques d'un stock résidentiel donné en recourant à une innovation déjà entreprise ailleurs avec succès. Si la réutilisation de cette différenciation est "lue" à l'intérieur du cycle de vie du site concerné comme une "innovation locale", elle n'en sera plus une au niveau global de la configuration urbaine des résidences.

On peut dire ainsi que la dynamique spatiale met en scène deux "types" d'entrepreneurs: ceux dont la stratégie consiste à imiter ailleurs d'anciennes innovations spatiales, et ceux, de type véritablement schumpétérien, qui entreprennent avant tout des différenciations nouvelles à l'intérieur d'un même site résidentiel. Au niveau de la configuration réelle des stocks, ces pratiques produiront des effets de deux types eux aussi: la première introduira une tendance à l'homogénéisation des stocks, et la seconde une tendance à leur différenciation. Bref, la dynamique spatiale relève d'un double mouvement d'homogénéisation et de différenciation. Cette configuration de la structure résidentielle par des mouvements contraires ne fera que manifester la trajectoire d'innovations du passé ayant été reprises par des "imitateurs". Soulignons que, pendant un certain temps, cette diffusion spatiale par "imitation" va permettre à ces derniers d'imposer des *mark up* urbains, dans la mesure où ils pourront de la sorte opérer des transitions dans le cycle de vie des localisations. Et le blocage du mouvement de déplacement des ménages n'interviendra que pendant la phase finale de l'homogénéisation des stocks.

En poussant jusqu'à sa limite ce raisonnement, on peut envisager une dynamique de configuration résidentielle mettant en oeuvre plusieurs processus de diffusion des innovations, dont chacun proposerait une innovation datée différemment des autres mais continuant à transformer les caractéristiques des stocks. Si l'on ajoute à cela que la demande est composée de "types" de ménages qui se distinguent selon leur revenu, on peut supposer que la dynamique d'innovation mise en oeuvre par les entrepreneurs schumpétériens visera prioritairement les plus aisés (demande plus solvable). Si cela est vrai, la diffusion des innovations obéira à un certain ordonnancement spatio-temporel qui correspondra à celui des externalités de voisinage par "types" de ménages. C'est-à-dire que l'offre capitaliste de résidences établira des stratégies d'échelonnement d'innovations datées: plus le revenu du "type" concerné sera élevé, plus l'innovation sera récente. Ces différents processus de diffusion s'articulant ainsi avec le mécanisme même de configuration des externalités de voisinage, la structure résidentielle se présentera seulement comme une mosaïque d'externalités (correspondant chacune à une tranche de ressources), mais aussi en tant que mosaïque de caractéristiques résidentielles (établies selon ce même critère). Ce sont ces deux types de "mosaïque" qui, en se renforçant mutuellement, donneront la configuration globale de l'ordre résidentiel.

Cependant, il convient de rappeler que l'imitation d'une différenciation spatiale peut toujours se limiter au niveau strict d'une localisation (à l'échelle d'une externalité de voisinage), c'est-à-dire à la condition d'innovation "locale". Pour être vue en tant que telle, il suffira qu'elle déclenche la transition entre deux phases du cycle de vie de la localisation. Ici, le processus de diffusion devra toujours prendre en compte le fait que les biens résidentiels sont immobiles et jouissent d'une importante longévité matérielle. La conjonction de ces deux caractéristiques inscrit en effet ce processus de diffusion sélective dans une temporalité où les innovations du passé ne sont pas exclues[354].

Les effets spatiaux de la diffusion simultanée d'innovations introduites en des moments différents peuvent ainsi être "vus" par le biais des transitions qui interviennent dans le cycle de vie des localisations résidentielles. Si l'on prend par exemple trois localisations que l'on représente au moyen de courbes de cycle de vie (voir figures ci-après), dont deux (a et b) sont liées à des conventions différentes quant aux caractéristiques de leurs stocks (innovations anciennes différentes), et pour lesquelles une même innovation a été introduite d'abord en (a) et ensuite en (b), on constate que les biens résidentiels de ces deux dernière vont connaître une transition (changement) qui les entraînera l'une et l'autre dans une nouvelle phase de leur cycle de vie. La transition intervenue en (a) se sera produite avant celle observée en (b) (ta' antérieur à tb'), bien que l'innovation adoptée (par convention) dans l'une et l'autre localisations ait été la même. En ce qui concerne strictement le stock réel, le résultat de la transition est ici l'adoption d'une même convention à l'égard de la configuration des

[354] Notons que l'approche évolutionniste insiste beaucoup sur le rôle du processus de sélection, voir à ce propos Dosi, 1991.

caractéristiques résidentielles, bien que celles de départ soient différentes et malgré la non-simultanéité des transitions. Et si les cycles de vie respectifs de (a) et (b) coïncident à partir d'un certain moment, c'est parce qu'en effet l'innovation a été la même.

Au niveau de la configuration spatiale des stocks (figure b), on peut constater que si, en (t1), les localisations (a) et (b) avaient des profils différents, on retrouve en (t2) une similitude des stocks résidentiels, ce qui révèle la tendance à leur homogénéisation. Cependant, ce qui a été dit des entrepreneurs schumpétériens permet d'imaginer qu'une autre localisation aura subi des transformations de ses stocks répondant à des critères qui n'avaient rien à voir avec ceux couramment utilisés, par exemple consécutives à une différenciation-innovation. La transition qui se produit dans la localisation (c) représente cette modification des caractéristiques résidentielles qu'entraîne l'innovation. Ici, au lieu d'un mouvement d'homogénéisation, nous aurons plutôt une différenciation de la structure réelle des stocks, comme le montre la représentation du profil de cette localisation (figure b). Au cours de l'intervalle de temps (t2-t1), les localisations ont donc connu des changements représentés par les transitions séparant les diverses phases de leur cycle de vie et qui, en termes de configuration agrégée, traduiront une tendance à l'homogénéisation de (a) et (b), et un mouvement de différenciation en (c). Il faut souligner qu'"homogénéisation des stocks" ne veut pas dire "stabilisation de leur profil" par rapport au passé. Comme on le voit sur la figure, l'homogénéité obtenue entre diverses localisations obéit à des caractéristiques différentes selon qu'on se place en (t2) ou en (t1), c'est-à-dire qu'elle passe par le changement des caractéristiques résidentielles réelles.

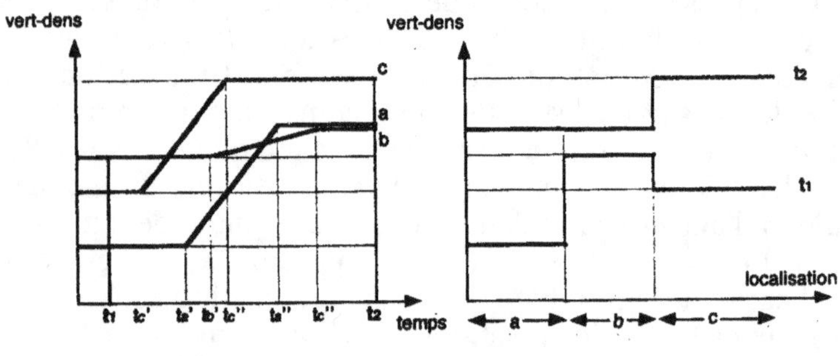

(a) (b)

Figure n°11: cycle de vie des localisations et changement du profil des stocks résidentiels

Dans l'exemple que nous venons de prendre, et qui ne considère que trois localisations, il s'agit bien entendu d'un cas minimal où n'est diffusée qu'une ancienne innovation (résultant en la convergence des caractéristiques résidentielles) et où n'en est introduite qu'une nouvelle. Dès lors que le processus de diffusion touchera un plus grand nombre de localisations que l'innovation elle-même au départ (en raison des caractéristiques de cette diffusion), on peut en conclure que la tendance à l'homogénéité s'imposera. La figure b confirme d'ailleurs cette intuition, puisque le profil global des stocks des trois localisations est beaucoup plus différencié en (t1) qu'en (t2).

Nous avons suggéré auparavant que la dynamique spatiale pouvait comporter plusieurs processus de diffusion, dont chacun propagerait une innovation ayant été introduite à un certain moment, ce qui revient à dire que l'introduction d'une innovation spatiale dans une localisation donnée n'effacerait pas toutes celles entreprises dans le passé. Le processus de diffusion serait donc multiple: il propagerait simultanément plusieurs "innovations datées". Cette "diffusion multiple" serait également porteuse d'une double tendance: à l'homogénéité d'un côté et à la différenciation de l'autre; dès lors qu'on élargit le nombre des localisations représentées par la figure b, le poids de la convergence vers une seule convention portant sur les caractéristiques des biens résidentiels se relativise, et l'on assiste au retour d'un processus d'homogénéisation qui va en effet différencier les stocks en termes agrégés. Ce serait ainsi la temporalité datée du passé qui se projette dans l'avenir de la configuration matérielle des stocks grâce à la "diffusion multiple" des innovations[355]. C'est la particularité de chacun des cycles de vie et leur rapport entre eux, c'est-à-dire la dynamique spatiale, qui traduiront ce mouvement en termes de stocks réels.

Autrement dit, la non-simultanéité des conventions liées au profil du cycle de vie des localisations indique un mouvement de différenciation matérielle de la dynamique spatiale, tandis que la

[355] On peut voir ici qu'une innovation ayant été introduite depuis longtemps dans une localisation va servir de mécanisme de coordination dans la modification d'une autre localisation. Dans leur analyse de l'évolution de l'offre de résidences Rio de Janeiro (Brésil), Smolka et alii (1985) et Smolka (1987, 1991) ont identifié plusieurs cas de similitude dans les caractéristiques des biens résidentiels de localisations différentes en des moments différents. Nous avons évoqué pour notre part (Abramo, 1988) le cas d'une innovation introduite dans les années cinquante dans un quartier de cette même ville (Copacabana) et réutilisée vingt ans plus tard pour attirer dans un autre quartier (Meier) des ménages de revenu inférieur, tandis que les innovations des années soixante-dix (Ipanema et Leblon) et quatre-vingt (São Conrado et Barra da Tijuca) avaient déjà commencé à être diffusées à partir de la seconde moitié de leur décennie respective (Ilha do Governador dans le premier cas, et une partie de Jacarepagua dans le second).

simultanéité des changements de phase des cycles de vie produits par une même innovation traduit la tendance à l'homogénéité des stocks.

La dynamique spatiale est en ce sens le processus de configuration urbaine (matérialité de l'ordre résidentiel) où l'entrecroisement d'une tendance à la stabilisation (homogénéité) et d'une tendance à la négation de celle-ci (différenciation) produira un changement par valorisation-dévalorisation des caractéristiques résidentielles des diverses localisations. L'espace urbain qui ressort de cette dynamique n'aura donc pas grand-chose à voir avec sa représentation walraso-thünénienne, telle que l'a énoncée la synthèse spatiale néoclassique. La tradition orthodoxe a toujours conçu l'espace résidentiel en tant que variable exogène (et naturelle) vis-à-vis des choix que font les acteurs du marché de la localisation. Envisager l'ordonnancement résidentiel comme un mouvement de valorisation-dévalorisation par convention (résultant de l'interdépendance des décisions de localisation) nous éloigne donc de la représentation orthodoxe. Lorsqu'on aborde la dynamique spatiale en tant que manifestation matérielle (stocks résidentiels) de ce mouvement continu de valorisation-dévalorisation, on arrive en effet, concernant la verticalité des biens logements, à des conclusions très différentes de celles du modèle de base de la synthèse néoclassique.

En tant que conjonction des tendances à la différenciation et à l'homogénéisation des stocks, cette dynamique conduit de fait à une configuration spatiale de la verticalité et de la densification tout à fait distincte de celle donnée par les modèles de base de Mills et de Wingo, où la pente des courbes respectives de ces deux caractéristiques décroît du centre vers la périphérie, et où le raisonnement basé sur la substituabilité des facteurs et le critère d'allocation optimale de ces derniers (pour des prix déterminés) dressait de la verticalité un profil lié à la configuration des valeurs foncières données par la représentation thünénienne de l'espace urbain. De ce point de vue, il y aurait donc une logique économique permettant d'envisager une certaine configuration "a-historique" et atemporelle de la verticalité: pour les orthodoxes, les allocations déterminées par les "forces" du marché donneraient quel que soit le lieu une courbe de verticalité ayant toujours des contours dictés par le critère de substituabilité (le cas général étant celui d'une courbe dont la pente décroît du centre vers la périphérie)[356].

Cependant, dès l'instant où l'on fait entrer en ligne de compte les stratégies d'innovation de type schumpétérien, les conventions, la dynamique des anticipations spéculaires et le processus de diffusion multiple des innovations, le raisonnement orthodoxe basé sur la

---

356 Pour la présentation du modèle de Wingo (densité) et de celui de Mills (verticalité), voir Abramo, 1997.

substituabilité des facteurs ne tient plus, et l'on arrive à une configuration de la verticalité s'apparentant plutôt à une mosaïque de conventions liées aux caractéristiques du stock résidentiel. En outre, le profil réel présent du stock, tel qu'il est donné par la composition des phases du cycle de vie des localisations urbaines, ne pouvant être que le résultat des actions du passé, personne ne peut prédire son profil futur; il relève en effet non pas des prévisions de la théorie économique concernant l'espace, mais surtout de l'histoire, et cela en raison de l'éventualité permanente de décisions cruciales[357].

Si cette dynamique réelle des stocks résidentiels tend ainsi à intensifier la migration inter-localisations des divers "types" de ménages, avec les problèmes de coordination que cela comporte, l'image d'un ordre spatial unique, stable et optimal que donne la représentation néoclassique du marché de la localisation résidentielle se rapprochera plutôt d'un "mythe rationnel" produit par un discours axiomatique[358]. Bref, l'image de la structuration urbaine à laquelle nous sommes arrivé s'écarte de façon radicale des résultats de la synthèse spatiale néoclassique.

Dans notre approche hétérodoxe de la dynamique marchande du marché résidentiel, nous avons vu émerger un ordre obtenu par convention et susceptible d'être bouleversé par des innovations spatiales, des décisions opportunistes, des bulles spéculatives et des soupçons de toutes sortes. Il s'agit donc d'un ordre qui porte en lui la virtualité du désordre. A nos yeux, la structuration résidentielle produite (coordonnée) par les "forces" du marché ne peut même pas être qualifiée d'instable. Selon les termes des évolutionnistes, elle relèverait d'un processus de changement continu, d'un mouvement d'ordre-désordre. Dans ce sens, le paradigme d'une stabilité due à des phénomènes de forces et de contre-forces ne saurait être évoqué comme étant le mécanisme de "régulation" agrégée des actes marchands[359]. Nous sommes en effet aujourd'hui dans une économie de production où la coordination opérée par le marché traduit un mouvement d'ordre-désordre spatial qui, en même temps qu'il rejette le paradigme de la "stabilité", renvoie à un ordre (ville) kaléidoscopique.

Nous dirons pour conclure qu'il serait déraisonnable de penser que cet ordre-là comporte un postulat d'optimalité parétienne. Il semble s'agir au contraire d'une représentation plutôt pessimiste des

---

357 Voir le chapitre sur l'incertitude urbaine.

358 Pour une discussion sur la tradition walrasienne en tant que "mythe rationnel", voir Ganem, 1993.

359 Souvenons-nous que le problème de la stabilité fait toujours l'objet d'un débat au sein de la tradition walrasienne et qu'il n'a pas été résolu. Voir à ce propos Guerrien (1989-c) et Cartelier (1990).

possibilités allocatives du marché[360], et notre étude aura permis de nous renforcer dans cette impression de départ. En mettant en évidence le fait que le marché de la localisation résidentielle produit parfois des régularités (ordre par convention) et que ces régularités s'écartent largement de celles mises en avant par les propositions néoclassiques qui aboutissent à un ordre efficient, il nous est apparu que l'ordre-désordre résidentiel obtenu par convention ne ressemble en rien à un équilibre efficient, dans le sens traditionnel où l'entend la "théorie" du marché orthodoxe (walrasienne). Nous pensons par conséquent que la politique urbaine a encore un rôle à jouer: elle devrait permettre de réduire l'incertitude urbaine en définissant des normes plus stables que celles mises en place par les conventions qui résultent du jeu spéculaire marchand, et ainsi donner une plus grande visibilité à l'avenir urbain en diminuant les dangers du mécanisme de coordination spatiale par anticipations croisées.

---

360 Au début de notre démarche, nous avons soulevé l'idée d'un projet de lecture du marché de la localisation qui reprendrait la tradition hétérodoxe. Sur ce point, on peut dire que presque tous les grands hétérodoxes (Marx, Keynes, Schumpeter, Kalecki), et pour des raisons différentes, sont assez pessimistes quant à la capacité de coordination du marché. Notre conclusion sur celle du marché de la localisation résidentielle étant elle aussi pessimiste, notre démarche aura au moins servi à exprimer un doute quant à la toute-puissance du discours orthodoxe de l'économie urbaine néoclassique.

CONCLUSION

Comme nous l'annoncions au début de ce travail, notre quête consistait à savoir s'il était possible de réfléchir à l'émergence d'une configuration spatiale (ordre résidentiel) en se fondant sur le discours de l'économie, c'est-à-dire en ne prenant en compte que des choix de localisation individuels et décentralisés dont le marché serait le mécanisme de coordination. Pour cela, nous avons retracé, dans un premier moment, la démarche néoclassique, qui présente un ordre (équilibre) spatial unique, stable et efficient[361], et, dans ce livre, nous avons proposé un cheminement alternatif, hétérodoxe, où l'ordre spatial résultant de la coordination marchande apparaît plutôt comme relevant d'une structure kaléidoscopique. Evoquer à nouveau ce cheminement ne se justifierait pas ici, dans la mesure où, à la fin de chacune des parties de notre travail, nous avons dressé un bref bilan de leur parcours et des voies qui y ont été ouvertes. Toutes nos conclusions sont donc déjà connues de ceux qui nous ont accompagné depuis le début et se sont interrogés avec nous sur les rencontres marchandes qu'occasionne le choix d'une localisation résidentielle.

Au lieu de faire un "listing" des diverses conclusions auxquelles nous sommes arrivé, et en partant de la lecture hétérodoxe proposée tout au long de ce travail, nous avons préféré laisser la place ici à un plaidoyer pour un "retour à la politique urbaine" et à la "régulation" du marché résidentiel. Cependant, nous nous sommes aperçu qu'il fallait faire appel à d'autres discours et à d'autres pratiques sociales pour qu'un tel retour soit non plus celui d'un ordre conçu par la Raison des urbanistes et/ou de l'Etat, mais celui de la Politique dans (et autour de) l'urbain[362]. C'est donc à ce niveau, c'est-à-dire au plan du débat sur les diverses conceptions de l'émergence de l'ordre urbain, que nous plaçons notre démarche.

---

361 Cf. Abramo, 1997.

362 Nous reprendrons ici le sens général de la critique formulée par Caillé (1993) à propos de l'autonomisation des sciences sociales, et de son "playdoyer pour le retour de la philosophie politique".

En un mot, c'est en interpellant le discours - qui se veut scientifique- affirmant que le marché est la meilleure des recettes pour que les hommes trouvent le "bonheur urbain" que nous avons choisi de participer du retour de la Politique dans l'urbain. Nous souhaitions nous inscrire dans ce débat pour faire valoir le rôle de la politique urbaine en tant que moyen institutionnel nécessaire à l'apaisement de la "fureur" des "libres forces du marché", et donc à l'"encadrement" de la liberté d'action caractéristique de la "culture de marché", et capable à la fois d'élargir le "droit à la ville" en développant "la culture du plan". Pour ce faire, il nous fallait relire le discours des économistes orthodoxes concernant le rôle de la coordination spatiale du marché et proposer des éléments de lecture de cette coordination qui soient en accord avec certaines intuitions pessimistes propres aux hétérodoxes (de la pensée économique) quant aux résultats de la rencontre marchande.

Comme dans l'introduction, nous donnerons ici une description minimale, presque télégraphique, des endroits visités dans ce travail. Après tant de détours et de cheminements baroques, il fallait de la concision, des raisonnements directs et synthétiques- cet idéal de "conclusion" que la démarche scientifique impose et que souvent la Politique refuse. C'est en le reflétant dans l'un de ces miroirs déformants qui réduisent l'image à la taille désirée que nous nous proposons donc de reprendre le sens général de notre démarche.

Nous reviendrons ainsi à certains passages pour répéter ce qui a déjà été dit, mais sans rien y ajouter, comme pour nous situer dans un débat (celui de la Politique de l'urbain) dont le temps serait compté. Le plus important ici n'est pas pour nous la teneur des réponses apportées, mais de contester ceux qui rejettent la Politique en s'érigeant en porte-étendard de la vraie et unique réponse `a leur yeux: celle de la science économique.

Pour ce faire, nous reprendrons l'un des modèles classiques de l'économie urbaine orthodoxe: celui de la ville raciste de Rose-Ackerman[363], qui nous a paru doublement intéressant. D'un côté, il introduit en effet une dimension d'externalité dans le choix résidentiel en posant que certains participants au marché fondent leurs décisions de localisation sur leur désir de s'éloigner d'autres participants ; dans ce sens, il se prête aux exercices de la théorie des jeux qui font intervenir des prises de décision interdépendantes. De l'autre, cette externalité renvoie à une dimension sociale (l'aversion envers les noirs), ce qui

---

[363] Cf. Rose-Ackerman, 1975.

nous permet de formuler le problème en termes de jeux non coopératifs[364].

On sait que l'abandon de la rationalité paramétrique au profit d'une rationalité stratégique constitue une opération critique pour la tradition walrasienne au sein de l'économie orthodoxe[365], car les équilibres deviennent alors multiples et souvent sous-optimaux. C'est ce que nous avons observé en formulant le modèle de la ville raciste à partir du dilemme du prisonnier. En faisant appel à la solution d'équilibre de Nash, nous avons vu ainsi que l'équilibre optimal imposait une médiation hors-marché (par exemple, celle de la politique urbaine) et que la coordination marchande débouchait effectivement sur un équilibre sous-optimal. Cette conclusion va bien entendu à l'encontre du discours en faveur du "retour au marché", qui plaide pour le libre jeu des forces marchandes.

En prolongeant l'exercice autour de la ville raciste de Rose-Ackerman selon une rationalité stratégique, nous avons repris le paradoxe de la chaîne de magasins de Seton afin d'énoncer certaines stratégies envisageables par les blancs quand les noirs adoptent un comportement "opportuniste", c'est-à-dire lorsqu'ils projettent d'occuper une zone blanche (expansionnisme) pour augmenter leur bien-être. Par analogie avec la dynamique de type "entrant-sortant" d'un marché dominé par un monopoleur et soumis à des menaces d'invasion (économie industrielle), nous avons ensuite recouru à la solution de l'équilibre de réputation de Kreps dans le jeu propre `a la ville raciste. Notre intention n'était pas d'apporter une solution effective à ce jeu, mais avant tout de souligner la possibilité d'obtenir un *équilibre marchand à partir d'une croyance* (la réputation d'agressivité) ainsi que le rôle déterminant que la notion de déroulement chronologique du temps pouvait avoir dans le processus d'équilibrage.

Le rôle du temps et l'interdépendance des décisions ont fait ressortir que l'analyse du marché devait prendre en compte la dynamique des anticipations individuelles. Dans le cas qui nous intéresse, l'anticipation en cause est avant tout celle qui s'interroge sur les choix de localisation des autres participants au marché. L'équilibre de réputation nous a ainsi aidé à montrer qu'une croyance pouvait devenir un "signe" permettant la convergence des opinions, et donc l'obtention d'un équilibre marchand.

Notre tentative de suggestion d'une lecture hétérodoxe du marché de la localisation a pu donner lieu à certains résultats grâce `a ces exercices que nous avons menés autour de la ville raciste selon une

---

364 Voir à ce propos Abramo, 1994

365 Voir à ce propos Kreps, 1990-b.

rationalité stratégique, la principale conclusion étant que le temps et la croyance jouent un rôle dans l'équilibrage marchand. *Grosso modo,* il est apparu que l'assemblage des dimensions temporelle et cognitive se faisait ici à travers l'émergence de ce que Shackle appelle l'économie des anticipations. Or, même si les premiers à avoir formulé des hypothèses en se fondant sur l'économie des anticipations étaient des hétérodoxes, ce sont les orthodoxes qui, ces derniers temps, ont repris le relais en avançant celle des anticipations rationnelles, et cela - suprême audace! - en opérant d'une part la synthèse entre la micro-économie et la macro-économie et, d'autre part, celle entre les théories subjective et fréquentiste des probabilités.

L'orthodoxie était ainsi de retour. Il fallait donc chercher des réponses face à l'extrême optimisme que ces "nouveaux classiques" manifestent à l'égard du marché. Et c'est en nous appuyant sur la critique qu'a adressée Davidson au postulat d'ergodicité sous-jacent à l'hypothèse des anticipations rationnelles que nous avons repris la voie de l'hétérodoxie, et cela en nous inspirant de deux traditions: d'un côté celle qui est liée à la pensée de Schumpeter et, de l'autre, celle qui se rattache au projet radical de Keynes.

La notion-clé qui permet de remettre en cause les anticipations rationnelles tout en s'inscrivant dans ces héritages hétérodoxes a été énoncée par Shackle: celle de décision cruciale. C'est cette décision qui va bouleverser les attentes, parce qu'inattendue; qui va plonger les participants au marché dans un environnement d'incertitude radicale, c'est-à-dire dans lequel ils ne seront plus capables de traduire le futur en usant des outils du calcul de la probabilité. Le futur devient ici véritablement un à-venir, et la décision cruciale un acte non attendu ayant la capacité d'anéantir les projections établies pour l'avenir à partir des actes (fréquences) du passé. Le raisonnement de Schumpeter nous a montré que la dynamique capitaliste du marché amenait certains participants à entreprendre régulièrement des actes inattendus qui ont justement cette faculté de bouleverser les attentes du passé. Ces décisions cruciales de type schumpétérien sont fréquemment appelées innovations.

En partant de l'hypothèse que les choix résidentiels étaient formulés avant tout en fonction d'une recherche d'externalités de voisinage et que l'émergence de celles-ci impliquait une matérialité (celle des logements), nous en avons conclu que le jeu de coordination du marché de la localisation devait prendre en compte des éléments oubliés par la synthèse spatiale orthodoxe: tout d'abord les entrepreneurs qui offrent des résidences sur le marché du logement, et ensuite les actions passées de ces entrepreneurs (la constitution d'un stock résidentiel). En raison des importantes caractéristiques d'irréversibilité inhérentes au bien logement, les entrepreneurs urbains formulent en effet leurs décisions dans un esprit schumpétérien, c'est-à-dire en proposant des innovations (différenciations) qui, du fait de l'immobilité de ce bien, acquièrent une dimension spatiale. Nous avons vu que ces innovations spatiales deviennent ainsi une composante du jeu cognitif de la coordination marchande, et surtout, en tant que décisions cruciales, qu'elles contribuent à établir un environnement d'incertitude urbaine radicale. La configuration future de ville apparaît de ce point de vue comme un à-venir qui dépendra des actions entreprises par les participants au marché de la localisation. Chacun d'eux ne pouvant anticiper les actions des autres au vu de leurs seules décisions passées, puisqu'il peut toujours y avoir des actions inattendues (décisions cruciales), ses choix de localisation résidentiels se feront sous l'emprise du doute.

Contraints alors de formuler leurs décisions en horizon d'incertitude radicale, les familles et les entrepreneurs urbains vont recourir à la pratique individuelle qui consiste à spéculer sur les intentions de localisation des autres participants au marché. Cette spéculation sera d'autant plus déterminante que le choix résidentiel est ancré dans une représentation qui fait de l'espace une mosaïque d'externalités de voisinage et qui n'émergera qu'après que les acteurs auront pris leurs décisions. C'est cette caractéristique auto-référentielle du marché de la localisation qui renforce son aspect de spécularité. Puisque tous essayent d'anticiper les choix des autres, chacun s'interroge sur ce qu'ils pensent qu'il pense. Et il nous est apparu que si l'on prête ce même raisonnement à chacun des participants `a ce marché, on s'aperçoit alors qu'ils sont soumis à un jeu spéculatif générant un environnement d'anticipations spéculaires où le jeu cognitif subjectif remplace l'objectivité de la théorie des probabilités et/ou le naturalisme de la théorie de la rente foncière.

Cet environnement d'anticipations spéculaires pourra faire émerger une croyance autour de la configuration future des externalités de voisinage qui, si elle est partagée par l'ensemble des participants au marché, sera un facteur de coordination spatiale. C'est cette croyance relative à l'avenir urbain et qui permet la convergence des anticipations que nous avons appelée convention urbaine. Ainsi, l'une des conclusions auxquelles nous a conduit notre lecture hétérodoxe du marché de la localisation est que la configuration d'un ordre résidentiel (d'une mosaïque d'externalités résidentielles) par le marché fait appel à des phénomènes cognitifs (anticipations spéculaires) qui se manifestent dans la croyance (convention) nourrie autour de cette configuration. En un mot, l'ordre que produit le marché de la localisation serait un ordre obtenu par convention.

Mais il ne faut pas se leurrer quant à la capacité de la dynamique des anticipations spéculaires à produire de l'ordre à partir de la rencontre marchande, puisque, tout comme l'entreprise de Pénélope, cette dynamique comporte des éléments de désordre. Tout d'abord parce que, comme le signalait Keynes, les marchés auto-référentiels (où les résultats dépendent des anticipations des acteurs) sont extrêmement sensibles aux "caprices humains". Cela veut dire que les phénomènes de contagion de l'opinion - les bruits, les soupçons, les craintes, les élans d'euphorie, etc.- font partie intégrante de la coordination marchande par convention. Ces phénomènes, qui procèdent de la "psychologie de masse", peuvent donc bouleverser la convention urbaine en place et réintroduire l'incertitude urbaine radicale.

La prise en compte de la dimension cognitive de la coordination spatiale marchande nous a amené à la conclusion que les anticipations spéculaires urbaines conduisaient parfois à l'émergence d'une convention urbaine (d'un ordre), mais parfois aussi au rejet de la croyance qui la sous-tend (au désordre). Le basculement de l'ordre par convention dans le désordre relève par conséquent d'un mouvement qui s'identifie dans certains cas aux changements intervenant dans la structure résidentielle quand celle-ci obéit à la logique marchande.

Outre qu'une convention urbaine traduit les croyances relatives à la configuration des externalités de voisinage futures, elle donne des indications sur les caractéristiques résidentielles à venir de la localisation concernée. C'est ce qui nous a permis de dire que le partage de cette convention par les entrepreneurs schumpétériens est limité dans le temps, puisqu'ils auront à un certain moment intérêt à la refuser la convention en place et à proposer des innovations spatiales susceptibles de donner lieu à de nouvelles conventions urbaines. C'est ce double mouvement d'acceptation et de rejet qui va faire apparaître ces "professionnels de l'anticipation" qui, selon les termes de Keynes, "essaient d'anticiper l'anticipation de la foule". La participation de ces "professionnels" au jeu spéculaire et marchand des choix résidentiels augmentera les possibilités de défaillance des conventions urbaines. Mais à la différence d'une défaillance résultant d'une proposition d'innovation spatiale, et qui se montre capable, par le biais de la dynamique spéculaire, de faire émerger une nouvelle convention, celle induite par des soupçons, des rumeurs et/ou l'action des professionnels de l'anticipation pourra entraîner un blocage de la coordination marchande, et donc une "crise urbaine". Cette fluidité radicale du jeu cognitif constitue l'un des dangers majeurs de la coordination marchande par convention, et il nous semble que c'est justement là que réside la nécessité d'introduire des médiations institutionnelles pour que soit assurée la visibilité de l'avenir urbain.

Un autre point que nous avons souligné tout au long de notre démarche hétérodoxe concerne le passage entre la dimension cognitive de la coordination marchande par convention et la dimension réelle de la configuration résidentielle urbaine. Afin de cerner la façon dont s'opère ce passage, nous avons été amené à raisonner en termes non plus d'"économie d'échange" (coordination pure), mais d'"économie de production" (coordination et changement). Sur ce point, nous avons vu que, dans une coordination marchande et capitaliste, la traduction du cognitif en réel renvoyait aux décisions de dépense monétaire, et donc au débat sur l'accès au pouvoir d'achat et sur les rapports hiérarchisés que la "trajectoire" de la circulation monétaire permettaient d'entrevoir. Rappelons que notre objectif était de présenter une critique du raisonnement orthodoxe qui défend l'idée d'un ordre résidentiel mis en place grâce aux mécanismes du marché de la localisation, et donc de montrer que le circuit monétaire urbain occupe une place déterminante dans notre cheminement.

Le circuit monétaire urbain tel que nous l'avons proposé dans cet essai hétérodoxe permet, nous semble-t-il, de souligner deux points succincts à titre de conclusion. Le premier concerne la taxonomie couramment employée dans les études portant sur le marché de la localisation, et dans laquelle la référence analytique est généralement la théorie de la rente foncière, d'où le rôle central qu'elles accordent à la figure du propriétaire foncier dans les obstacles qui entravent la production de matérialité urbaine (logements). En dépit des difficultés réelles que ces propriétaires peuvent introduire dans le fonctionnement du marché capitaliste de la localisation (et du logement), il nous semble que la typologie propre à la théorie du circuit permet de visualiser le vrai rôle de la création monétaire et de la demande endogène de monnaie dans la dynamique de transformation capitaliste de l'espace urbain, et surtout les conséquences d'une vision monétaire orthodoxe (détermination non keynésienne de l'investissement). Dans ce sens, nous pensons qu'une politique d'austérité monétaire orthodoxe pourra, au niveau particulier de la configuration urbaine, engendrer beaucoup plus de difficultés que ne pourrait l'imaginer l'analyse qui s'attache avant tout au rôle de la propriété foncière.

En outre, les dépenses productives et la création monétaire faisant toujours appel aux conventions qui touchent à l'avenir de la configuration urbaine, on peut penser que l'opacité qui entoure l'espace urbain futur (incertitude urbaine) aura des conséquences importantes sur la production capitaliste de logements. Autrement dit, une politique urbaine formulée à partir d'une matrice analytique strictement fondée sur la théorie de la rente foncière risque d'omettre de prendre en compte des composantes essentielles de la dynamique capitaliste de configuration résidentielle. Il nous semble de ce point de vue qu'établir une taxonomie des dépenses monétaires nécessaires à la production des biens qui composent la matérialité de l'espace urbain (la circulation monétaire urbaine) devrait permettre de faire ressortir certaines dimensions de la logique marchande qui régit l'ordre résidentiel jusque-là "cachées" par le discours lié à la "question foncière urbaine", et donc de faciliter la formulation des politiques urbaines.

Enfin, nous dirons quelques mots de la dynamique des innovations spatiales et de l'ordonnancement résidentiel effectués par convention. Nous avons établi que l'environnement lié aux anticipations spéculaires tenait à la pratique, chez les entrepreneurs schumpétériens, du rejet de conventions en place, un rejet provenant en l'occurrence de propositions d'innovation spatiale. En effet, celles-ci étant la traduction d'une volonté de changer le profil d'une localisation., elles vont générer, en regard des externalités de voisinage, des mouvements de migration de certains types de ménages au sein de l'espace urbain, tandis qu'en termes matériels elles se manifesteront à travers une modification des caractéristiques générales du parc résidentiel concerné (par exemple, de l'indice de verticalité-densité). Sur ce dernier aspect, il nous semble raisonnable de dire que l'innovation opère une transition dans certaines de ces caractéristiques: les anticipations qui en sont faites (profil ou phase) étant traduites par les conventions urbaines, et l'histoire des diverses conventions qui auront "guidé" les changements matériels intervenus au fil du temps dans une localisation particulière pouvant être identifiée à une sorte de courbe de "cycle de vie" des stocks, il est permis de conclure que l'innovation spatiale qui intervient dans une localisation donnée est toujours annonciatrice de changements dans les phases de son cycle de vie.

De plus, et par définition, l'innovation est prévue comme devant déclencher un mouvement de dépréciation (destruction) "fictive" des stocks anciens; c'est grâce à cet effet de dépréciation que les entrepreneurs acquièrent la capacité d'imposer des *mark up* urbains. Mais pour déprécier ainsi les stocks, l'innovation doit s'inscrire dans la matérialité résidentielle en tant que vecteur de différenciation de l'espace urbain bâti; bref, traduire une tendance à la différenciation résidentielle. Cependant, toute innovation étant vouée à la diffusion, l'imitation qui en sera faite dans l'espace et le temps va réintroduire une tendance à l'homogénéisation de la structure matérielle des stocks résidentiels, et cela tout en transformant les cycles de vie des localisations urbaines. La diffusion d'une innovation (différenciation spatiale) produira ainsi son contraire (homogénéisation) tout en déclenchant un mouvement plus global de modification de ces cycles de vie.

En se perpétuant dans le temps, ce processus d'homogénéisation finira par rendre les localisations de plus en plus semblables du point de vue matériel. Ce mouvement pourrait donc être vu selon une perspective évolutionniste, comme la plupart des néo-schumpétériens contemporains semblent le suggérer[366]. Mais si une telle lecture prend comme référence paradigmatique un développement technologique où les innovations les plus récentes effacent les plus anciennes, il nous semble toutefois que celles liées aux différenciations du bien résidence n'ont pas cette capacité à effacer les innovations du passé, qui continuent ainsi à se diffuser dans l'espace urbain[367]. Il existe de la sorte des "innovations datées" dont chacune suit son propre chemin (trajectoire) de diffusion. Dès lors, il nous est apparu que la vraie dynamique spatiale est celle qui résulte d'un ensemble de processus de diffusion régulièrement renouvelés par d'autres propositions d'innovation. Tous ces processus de diffusion d'"innovations datées" vont ainsi promouvoir non seulement des changements au niveau du cycle de vie des localisations, mais aussi, en raison de leur non-simultanéité, à la fois une homogénéisation et une différenciation de l'espace résidentiel urbain.

Et le fait de greffer sur cette dynamique les conditions cognitives nécessaires à la formulation des choix de localisation (conventions urbaines), nous a amené à la conclusion que la configuration résidentiel qui émerge du marché capitaliste de la localisation est une configuration kaléidoscopique où le seuil qui sépare l'ordre du désordre urbain est tellement étroit que la politique urbaine (régulation et procédures institutionnelles) apparaît comme l'un des seuls moyens qui permettront de redonner de la visibilité à l'avenir de la structure résidentielle et de réduire la "fureur" de la spécularité urbaine marchande.

Nous terminons ainsi sur le constat qui concluait déjà notre introduction. S'il nous a fallu parcourir un si long chemin pour arriver à la solution, somme toute assez simple, du retour à la régulation et à la politique interventionniste dans l'urbain, c'est aussi qu'il nous fallait revenir sur la logique du marché résidentiel pour dévoiler les "traits pervers" que la myopie du libéralisme persiste à maintenir dans l'obscurité. C'est en ce sens que nous nous situons dans la mouvance de la résistance à un discours néolibéral qui parie sur la solution du marché pour retrouver le "paradis" de l'efficience, de la créativité et du bonheur social. Nous dirons enfin que la dynamique spatiale et l'ordre

---

366 Voir à ce propos Dosi, 1988, 1990.

367 Comme nous l'avons souligné dans le chapitre consacré à la dynamique spatiale, cette caractéristique de "longévité" des innovations est liée à la segmentation des localisations résidentielles en fonction de types de ménages qui sont définis par leurs ressources, et au fait que le marché doit apporter certaines garanties quant à la liquidité urbaine des stocks anciens.

résidentiel promus par convention nous donnent de bonnes raisons de ne pas croire aveuglément aux recettes du libéralisme urbain.

BIBLIOGRAPHIE

Abraham-Fois, G.(1980): Rente, rareté et surprofits. Paris: Economica.

Abraham-Fois, G.(1986): Economie Politique.Paris: Economica.

Abramo, P.(1994): *Le marché, lordre-désordre et la coordination spatiale*, Paris, E.H.E.S.S., thèse de doctorat.

Abramo, P.(1996): "Regime et regulation urbaine", *Futur Anterieur*, 30-31, Paris.

Abramo, P.(1997): Marché et ordre urbain: du chaos à la théorie de la localisation résidentielle. Paris: Harmattan.

Agliardi, E.(1988): "Microeconomic foundations of macroeconomics in the post-keynesian approach", Metroeconomica, 39, 275-297.

Aglietta, M. et Orléan, A.(1982): La violence de la monnaie. Paris: PUF.

Aglietta, M.(1988): "L'ambivalence de l'argent", CEPII, doc n°88/09.

Akerlof, G.(1970): "The market for lemons: quality uncertainty and the market mechanism", Quartely Journal of Economics, 84, 488-500.

Akerlof, G. and Yellen, J.(1985): "A near-rational model of the business cycle, with wage and price inertia", Quartely Journal of Economics, 100, supp., 823-838.

Akerlof, G. and Yellen, J.(1987): "Rational models of irrational behavior", American Economic Review.

Allais, M.(1953): "Le comportement de l'homme rationnel devant le risque: critique des postulats et axiomes de l'école américaine", Econometrica, 21, 503-546.

Alligator, ed(1988): Handbook mathematics economics. Amstedan: North-Holland.

Alonso, W.(1964): Location and land use. Cambridge, MA: Harvard University. Press.

Alonso, W.(1972): "A theory of urban land market" in Edel et Rothenberg, eds(1972).

Amadeo, E.J. ed(1989): John M Keynes: cinqüenta anos da Teoria Geral.Rio de Janeiro: IPEA

Amadeo, E.J. and Dutt, K.(1991): "A post keynesian theory of growth, interest and money", Departement of Economics - PUC/RJ, junho, 1991.

Amendola, M. et Bruno, S.(1990): "The behaviour of the innovative firm: relations to the environment", Research Policy, 19, 419-433.

Amendola, M. et Gaffard, J.L.(1988): La dynamique economique de l'innovation. Paris: Economica.

Amendola, M. and Gaffard, J.L.(1992): "Towards an 'out of equilibrium' theory of the firm", Metroeconomica, 43, 1-2, 267-288.

Amiot, M.(1988): Contre l'Etat, les sociologues. Paris: ed. Maison de la Science de l'Homme.

Anas, A.(1978): "Dynamics of urban residential growth", Journal of Urban Economics, 5, 66-87.
Anas, A.(1980-a): "A probabilist approach to the structure of rental housing market", Journal of Urban Economics, 7, 225-247.
Anas, A.(1980-b): "A model of residential change and neighborhood tipping", Journal of Urban Economics, 7, 358-370.
Annas, A.(1992): "On the birth and growth of cities: laissez-faire and planning compared", Regional Science and Urban Economics, 22, 243-258.
Anas, A. et Dendrinos, D.(1976): "The new urban economics: a brief survey" in Papageorgiou, ed(1976)
Anaud, P.(1991): "The nature of rational choice and the foundation of statistics", Oxford Economic Papers, 43, 199-216.
Arena, R.(1985): "Rationalité microéconomique et circulation macroéconomique: Keynes et Schumpeter", Cahier d'Economie Politique, 10-11, 149-168.
Arena, R.(1987), "L'école internationale d'été de Trieste (1981-1985): vers une synthèse classico-keynésienne?", Economies et Sociétés, serie HPE, 7, 205-238.
Arena, R.(1988): "Moneta, capitale e circulazione: problemi e un tentativo di articulazione teorica" in Messori, a cura(1988)
Arena, R.(1989): "Keynes après Lucas: quelques enseignements récents de la macroéconomie monétaire", Economies et Sociétés, série économie monétaire, 7.
Arena, R et Graziani, A. eds(1985): Production, circulation et monnaie. Paris: PUF.
Arena, R. et Graziani, A.(1985): "Deux perspectives pour introduire un débat" en Arena et Graziani, eds(1985).
Arestis, P.(1988): "Post-keynesian theory of money, credit and finance" in Arestis, P.ed.(1988): Post-keynesien monetary economics: newdirections in modern economics. Edward Elgar.
Arestis, P.(1990): "Post-keynesianism: a new approach to economics", Review of Social Economy, vol XLVIII, 3, 222-245.
Arnott, R.(1987): "Economic theory and housing" en Mills, ed(1987).
Arnott, R.(1988); "Essai sur le risque moral" in Dionne(1988).
Arnott, R. and Davidson, R. and Pines, D.(1986): "The spatial aspect of housing quality, quantity, and maintenance", Journal of Urban Economics, 19, 190-217.
Arnott, R. and Lewis, F.(1979): "The transition of land to urban use", Journal of Political Economy, 87, 161-169
Arrous, J.(1982): "Keynes et les probabilités: un aspect du 'fondamentalisme' keynésien", Revue Economique, sept, 839-861.
Arrow, K.J.(1990): "De la rationalité - de l'individu et des autres - dans le système économique", Revue Française d'Economie, 22-47.
Arrow, K.J., eds(1991): Markets and Welfare.London:Macmillan.
Arrow, K.J. and Hahn, F.H.(1971): General competitive analysis.San Francisco: Holden-Day.
Arthe, R. and Varaiya, P.(1978): "Life cycle consumption and ownership", Journal of Economic Theory, 18, 35-58.
Artus, P.(1993): Théorie de la croissance et des fluctuations. Paris: PUF.

Artus, P. et Bourguinat, H. éds(1989): Théorie économique et crises des marchés financiers.Paris: Economica
Asami, Y.(1988): "A game-theoretic approach to the division of profitsof economic land development", Regional Science and Urban Economics, 18, 233-246.
Asami, Y. and Teraki, A.(1990): "On sequential negotiation procedures: optimal negotiation orders and land prices", Regional Science and Urban Economics, 20, 537-556
Asimakopulos, A.(1983): "Kalecki and Keynes on finance, investment andsaving", Cambridge Journal of Economics, 7, 221-233
Asimakopulos, A.(1985): "Keynes and Sraffa : visions and perspectives"Political Economy, 1, 33-50.
Asimakopulos, A.(1991): Keynes's general theory and accumulation. Cambridge: Cambridge Univ. Press.
Aumann, R.(1989): "Game theory" en Eatwell, Milgate et Newman, eds(1989-b).
Axelrod, R.(1984): The evolution of cooperation. New York: Basic Books. trad franç., 1992. Paris: Odile Jacob.
Azariadis, C. et Guesnerie, R.(1982): "Prophéties creatices et persistence des théories", Revue Economique, , 787-806
Aydalot, Ph.(1985): Economie Regionale et Urbaine. Paris: Economica.
Bailey, M.(1959): "Note on the economics of residential zoning and urban renewal", Land Economics, 35, 288-292.
Ball, M.(1983): Housing policy and economic power: the political economy of owner occupation. London: Methuen.
Ball, M.(1985): "The urban rent question", Environment and Planning A, 17, 503-525.
Ball, M.(1986): "Housing analysis: time for a theoretical refocus?", Housing Studies, 1, 147-165.
Ball, M. and Harloe, M.(1992): "Rhetorical barries to understanding housing provision: what the 'provision thesis' is and is not", Housing Studies, 7, 3-15.
Bansor, R(1983): "The rational-expectation hypothesis and the epistemics of time", Cambridge Journal of Economics, 7, 1-10.
Barnes, T.J.(1989): "Place, space and theories of economic value: contextualism and essentialism in economic geography", Transaction; Institute of British Geographers, 14, 299-316.
Barnes, T.J. and Sheppard, B.(1992): "Is there a place for the rational actor? a geographical critique of rhe rational choice paradigm", Economic Geography, 1-21.
Barrère, A.(1985-a): "Les fondements de l'économie monétaire de production" en Barrère, A. ed(1985): Keynes aujourd'hui. Paris: Economica.
Barrère, A.(1985-b): "Keynes et Schumpeter ou l'hétérodoxie des fondements analytiques", Cahiers d'Economie Politique, 10-11, 91-113.
Barrère, A.(1988): "La géneralisation de la théorie de l'emploi à l'économie monétaire de la production (esquisse d'un programme de recherche", Cahiers d'Economie Politique, 14-15, 173-195.
Barten, A.P. et Böhm, V.(1982): "Consumer theory" in Arrow et Intriligator, eds, Handbook of mathematical economics, vol 2. Amsterdam: North-Holland.

Basila, L.(1989): "L'incertezza nella teoria economiche in une prospectiva epistemologica", Richerchi Economiche, 218-235

Basila, L. and Salvadori, N.(1984-85): "Kalecki's pricing theory", Journal Post Keynesian Econ., 7(2), 249-262.

Beaugrand, P.(1982): "Le temps, l'imagination et l'incertitude dans la théorie du professeur G.L.S. Shackle", *Revue Economique*, 297-332.

Becker, G.(1965): "A theory of the allocation of time", *Economic Journal.*

Becker, G.(1976-a): *The economic approach to human behavior.* Chicago: Chicago Unv. Press.

Becker, G.(1976-b): "Altruism, egoism and genetic fitness: economics and sociobiology", *Journal of Economic Literature.*

Becker, G.(1981): *Treatise on the family.* Harvard: Harvard Unv. Press.

Beckmann, M.J.(1969): "On the distribution of urban rent and residential density", *Journal of Economic Theory*, 1, 60-67.

Beckmann, M.J.(1972): "von Thünen revisited: a neoclassical land use model", *Swedish Journal of Economics*, 1-7.

Beckmann, M.J.(1973): "Equilibrium models of residential land use", *Regional and Urban Economics*, 3, 361-368.

Beckmann, M.J.(1974): "Spatial equilibrium in the housing market", *Journal of Urban Economics*, 1, 99-107.

Benabou, R.(1992): "Heterogeneity, stratification and growth", MIT-NBER (roneo)

Benetti, C. et Cartelier, J.(1980): *Marchands, salariat et capitalistes.*Paris: Maspero.

Benetti, C. et Cartelier, J.(1984): "El capital como extension de la mercadoria: une contradiccion de la economie politica", *Lecturas Economicas*, Medellin, maio-agosto.

Benetti, C. et Cartelier, J.(1990): "monnaie et formation des grandeurs économiques" in Cartelier ed(1990).

Berliant, M.(1984): "A characterization of the demand for land", *Journal of Economic Theory*, 33, 289-300

Berliant, M.(1985): "Equilibrium models with land: a criticism and an alternative", *Regional Science and Urban Economics*, 15, 325-340.

Berliant, M.; Papageorgiou, Y. and Wang, P.(1990): "On welfare theory and urban economics", *Regional Science and Urban Econimics*, 20.

Berliant, M. et ten Raa, T.(1988): "A foundation of location theory: consumer preferences and demand", *Journal of Economic Theory*, 44, 336-353

Berliant, M. and Wang, P.(1993): "Endogenous formations of a city without agglomerative externalities or market imperfections : marktplaces in a regional economy", *Regional Science and Urban Economics*, 23, 121-144.

Berry, M.(1986): "Housing provisionand class relations under capitalism: some implications of recent marxist class analysis", *Housing Studies*, 1, 109-121.

Berten, A.(1991): "Auto-référence et irreversibilité" en Chaumont et Van Parijs, eds(1991): *Les limites de l'irréluctable.* Bruxelles: De Boeck.

Berthoud, A.(1992): "Marché rencontre et marché mécanique", *Cahiers d'Economie Politique*, 20-21, 167- 185.

Binmore, K.(1988): "Modeling rational players", *Economics and philosophy*, 3.

Binmore, K.G.(1989): "Equilibria in extensive games", *The Economic Journal*, 99, 51-59.

Blanchard, O. et Fischer S.(1989): *Lectures on macroeconomics*. Cambridge, MA: MIT Press.

Blanchard, O. et Watson, M.(1984): "Bulles, anticipations rationnelles et marchés financiers", *Annales de l'INSEE*, 54, 79-99.

Blaug, M.(1990): *The history of economic thought*. Adershot: E. Elgar.

Bloch, R.(1991): *La divination: essai sur l'avenir et son imaginaire*. Paris: Fayard.

Bonavero, P.(1990): "Flussi di comunicazione e strutturadell'interazione fra le città" in Borlenghi (cura)(1990): *Città e industriaaverso glanni novanta*. Torino: edizioni della Fondazione G. Agnelli.

Boquet, Y.(1987): "Promotion immobilière et renovation urbaine aux Etats-Unis: James Rouse", *Boll.Ass. Geog. Franç.*, 4, 337-349.

Boudon, R.(1990): *L'Art de se persuader: des idées douteuses, fragiles ou fausses*. Paris: Fayard.

Boyer, R. , Chavance, B. et Godard, O. eds(1991): *Les figures de l'irréversibilité en économie*. Paris: ed. de L'Ecole des Hautes Etudes en Sciences Sociales.

Brousseau, E.(1993): *L'économie des contrats: technologies de l'information etcoordination interentreprises*. Paris: PUF.

Brown, E.K.(1981): "The neoclassical and post-keynesien researchprograms: the methodological issues", *Review of Social Economy*, oct

Brown, B.(1985): "Models of land use, housing, and rent: anevaluation", *Journal of Urban Econonics*, 17, 30-41.

Brueckner, J.K.(1979): "A dynamic model of housing production", *Journal of Urban Economics*, 10, 1-14.

Brueckner, J.K.(1987): "The structure of urban equilibria: a unified treatment of the Muth-Mills model" en Mills, ed(1987).

Burgess, E.W.(1925): "The growth of the city: an introduction to a research project" en Park, Burgess, MacKenzie(1925).

Busilio, G.(1992): "Faut-il abandonner la notion d'objectivité dans les sciences humaines?", *Revue du MAUSS*, 15-16, 166-175.

Caillé, A.(1988): "Pour un universalisme relativiste: au-delà du rationalisme et du relativisme", *Revue du MAUSS*, 1, 122-153.

Caillé, A.(1989): *Critique de la raison utilitaire*. Paris: La Découverte.

Caillé, A.(1993): *La démission des clercs: la crise des sciences sociales et l'oubli du politique*. Paris: La Découverte.

Caldwell, B.J.(1989): "Post-keynesian methodology: an assessment",*Review of Political Economy*, march.

Caldwell, B. et Boehm, S. eds.(1992): *Austrian economics: tensions andnew directions*. Boston: Academic Press.

Capozza, D. and Helsley, R.(1989): "The fundamentals of land prices and urban growth", *Journal of Urban Economics*, 26, 295-306.

Capozza, D. and Helsley, R.(1990): "The stochastic city", *Journal of Urban Economics*, 28, 187-203.

Capozza, D. and Order, R.(1980): "Unique equilibria, pure profits and efficiency in location models", *American Economic Review*, 70, 1046-1053.

Carson, J.(1990): "Kalecki's pricing theory revisited (comment article Kriesler), *Journal Post Keynesian Econ.*, 13(1)

Cartelier, J.(1985): "Théorie de la valeur ou hétérodoxie monétaire :les termes d'un choix", *Economie Appliquée*

Cartelier, J.(1989): *L'approche monétaire dans la théorie économique :une hypothèse de travail.* Université de Nanterre (polycopie)

Cartelier, J.ed(1990): *La formation des grandeurs économiques.*Paris: P.U.F.

Cartelier, J.(1992): "Monnaie et système de paiement: le problème de la formation de l'équilibre", *Revue Française d'Economie*, 3-37.

Carvalho, F.J.C.(1988-a): "Keynes, a instabilidade do capitalismo e a teoria dos ciclos econômicos", Pesquisa e Planejamento Econômico, 18, 741-764

Carvalho, F.J.C.(1988-b): "Keynes on probability, uncertainty and decision-making", *Journal of Post-Keynesian Economics*, 2 (1)

Carvalho, F.J.C.(1990): "Keynes and the long period", *Cambridge Journal of Economics*, 14, 277-290.

Carvalho, F.J.C.(1992): *Mr Keynes and the post keynesian: principles of economics for a monetary production economy.* Adershot: Edward Elgar.

Case, A.(1991): "Spatial patterns in household demand", *Econometrica*, 59, 953-965.

Casetti, E.(1971): "Equilibrium land values and population density in a urban setting", *Economic Geography*, 47, 16-20

Castells, M.(1972), *La question urbaine.* Paris : Maspero.

Castells, M.(1983), *Changer la ville: éléments pour une théorie sociologique des mouvements sociaux urbains.* Thèse de doctorat d'Etat, Paris V (ronéo).

Chanier, P.(1979): "Logique hors du temps et temps économiques", *Economie Appliquée*, XXXIII, 2-3, 139-167.

Charles, S.(1977): *Housing economics.* London: Macmillan.

Chiapori, P.A.(1991): "Anticipations rationnelles et conventions" en Orléan, sous la dir.(1991).

Chiapori, P.A. et Guesnerie, R.(1988): "Anticipations, indeterminations et non neutralité de la monnaie", *Annales d'Economie et Satistiques.*

Chick, V.(1983): *Macroeconomic after Keynes: a reconsideration of the General Theory.* Oxford: Philip Allan

Claval, P.(1987): "Le neo-marxiste et l'espace", *L'Espace Geographique*, XVI, 3.

Coase, R.(1937): "The nature of the firm", trad. franç. *Revue Française d'Economie*, 1986, II(2).

Coddington, A.(1976): "Keynesian economics: the search of some principles", *Journal of Economic Literature*, 1258-1273.

Coddington, A.(1982): "Defient foresight: a troublesome theme in

Coddington, A.(1983): *Keynesian economics: the search for first principles.* London: Allen & Unwin.

Cohendet, P. et Llerena, P.(1989): "Flexibilité, risque et incertitudedans la théorie de la firme" in Cohendet, P. et Llerena, P.eds(1989): *Flexibilité, information et décision.*Paris: Economica.

Cooper, R. and John, A.(1991): "Coordinating coordination failures in keynesian models" in Mankiw and Roemer, eds(1991)

Cornes, R. and Sandler, T.(1986): *The theory of externalities, public goods and club goods.* Cambridge: Cambridge Univ. Press.

Cottrell, A.(1993): "Keynes's theory of probability and its relevance to his economics", *Economics and Philosophy*, 9, 25-51.

Coucledis, H.(1986): "A theorctical framework for alternative models of spatial decision and behavior", *Annals of the Assoc. of Amer. Geographers*, 76, 95-113.
Coulon, A.(1992): *L'école de Chicago*. Paris: PUF.
Coulson, N. and Bond, E.(1990): "A hedonic approach to residential succession", *Review Economic Statist*, 72, 433-444.
Courant, P.N. et Yinger, J.(1977): "On models of racial prejudice ans urban residential structure", *Journal of Urban Economics*, 4, 272-291.
Cubitt, R.(1993): "On the possibility of rational dilemmas", *Economics and Philosoply*, 9, 1-23
Cudd, A.E.(1993): "Game theory and history of ideas about rationality: an introductory survey", *Economics and Philosophy*, 9, 101-133.
Damme, E. van(1989): "Extensive form games" en Eatwell, Milgate et Newman, eds(1989-b)
d'Aspremont, C. et Gérard-Varet, L.-A.: "Mécanismes de marchés, concurrence et contraintes d'incitation" in Cartelier ed(1990).
D'Autume, A.(1992-a): "Théorie des jeux et marché", *Cahiers d'Economie Politique*, 20-21, 155-165.
Davidson, P.(1978): *Money and the real world*. 2d ed.London: Macmillan
Davidson, P.(1982-83): "Rational expectations: a fallacious foundation for studying crucial decision-making processes'", *Journal of Post Keynesian Economics*, 5, 182-198
Davidson, P.(1991); "Is probability theory relevant for uncertainty?: a different perspective", *Journal of Economic Perspectives*, 5.
Debreu, G.(1989): "Existence of general equilibrium" en Eatwell, Milgate et Newman, eds(1989-a)
Deheuwls, P.(1982): *La probabilité, le hasard et la certitude*. Paris: PUF.
De Caro, G.(1988): "Le monde atemporel de Léon Walras", *Economies et Sociétés*, serie HPE, 10.
De Coster, G. and Strange, W.(1993): "Spurious agglomeration", *Journal of Urban Economics*, 33, 273-304.
Delande, M.(1992): *Marchés à terme: incertitude, information et équilibre*. Paris: Economica.
De Leeuw, F.(1971): "The demand for housing: a review of cross-section evidence", *Review Economic Statist*, 53, 1-10
De Leeuw, F. et al.(1971): "The supply of rental housing", *American Econoy Review*.
Dericke, P.-H.(1992): "De la nouvelle économie urbaine à l'économie
publique locale" in Dericke ed(1992): *Espace et dynamiques territoriales"*. Paris: Economica.
DeSalvo, J.S.(1985): "A model of urban household behavior with leisure choice", *Journal of Regional Science*, 25, 159-174.
De Vroey, M.(1987): "La possibilité d'une économie decentralisée: esquisse d'une alternative à la théorie de l'équilibre générale", *Revue Economique*, 38(4).
De Vroey, M.(1988): "Il circuito della moneta: due interpretazione" in Messori, a cura(1988).
Dixit, A.(1973): "The optimum factory town", *Bell Journal of Economics*, 4, 637-651.

Dockes, P.(1969): *L'espace dans la pensée économique du XVIe au XVIIIe siècle.* Paris: Flamarion.
Diatkine, S.(1988): "'La théorie post-keynésienne, la Théorie Générale et Kalecki': quelques réflexions complémentaires", *Cahiers d'Economie Politique*, 14-15, 143-149.
Dillard, D.(1948): *The economics of J.M. Keynes: the theory of a monetary economy.* N.Y.: Prentice-Hall.
Dionne, G.(1988): "Incertain et information: où en sommes-nous trente-cinq ans après le colloque de Paris?" in Dionne, G. ed(1988): *Incertain et information.* Paris, Economica.
Donzelli, F.(1986): *Il concetto di equilibrio nella teoria economica neoclassica.* Roma: Nuova Italia Scientifica.
Dornbusch, R. et Fischer, S.(1981): *Macroeconomics.* New York: MacGraw-Hill.
Dosi, G.(1988): "Sources, procedures, and microeconomic effects of innovation", *Journal of Economic Literature*, 26, 1120-1171.
Dosi, G., Freeman, C., Nelson, R., Silverberg, G. Soete, L., eds(1988), *Technical change and economic theory.* London : Pinter Pub. ed.
Dosi, G. et Metcalfe, S.(1991): "Approches de l'irréversibilité en théorie économique" en Boyer, Chavance et Godard, eds(1991).
Dostaler, G.(1988): "La théorie post-keynésienne, la Théorie Générale et Kalecki", *Cahier d'Economie Politique*, 14-15, 123-142
Dow, S.(1985): *Macroeconomic Thought: a methodological approach.* Oxford: Basil Blackwell
Dow, A. and Dow, S.(1985): "Animal spitits and rationality" in Lawson and Pesaran, eds(1985)
Dreze, J.(1988): "Espérence morale avec risque moral" in Dione(1988).
Dupuy, J.-P.(1988): "L'individu liberal cet inconnu: d'Adan Smith à F. Hayek" en Audard, Dupuy et Sève eds(1988): *Individu et justice sociale: autour de J. Rawls.* Paris: Seuil.
Dupuy, J.-P.(1989): "Common Knowledge et sens commun", *Revue Economique*, 2, 361-400.
Dupuy, J.-P.(1991-a): *La panique.* Paris: Les Empêcheurs de Penser en Rond.
Dupuy, J.-P.(1991-b): "Sur la complexité du social" en *Colloque de Cerisy: autour de H. Atlan.* Paris: Seuil.
Dupuy, J.-P.(1992-a): *Le sacrifice et l'envie: le liberalisme aux prises avec la justice sociale.* Paris: Calmann-Lévy.
Dupuy, J.-P.(1992-b): *Introduction aux science sociales: logique des phénomènes collectifs.* Paris: Ellipses.
Dutt, A.K.(1989): "Accumulation, distribution and inflation in a marxist/post-keynesian model with a rentier class", *Review of Radical Political Economics*, 21(3), 18-26.
Dutt, A.K.(1991-92): "Expectations and equilibrium: implications for Keynes, the neo-ricardian keynesians, and the post-keynesians", *Journal of Post Keynesian Economics*, 14, 205-224.
Dymsky, G.(1990): "Money and credit in radical political economy: a survey of contemporary perspectives", *Review of Radical Political Economics*, 22(2-3), 38-65.
Earl, P.(1990): "Economics and psychology: a survey", *Economic Journal*, sept.

Eatwell, J and Milgate, M. eds(1983): *Keynes's economics and the theory of value and distribution*. London: Duckworth.
Eatwell, J., Milgate, M. and Newman, P. eds(1989-a): *The new palgrave: general equilibrium*. London: Macmillan.
Eatwell, J., Milgate, M. and Newman, P. eds(1989-b): *The new palgrave: game theory*. London: Macmillan.
Eckart, W.(1985): "On the land assembly problem", *Journal of Urban Economics*, 18, 364-378.
Eichner, A.(1985): *Toward a new economics essays in post keynesian and institutionalist theory*. London: Macmillan.
Ekeland, I.(1991): *Au hasard: la chance, la science et le monde*. Paris: Seuil.
Evan, A.(1991): "On monopoly rent", *Land Economics*, 67, 1-14.
Favereau, O.(1985): "L'incertain dans la révolution keynésienne: l'hypothèse Wittgenstein", *Economies et Sociétés*, serie PE, 3.
Favereau, O.(1988-a): "Probability and uncertainty:'after all, Keynes was right'", *Economies et Sociétés*, série histoire de la pensée économique, 10, 133-167
Favereau, O.(1988-b): "la Théorie Générale: de l'économie conventionnelle à l'économie des conventions", *Cahiers d'Economie Politique*, 14-15, 197-220.
Favereau, O.(1989-a): "Marchés internes, marchés externes", *Revue Economique*, 40(2).
Favereau, O.(1989-b): "Organisation et marché", *Revue Française d'Economie*, IV(1).
Feltz van der W.J. et L.H. Hoogduin(1988): "Rational formation of expectations: keynesien uncertainty and Davidson's (non)-ergodicity criterium", *Metrometrica*, 39, 105-120
Fisch, O.(1977): "Dynamics of the housing market", *Journal of Urban Economics*, 4, 428-447.
Fischer, F.(1989): "Adjustment process and stability" en Eatwell, Milgate et Newman, eds(1989-a)
Fischer, F.(1990): "La formation des grandeurs économiques: déséquilibre et instabilité" in Cartelier ed(1990)
Follain, J. and Jimenez, E.(1985): "Estimating the demand for housing characteristics: a survey and critique", *Regional Science and Urban Economics*, 15, 77-107.
Foucault, M.(1964): "le langage et l'espace", *Critique*, 203.
Fradin, J.(1988): "Les héros ne peuvent pas mourir. la science-fiction des anticipations rationnelles", *Cahiers Lillois d'Economie et de Sociologie*, 12, 111-127.
Fraysse, J.(1988): "Jeux répétés" en GREMAQ: *Dynamique information incomplete et stratégies Industrielles*. Paris: Economica.
Fujita, M.(1985): "Existence and uniqueness of equilibrium and optimal land use : boundary rent curve approach", *Regional Science and Urban Economics*, 15, 295-324.
Fujita, M.(1985-b): "Towards general equilibrium models of urban land use", *Revue Economique*, 36, 22-52.
Fujita, M.(1989): *Urban economic theory: land use and city size*. Cambridge. Cambridge Univ Press

Fujita, M.(1991-a): "A rational expectations equilibrium model of urban growth and land markets", *Journal Real Estate Finance Economic*, 4, 225-265.

Fujita, M.(1991-b): "Spatial duopoly and residential structure", *Journal of Urban Economics*, 30, 27-47.

Fujita, M. and Thisse, J.F.(1991): "Spatial duopoly and rsidential structure", *Journal of Urban Economics*, 30,

Gabszewicz, J. J.(1990): "Comportements stratégiques et formation des prix" in Cartelier ed(1990).

Gaffard, J.-L(1990): *Economie industrielle et de l'innovation*. Paris: Dalloz.

Gaffard, J.-L.(1993): "Innovation et territoires en Europe" in Savy et Velyz eds(1993).

Galbraith, J.K.(1992): *Brève histoire de l'euphorie financière*. Paris: Seuil.

Ganem, A.(1993): *Le mythe rationaliste: la théorie de l'équilibre général*. Thèse de Doctorat; nanterre, Paris X.

Garello, P.(1992): "Perception et théorie de la décision", *Journal des Economistes et des Etudes Humaines*, 3, 49-78.

Garofalo, G.(1992): *Equilibrio, razionalità, causalità: ricerche sui fonfamenti della teoria economica*. Milano: FrancoAngeli.

Garretsen, H.(1990): "Pricing, uncertainty and the economics of Keynes: a coment", *Metrometrica*, 41, 89-94.

Gaubert, P.; Smaial, I; Tutin, C.(1993): *Valeurs immobilières et prixdu sol en Ile de France*. rapport pour la DREIF: C3E-METIS(ronéo)

Ghosh, S.(1991): "A location model under technological uncertainty", *Rivista Inter. di Sc. Economiche et Comerciali*, 38.

Gilli, M.(1991): "Equilibrio e aspettative nei giochi in forma normale", *Rivista Internazionale di Scienze Economiche e Comerciali*, 28, 311-329

Goldsteim, M.(1973): "A survey of urban economics", *Journal Economic Literature*, 11, 471-515

Grafmeyer, Y. et Joseph, I.(1984): *L'école de Chicago*. Paris: Aubier.

Grahl, J.(1985): "Creative destruction: the significance of Schumpeter's economic doctrines", *Cahier d'Economie Politique*, 10-11, 213-227.

Granelle, J-J. coord.(1990): *La rente foncière: approches théoriques et empiriques*. Paris: Adef.

Granovetter, M.(1978): "Threshld models of collective behavior", *American Journal of Sociology*, 83 (6),

Graziani, A.(1985-a): "Monnaie, intêrét, dépense publique", *Economies et Sociétés*, serie MP, 2.

Graziani, A.(1985-b): "Le débat sur le 'motif de financement' de J.M. Keynes", *Economie Appliquée*, XXXVIII, 159-175.

Graziani, A.(1988-a): "Il circuit monetario" in Messori, a cura(1988).

Graziani, A.(1988-b): "Le teorie del circuito e la Teoria generale di Keynes" in Messori, a cura(1988).

Graziani, A.(1988-c): "Le financement de l'économie dans la pensée de J.M.Keynes", *Cahiers d'Economie Politique*, 14-15, 151-166.

Graziani, A.(1990): "The theory of the monetary circuit", *Economies etSociétés*, serie MP, 7.

Graziani, A.(1991): "La théorie keynésienne de la monnaie et le financement de l'économie", *Economie Appliquée*, XLIV, 25-41.

Guerrien, B.(1989-c): *Concurrence, flexibilité, stabilité; fondements théoriques de la notion de flexibilité.* Paris: Economica.
Guerrien, B.(1990): "La théorie économique: mythes et réalité", *Revue du MAUSS*, 9, 125-147.
Guerrien, B.(1992): "Quelques réflexions sur la théorie des jeux", *Revue du Mauss*, 15-16, 79-89.
Guesnerie, R.(1985): "Avant-propos", *Revue Economique*, 36, 5-9.
Guesnier, B.(1992): "Espace et information" in Dericke, ed(1992)
Guigou, J.L.(1980): "Le sol et l'espace: des énigmes pour les économistes", *L'Espace Géographique*, 17-28
Hahn, F.(1984): "Reflexions sur 'la main invisible'" in Equilibrium and Macroeconomics.Oxford: Basil Blackwell - traduction in *Problèmes Economiques*, 1797.
Hahn, F.(1984): *Monnaie et inflation.* Paris: Economica.
Hahn, F.(1987): "Information, dynamics and equilibrium", *Scottish Journal of Political Economy*, 34, 321-334.
Hahn, F.(1988): "Stability" en Alligator, ed(1988).
Hahn, F.(1990): "Liquidity" in Friedman and Hahn, eds(1990): Handbook of monetary economics, vol 1. Amsterdan: North-Holland.
Haila, A.(1990): "The theory of land rent at the crossroads", *Society and Space*, 8, 275-296.
Haila, A.(1991-b): "Four types of investment in land and property", Inter. *Journal of Urban and Reg Ress.*, 15, 343-365.
Halevi, J. and Kriesly, P.(1991): "Kalecki, classical economics and the surplus approach", *Review of Political Economy*, 3(1).
Hamouda, O. and Harcourt, G.C.: "Post-keynesianism: from criticism to coherence?" in Pheby, ed(1988)
Harrington, J.(1989): "Non-cooperative games" en Eatwell, Milgate et Newman, eds(1989-b).
Harris, L.(1981): *Monetary theory.* N.Y.: McGraw-Hill.
Harrison, J. and Kreps, D.(1987): "Speculative investor behavior in a stock market with heterogeneous expectations", *Quaterly Journal of Economics*, 2, 323-336.
Harsanyi, J.(1989): "Bargaining" en Eatwell, Milgate, Newman, eds(1989-b).
Hartwick, J.M., Schweizer, U. et Varaiya, P.(1976): "Comparative statics of a residential economy with several classes", *Journal of Economic Theory*, 13, 396-413.
Harvey, D.(1982): *Limits to capital.* Oxford : Basil Blackwell
Harvey, D.(1985): *The urbanization of capital.* Baltimore,Johns Hopkins Univ. Press
Harvey, J. and Katovich, M.(1992): "Symbolic interactionism and institutionalism: common roots", *Journal of Economics Issues*, XXVI, 3, 791-812.
Helsley, R.W.(1990): "Knowledge and production in the CBD", *Journal of Urban Economics*, 28, 391-403.
Henderson, J.V.(1977): *Economic Theory and the city.* New York: Academic Press.
Henderson, J.V. and Ioannides, Y.(1983): "Model of housing tenure choise", *American Economic Review*, 73, 98-113.

Henin, P-Y(1989): "Une macro-économie sans monnaie? revue critique des travaux théoriques et empiriques sur les cycles réels", *Revue d'Economie Politique*, 531-596.
Herbert, J.D. et Stevens, B.H.(1960): "A model of the distribution of residential activity in urban areas", *Journal of Regional Science*, 2, 21-36.
Hicks, J.(1977): *Further essays on money and growth*. Oxford: Oxford Univ. Press.
Hicks, J.(1991): *Monnaie et Marché*.Paris: Economica.
Hildenbrand, W.(1989-b): "Core" en Eatwell, Milgate et Newman,.eds(1989-b).
Hirschman, A.(1977): *The passions and the interests. political arguments for capitalism before its triumph*. Princeton: Princeton Univ. Press.
Hodgson, G.(1992): "The reconstruction of economics: is there still a place for neoclassical theory?", *Journal of Economics Issues*, XXVI, 749-767.
Hogarth, R. and Reder, M.(1986): *Rational choice: the contrast between economics and psychology*. Chicago: Univ. Chicago Press.
Holmstrom, B. and Tirole, J.(1989): "The theory of the firm" in Schmalensee et Willig, eds., 1989.
Huriot, J.-M.(1988): "L'espace de production et la rente foncière" in Ponsard ed(1988)
Huriot, J.-M. et Perreur, J.(1990): "Distances, espaces et représentations: une revue", *Revue d'Economie Regionale et Urbaine*, 197-237.
Ingrao, B. et Israel, G.(1987): *La mano invisible: l'equilibrio economico nella storia della scienza*. Roma: Laterza.
Janssen, M.C.(1991): "What is this thing called micro-foundations", *History of Political Economy*, 23(4).
Kaldor, N.(1939): "Speculation and economic stability", repr. en Kaldor(1987), *Economie et Instabilité*. Paris: Economica.
Kaldor, N.(1972): "Les errements de la théorie de l'équilibre" en Kaldor(1987).
Kalecki, M.(1933): "A theory of business cycle", publ. en *Review of Economic Studies*, 4, 77-87.
Kalecki, M.(1954): *Theory of economic dynamics*. London: Allen & Unwin.
Kalecki, M.(1971): *Selected essays on the dynamics of the capitalist economy: 1933-1970*. Cambridge: Cambridge Univ. Press.
Kamecke, U.(1993): "Mean city - a consistent approximation of bid rent equilibria", *Journal of Urban Economics*, 33, 48-67.
Kamien, M. Tauman, Y. and Zamir, S.(1990): "On the value of information in a strategic conflict", *Games and Economic Behavior*, 2, 129-153.
Kaneko, M.(1983): "Housing markets with indivisibles", *Journal of Urban Economics*, 13, 22-50.
Kanemoto, Y.(1980): *Theories of urban externalities*. Amsterdan: North-Holland.
Kanemoto, Y.(1990): "Contract types in the property market", *Regional Sciance and Urban Economics*, 20, 5-22.
Kantor, B.(1979): "Rational expectations and economic thought", *Journal of Economic Literature*, 17, 1422-1441.
Kast, R.(1991): *Rationalité et marché financiers*. Paris: Economica
Kast, R.(1993): *La théorie de la décision*. Paris: La Decouverte
Katz, E.(1984): "The optimal location of the competitive firm under price uncertainty", *Journal of Urban Economics*, 16, 65-75

Keynes, J.M.(1921): *Treatise on probability*. London: Macmillan (C.W.J.M.K. vol. VIII)
Keynes, J.M.(1930): *Treatise on Money*; London: Macmillan (C.W.J.M.K vol.IV et V)
Keynes, J.M.(1936): *The general theory of employment, interest andmoney*. trad. franç Paris: Payot
Keynes, J.M.(1937): "The general theory of unemployment", *QuartelyJournal of Economics*, 51, feb. trad. franç Revue Françaised'Economie, 1990.
Keynes, J.M.(1971): *The Collected Writings of J.M. Keynes*. ed. Moggridge. London: Macmillan
Kirman, A.(1989): "The intrinsic limits of modern economic theory: the emperor has no clothes", *The Economic Journal*, 99, 126-139
Kirman, A.(1991): "Information, communication et coordination", *Economie Appliquée*, t.XLIV, 105-124
Kirman, A.(1992): "Whom or what does the representative individual represent?", *Journal of Economic Perspectives*, 6(2),.
Kirzner, I.(1992): *Market process. Essays in the development of modern austrian economics*. London: Routledge.
Klamer, A. org.(1983): *Conversations with economics. new classical economists and their opponents speak out on the current controversy in macroeconomics*. trad. franç., 1988. Paris: Seuil.
Knight, F.H.(1921): *Risk, uncertainty and profit*.Boston: Houghton Mifflin
Kregel, J.(1976): "Economic methodology in the face of uncertainty: the modelling methods of Keynes and the post-keynesians", *The Economic Journal*, 86, 209-225
Kregel, J.(1982): "Money, expectation and relative prices in Keynes' monetary equilibrium", *Economie Appliquée*,
Kregel, J.(1983): "The microfoundations of the 'generalisation of the General Theory' and 'bastard keynesianism': Keynes's theory of employment in the long and the short period", *Cambridge Journal of Economics*, 8.
Kregel, J.(1987): "Animal spirits and the post-keynesian macrotheory of microeconomics", *De Economist*, 135(4).
Kregel, J(1992): "Some considerations on the causes of structural change in financial markets", *Journal of Economics Issues*, XXVI, 733-747.
Kreps, D.(1989): "Nash equilibrium" en Eatwell, Milgate et Newman, eds(1989-b)
Kreps, D.(1990): *A course in microeconomic theory*. New York: Harvester Heatsheaf.
Kreps, D, Milgrom, P., Roberts,J., and Wilson, R.(1982): "Rational cooperation in the finitely repeated prisoners dilemma", *Journal of Economic Theory*, 27, 245-252.
Kreps, D. and Wilson, R.(1982-a): "Reputation and imperfect information", *Journal of Economic Theory*, 27, 253-279.
Kreps, D. and Wilson, R.(1982-b): "Sequential equilibrium", *Econometrica*, 50, 863-894.
Kriester, P.(1988): "Kalecki's pricing theory revisited", *Journal Post Keynesian Econ.*, 9, 108-130.
Krifa, H.(1979): "Le débat Topalov-Lipietz", *Revue d'Economie Régionale et Urbaine*, 2, 213-235.

Laffont, J-J.(1988): "Equilibre bayésien parfait" en GREMAQ: *Dynamique, information incompléte et stratégies industrielles*. Paris: Economica.
Laffont, J.-J.(1989): *Economie de l'incertain et de l'information*.Paris: Economica.
Lancaster, K.(1966): "A new approch to consumer theory" *Journal of Political Economy*, LXXIV, 132-157.
Lancaster, K.(1971): *Consumer demand: a new approach.* N.Y.:Columbia Univ. Press.
Lacoste, Y.(1990): "Le hasard, l'espace et le temps" en Lacoste: *Paysages Politiques*. Paris: Libaire Générale Française.
Lavoie, M.(1982-a): "Les post keynésiens et la monnaie endohène",
L'Actualité Economique, jan-fev, 493-518
Lavoie, M.(1984): "Un modèle post keynésien d'économie monétaire fondésur la théorie du circuit", *Economies et Sociétés*, serie MP, 1.
Lavoie, M.(1985-a): "La distinction entre l'incertitude keynésienne etle risque néoclassique", *Economie Appliquée*, 2, 493-518.
Lavoie, M.(1986): "L'endogénéité de la monnaie chez Keynes", *Recherches Economiques de Louvain*, 52, 67-84.
Lavoie, L.(1987-a): "Monnaie et production: une synthèse de la théorie du circuit", *Economies et Sociétés*, série MP, 4.
Lavoie, M.(1987-b): *Macroéconomie théorie et controverses postkeynésiennes.* Paris: Dunod.
Lavoie, M.(1990): "Le circuit dans la pensée post keynésienne americaine", *Economie* - Université de Perpignan.
Lavoie, M.(1991): "Noyau, demi-noyau et heuristique du programme de recherche néoclassique", *Economie Appliqué*, XLIV, 51-69.
Lawson, T.(1981): "Keynesian model building and the rational expectations critique", *Cambridge Journal of Economics*, 5, 311-326.
Lawson, T.(1985): "Uncertainty and economic analysis", *Economic Journal*, 95, 909-927.
Lawson, T.(1988): "Probability and uncertainty in economic analysis", *Journal of Post Keynesian Econ.*, 11, 38-65.
Lawson, T and Pesaran, H, eds(1985): *Keynes' Economics: methodological issus*. London: Croom Helm.
Le Bas, C.(1990): *Economie du changement technique*. Lyon: L'Interdisciplinaire.
Leijonhufvud, A.(1981): *Information and coordination : essays inmacroeconomic theory*. Oxford: Oxford Univ. Press.
Leijonhufvud, A.(1983): "Keynesianism, monetarism and rational expectations: some reflections and conjectures" in Frydman, R and Phelps, E.: *Individual forescasting and agregate outcomes*. Cambridge: Cambridge Iniv. Press.
Lesourne, J.(1979): "La rénovation de l'équilibre général et le comportement individuel en face de l'incertain", *Economie Appliquée*, 52(2-3), 287-300.
Levy, P.(1988), "La préférence pour la liquidité: une théorie générale de la détention des richesses durables", *Economie Appliquée*, XLI(2), 333-354.
Linneman, P.(1981): "Demand for residence site characteristics", *Journal of Urban Economics*, 9, 129-148.
Lipietz, A.(1974): *Le tribut foncier urbain*. Paris : Maspero.
Llerena, P. et Willinger, M.(1989): "Préférences pour la flexibilité et fondements de la décision" in Cohendet et Llerena eds(1989)

Loasby, B.(1992): "Market co-ordination" in Caldwell et Boehm eds,1992

Lojkine, J.(1977), *Le marxisme, l'Etat et la question urbaine*. Paris :Maspero.

Lucas, R.(1986): "Adaptive behavior and economic theory" in Hogarth and Reder, eds(1986).

Lucas, R.(1987): *Models of business cycles*. Oxford: Basil Blackwell.

Lucas, R.(1988): "On the mechanics of economics development", *Journal of Political Economy*, 22, 3-42.

Lucas, R. and Sargent, T. eds(1981): *Rational expectations and econometric practice*. Minneapolis: Univ. Minneapolis Press.

MacDonald, J.(1981) : "Capital-land substitution in urban housing : a survey of empirical estimative", *Journal of Urban Economics*, 9, 190-211.

Machina, M.J.(1987): "Choice under uncertainty, problems solved and unsolved", *Journal of Economic Perspectives*, 1, 121-154.

Magnani, M.(1983): "Keynesian fundamentalism: a critique" in Eatwell and Milgate, eds(1983)

Mankiw, G.N.(1989): "Real business cycle in a new keynesian perspective", *Journal of Economic Perspective*, 3, 79-90.

Marglin, S.(1989): "Investimento e acumulaçao: uma visao neokeynesiana" in Amadeo, ed(1989)

Mayo, S.K.(1981) : "Theory and estimation in the economics of housing demand", *Journal of Urban Economics*, 10, 95-116.

McAllister, (1991): "Rational behavior nd rational expectations", *Journal of Economic Theory*, 52, 332-362.

McKenzie, L.(1989): "General equilibrium" en Eatwell, Milgate, Newman, eds(1989-a).

Meidinger, C.(1981): "La théorie économique de la familie: une critique méthodologique", *Consommmation*, 3.

Ménard, C.(1979): "Equilibre, déséquilibre, temps: un peu d'histoire", *Economie Appliquée*, XXXIII(1).

Ménard, C.(1992): "Why do agents cooperate?", *Journees d'études du CAESAR*-Nanterre (roneo)

Messori, M.(1985-a): "Le circuit de la monnaie: acquis et problèmes non résolus" in Arena et Graziani, eds(1985)

Messori, M.(1985-b): "Innovation et profit chez Marx, Schumpeter et Keynes", Cahier d'Economie Politique, 10-11, 229-256

Messori, M.(1986): "Financement bancaire et décisions de production", *Economies et Sociétés*, série MP, n° 3, 127-158.

Messori, M.(1987): "L'offre de monnaie et ses relations avec la demande spéculative de monnaie", *Cahiers d'Economie Politique*,14.

Messori, M.(1988): "Agenti e mercati in uno schema periodale" in Messori, a cura(1988): Moneta e produzione. Torino; Einaudi.

Messori, M.(1991-a): "Keynes' General Theory and the endogenous money suppy", *Economie Appliquée*, XLIV, 1, 125-152

Messori, M.(1991-b): "Financing in Kalecki's theory", *Cambridge Journal of Economics*, 15, 301-313

Mieszkowski, P. and Straszheim, M. eds(1979): *Currents issues in urban economics*. Baltimore: The Johns Hopkins Univ. Press.

Milgate, M.(1983): "Keynes on the 'classical' theory of interest" in Eatwell and Milgate, eds(1983).
Milgate, M.(1989): "Schumpeter e Keynes sobre as possibilidades econômicas do capitalismo" in Amadeo, ed(1989).
Miller, B.(1992): "Collective action and rational choice: place, community, and the limits to individual self-interest", *Economic Geography*, 22-42.
Mills, D.(1981): "Growth, speculation and sprawl in a monocentric city", *Journal of Urban Economics*, 10, 201-226.
Mills, E.S.(1972-a) : *Urban economics*. Glenview, IL: Scott Foresman
Mills, E.S.(1972-b): *Studies in the structure of the urban economy*. Baltimore: Johns Hopkins Univ. Press.
Mills, E.S. ed(1987) : *Handbook of Regional and Urban Economics.* Amsterdan: North-Holland.
Mills, E.S. and Ferranti, D.(1971): "Market choices and optimum city", *American Economic Review*, 61, 360-365.
Mills, E.S. and Nijkamp, P.(1987): "Advances in urban economics" in Mills, ed.(1987).
Milgron, P. et Roberts, J.(1988): "Theories of the firmes : past, present, and future", *Canadian Journal of Economics*, 21, 44-458.
Milgron, P. and Roberts, J.(1992); *Economics, organization and managements*. Englewoods Cliffs, N.J.: Prentice-Hall.
Minsky, H.(1975): *John Maynard Keynes*. New York: Columbia Univ. Press.
Minsky, H.(1982): *Can "it" happen again?* Armonk: M.E.Sharpe.
Minsky, H.(1986): *Stabilizing an unstable economy*. New Haven: Yale Univ. Press.
Mirman, L.(1989): "Perfect information" en Eatwell, Milgate et Newman, eds(1989-b).
Mirrlees, J.A.(1972) : "The optimun town", *Swedish Journal of Economics*, 74, 114-135
Miyao, T.(1978-a) : "Dynamic instability of mixed city in the presence of neighborhood externalities", *American Economic Review*, 68, 454-463
Miyao, T.(1978-b) : "A probabilistic model of location choice with neighborhood effets", *Journal of Economic Theory*, 19, 357-368.
Miyao, T.(1987): "Dynamic urban models" in Mills, ed(1987)
Miyao, T. et Kanemoto, Y.(1987): *Urban Dynamics and Urban Externalities.* Chur, Switerland: Harwood
Modigliani, F.(1975): "The life cycle hypothesis of saving of saving twenty years later" en Parkin and Nobay, eds: *Contemporary issues in economics*. Manchester: Manchester Unv. Press.
Modigliani, F.(1986): "Life cycle, individual thrift and the wealth of nations", *American Economic Review*, 76, 297-313.
Moessinger, P.(1992): "La théorie du choix rationnel: critique d'une explication", *Information sur les Sciences Sociales*, 31, 87-111.
Moffet, D.(1988): "Axiomes de rationalité en contexte d'incertitude" in Dione(1988).
Mongin, P.(1984): "Modèle rationnel ou modèle économique de la rationalité", *Revue Economique*, jan.

Mongin, P.(1986): "Simon, Stigler et les théories de la rationalité limitée", *Information sur les Sciences Sociales*, 25, 555-606.
Moore, B.J.(1984): "Keynes and the endogeneity of the money stock", *Studi Economici*, 1.
Moraux, M.(1988): "Forme normale et équilibre de Nash" et "Forme extensive et équilibre de Nash parfait" en GREMAQ: *Dynamique, information complète et stratégies industrielles*. Paris: Economica.
Muet, P.-A.(1993): *Croissance et Cycles: théories contemporaines*.Paris: Economica.
Mulligan, G.(1983): "Central place populations: a microeconomic considerations", *Journal of Regional Science*, 23, 83-92.
Mulligan, G.(1984): "Agglomeration and central place theory: a review of the literature", *International Regional Science Review*, 9, 1-42
Mun, S. et Sasaki, K.(1992): "Effects of urban transportations systemchange on land prices in the setting of owner-occupiedresidence", *Journal of Urban Economics*, 32, 351-366.
Munford, L.(1950): *Technique et civilisation*. Paris: Seuil.
Munford, L.(1961): *La cité à travers l'histoire*. Paris: Seuil.
Munier, B.(1984): "Quelques critiques de la rationalité économique dans l'incertain", *Revue Economique*, jan., 65-86.
Muth, J.F.(1961): "Rational expectations and the theory of price movements", *Econometrica*, 29, 315-335
Muth, R.(1969) : *Cities and Housing*. University of Chicago Press
Muth, R.(1985): "Models of land use, housing, and rent: an evaluation", *Journal of Regional Science*, 25, 593-606.
Nelson, R. and Winter, S.(1982): *An evolutionary theory of economic change*. Cambridge: Harvard Univ. Press.
Newman, P., Milgate, M. and Eatwell, J. eds.(1992): *The new Palgrave Dictionary of money & Finance*. 3 vols. London: Macmillan.
Nicholls, D. et alli (1982): "The risk business : developer's perceptions and prospects for housebuildind in the inner city", *Urban Studies*, 19, 331-341
Olsen, E.(1987): "The demand and survey supply of housing service: a critical survey of empirical literature" en Mills, ed(1987).
Olson, M.(1978): *Logique de l'action collective*. Paris: PUF.
Orléan, A.(1985): "Incertitude et paradoxe", *Economie Appliquée*, XXXVIII, 133-153.
Orléan, A.(1986): "Mimétisme et anticipations rationnelles: une perspective keynésienne", *Récherches économiques de Louvain*, 52 (1), 45-66
Orléan, A.(1987): "Anticipations et conventions en sitутionsd'incertitude", *Cahiers d'Economie Politique*, 13.
Orléan, A.(1988): "L'auto-référence dans la théorie keynenésienne de la spéculation", *Cahier d'Economie Politique*, 14-15, 229-242.
Orléan, A.(1989-a): "Pour une approche cognitive des conventions économiques", *Revue Economique*, mars, 241-272.
Orléan, A.(1989-b): "Comportements mimétiques et diversité des opinions sur les marchés financiers" in Artus et Bourguinat éds(1989)
Orléan, A.(1990): "Contagion mimétique et bulles spéculatives" in Cartelier ed(1990).

Orléan, A.(1992): "Contagion des opinions et fonctionnement des marchés financiers", CREA/Ecole Polytechnique, jan. (roneo).
Paelinck, J.H.P. et Sallez, A.(1990) : "Prix foncière, comportement des acteurs et théorie des jeux" in Dericke, ed(1990)
Panico, C.(1992): "Liquidity" en Eatwell, Milgate and Newman, eds(1992): New Palgrave; monetary and finance. 3 vols. London: Macmillan.
Papageorgiou, G.J.(1978-a) : "Spatial externalities I : theory", *A.A.A.G.*, 68, 465-476
Papageorgiou, G.J.(1978-b) : "Spatial externalities II : applications", *A.A.A.G.*, 68, 477-492
Papageorgiou, G.J.(1983) : "Models of agglomerations", *Sistemi Urbani*, 3, 391-410
Papageorgiou, G.J. et Pines, D.(1990) : "The logical foundations of urban economics are consistent", *Journal of Economics Theory*, 50, 37-53.
Parguez, A.(1981): "Keynes et la révolution", *Cahiers d'Economie Politique*, 6, 171-187.
Parguez, A.(1984): "La dynamique de la monnaie", *Economies et Sociétés* serie MP, 1
Parguez, A.(1985-a): "La Théorie Générale: la révolution inachevéedans la théorie du capital et du revenu" in Barrère, ed(1985)
Parguez, A.(1985-b): "Keynes, nous et la crise" in Poulon ed(1985)
Parguez, A.(1987-a): "La crise dans le circuit ou l'intégration de la finance et de la production", *Economie Appliquée*, 4.
Parguez, A.(1987-b): "Introduction à l'économie de rentiers", *Economies et Sociétés*, serie MP, 4.
Park, R., Burgess, E.W., McKenzie, R.(1925): *The city*. Chicago: Chicago Univ. Press.
Parsons, S.(1991): "Time, espectations and subjectivism: prolegomena to a dynalic economics", *Cambridge Journal of Economics*, 15, 405-423.
Pavitt, K.(1984): "Patterns of technical change: towards a taxonomy and theory", *Research Policy*, 13, 343-373.
Pesaran, M.H.(1989) : The Limits to Rational Expectations. Oxford: Blackwell
Pheby, J. ed(1989): *New Directions in post-keynesian economics*. Aldeshot: Edward Elgar Publ. Lted
Phelps, E.S.(1991) "Marchés spéculatifs et anticipations rationnelles"*Revue Française d'Economie*, 1, 10-26.
Phillips, R.S.(1981): "A note on the determinants of residential succession", *Journal of Urban Economics*, 9, 49-55.
Pogodzinski, J. and Sass, T.R.(1990): "The economic theory of zoning: a critical review", *Land Econ.*, aug.
Ponsard, C. ed(1988): *Analyse économique spatiale*.Paris: P.U.F.
Ponsard, C.(1990): "L'homo oeconomicus et l'espace", *Canadian Journal of Regional Science*, 13(1).
Possas, M.(1987): *A dinâmica capitalista: uma abordagem téorica*. Sao Paulo: Brasiliense.
Poulon, F.(1982): *Macroeconomie approfondie: equilibre, desequilibre, circuit*. Paris: Cujas

Poulon, F.(1985-a): "Introduction générale: Keynes(1883-1946)" in Poulon ed(1985): *Les ecrits de Keynes*. Paris: Dunod

Poulon, F.(1985-b): "Réponses de la théorie du circuit à quelques questions relatives au temps, à l'équilibre macro-économique et au libre-échange", *Economies et Sociétés*, serir MP, 2.

Poulon, F.(1988): "La monnaie dans la théorie d'équilibre du marché et du circuit" en *Cahiers Français*, n° 238.

Quiley, J.M. and Weinberg(1977): "Intra-urban residential mobility: a review and synthesis", *International Regional Science Review*, 2(1), 41-46.

Radner, R.(1989): "Uncertainty and general equilibrium" en Eatwell, Milgate et Newman, eds(1989-a).

Ragon, M.(1986), *Histoire de l'achitecture et de l'urbanisme modernes*. 3 vols. Paris : Casterman.

Rasmusen, E.(1989): *Games and information. an introduction to game theory*. Oxford: Basil Blackwell.

Richardson, H.W.(1977): *The new urban economics: and alternatives*. London: Pion.

Riddel, W.C.(1981): "Bargaing under uncertainty", *American Economic Review*, 71, 579-590.

Riley, J.G.(1973): "Grammaville: an optimal town", *Journal of Economic Theory*, 6, 471-482.

Roberts, J.(1989): "Large economies" en Eatwell, Milgate and Newman,eds(1989-b)

Robinson, J.(1964): "Kalecki and Keynes" en *Collected Economic Papers* vol III. Oxford: Basil Blackwell.

Robinson, J.(1978), "Keynes and Ricardo", *Journal of Post-keynesiensEconomics*.

Robinson, J.(1980): "Time in economic theory", *Kyklos*, 33(2).

Rogers, C.(1989): *Money, interest and capital: a study in the foundations of monetary theory*. Cambridge; Cambridge Univ. Press

Ronwendal, J.(1990): "Existence and uniqueness of stochastic price equilibria in heterogeneos markets", *Regional Science and Urban Economics*, 20, 43-64.

Rosanvallon, P.(1989): *Le libéralisme économique: histoire de l'idée de marché*. Paris: Seuil.

Rose-Ackerman, S.(1975): "Racism and urban structure", *Journal of Urban Economics*, 2, 85-103.

Rose-Ackerman, S.(1977): "The political economy of a racism housing market", *Journal of Urban Economics*, 4, 150-169.

Rosen, S.(1974): "Hedonic prices and implicit markets", *Journal of Political Economy*, 82, 35-55.

Rosenthal, S. and Zorn, P.(1993): "Household mobility, assymetric information, and pricing of mortgage contract rates", *Journal of Urban Economics*, 33, 48-67

Saltari, E.(1990): *Informazione e teoria economica*. Bologna: Il Molino.

Samuelson, P.(1983): "Thünen at two hundred", *Journal of Economc Literature*, 21, 1468-1488.

Saunders, P.(1979): *Urban politics: a sociological interpretation*. Harmondsworth: Peguin.

Schelling, T.(1960): *The stategy of conflit*. trad. franç., 1986: Paris: PUF.

Schelling, T.(1971): "Models of segregations", *American Economic Review*, 488-493.
Schelling, T.(1978): *Micromotives and macrobehavior.* trad. franç., 1980: La tyranie des petites décisions. Paris: PUF.
Schelling, T.(1984): *Choice and consequence.* Cambridge, MA.: Harvard Univ. Press.
Schotter, A. and Schwödiauer, G.(1980): "Economics and the theory of games: a survey", *Journal of Economic Literature*, 18, 479-527.
Schmalense, R.(1988): industrial economics; an overview", *Economic Journal*, 98, 643-681.
Schmalense, R. and Willig, R. eds(1989): *Handbook of industrial economics.* N.Y.: North-Holland.
Schmitt, B.(1971): *L'analyse macro-écononique du revenu.* Paris: Dalloz
Schmitt, B.(1984): *Inflation, chômage et malformations du capital.*Paris: Economica.
Schmitt, B.(1988): "Circuito economico e moneta bancaria" in Messori, a cura(1988).
Schumpeter, J.A.(1912): *Théorie de l'évolution économique.* trad. franç. 1935. Paris: Dalloz.
Schumpeter, J.A.(1951): *Capitalisme, socialisme et démocratie.* Paris: Payot.
Schweizer, U., Varaiya, P.; Hartwick, J.(1976): "General equilibrium and location theory", *Journal of Urban Economics*, 3, 285-303.
Schwob, C.(1991): "Flexibilité des prix et rationnement en économie de marché", *Revue Française d'Economie*, 73-104
Scott, A.(1976): "Land and land rent: an interpretative review of the french literature", *Progress in Geography*, 9.
Scott, A.(1980): *The urban land nexus and the State.* London: Pion.
Screpanti, E. i (1992): *Profilo di storia del pensiero economico.* Roma: La Nuova Italia Scientifica.
Selten, R.(1975): "Re-examination of the perfecteness concept for equilibrium points in extensive games", *International Journal of Games Theory*, 4(1), 25-55.
Sen, A.(1976): "Internal consistency of choice", *Econometrica*, 46 (3), 495-521.
Sen, A.(1983): "Economics and the family", repr. en Sen(1984).
Shackle, G.L.S.(1963): *Decision, order and time in human affairs.* Cambridge: Cambridge Univ. Press.
Shackle, G.L.S.(1965): *A scheme of economic theory.* Cambridge: Cambridge Univ. Press.
Shackle, G.L.S.(1967): *The years of high theory.* Cambridge: Cambridge Unv. Press.
Shackle, G.L.S.(1972): *Epistemics & economics. a critique of economic doctrines.* Cambridge: Cambridge Univ. Press.
Shackle, G.L.S.(1974): *Keynesian kaleidics.* Edinburgh: Edinburgh UniV. Press.
Shackle, G.L.S.(1985): *"Keynes au confluent de l'histoire et de la pensée"* in Poulon ed(1985).
Sheffrin, S.(1985): *Les anticipations rationnelles.* Paris: Economica.
Sheppard, E. and Barnes, T.(1990): *The capitalist, space, economy: geographical analysis after Ricardo,Marx and Sraffa.* London: Unwin & Hyman.

Shiller, R.J.(1978): "Rational expectations and the dynamic structure of macroeconomic models: a critical review", *Journal of Monetary Economics*,1-44.

Shubik, M.(1989): "Cooperative games" en Eatwell, Milgate et Newman, eds(1989-b).

Siegfried, G(1948): *Mechanization takes command*. N.Y.:Oxford Univ. Press. ed franç., 1980. Paris: Centre G. Pompidou, CCI.

Smith, L.B., Rosen, T. and Fallis, G.(1988): "Recent developments in economic models of housing markets", *Journal of Economics Literature*, 26, 29-64.

Simon, H.A.(1982): *Models of Bounded rationality; behavioral economics and business organizations*, vol 2. Cambridge; MA: MIT Press.

Simon, H.A.(1991): "Organization and markets", *Journal of Economic Perspectives*, 5, 25-44.

Smolka, M.(1987): "Desenvolvimento capitalista et estruturaçao intra-urbana no Brasil : noçoes gerais", *Revista Espaço e Debates*, 21

Smolka, M.(1989), "Para uma reflexao sobre o processo de estruturaçaointerna das cidades brasileiras : o caso do Rio de Janeiro", Univ. Fed. Rio de Janeiro.-IPPUR (ronéo).

Solow, R. et Vickrey, W.S.(1971): "Land use in a long narrow city", *Journal of Economic Theory*, 3, 430-447.

Stahl, K.(1990): "Recent issues in the economics of housing markets: introduction", *Regional Science and Urban Econ.*, 20(1).

Starr, R.(1989): "Sequence economies" en Eatwell, Milgate et Newman, eds(1989-a).

Stiglitz, J.E.(1979): "Equilibrium in market product markets with imperfect information", *American Economic Review*, mai.

Stiglitz, J.E.(1985): "Information and economic analysis: a perspective", *The Economic Journal*, 95, 21-42.

Stiglitz, J.(1987): "The causes and consequences of the dependence of quality on price", *Journal of Economic Literature*, 25, 1-48.

Stiglitz, J.(1991-a): "Symposium on organizations and economics", *Journal of Economic Perspectives*, 5, 15-24.

Stiglitz, J.(1991-b): "Price rigidities and market structure" in Mankiw and Romer, eds(1991).

Straszheim, H.(1975): *An econometric analysis of the urban housing market*. N.Y.: Columbia Univ. Pres.

Straszheim, H.(1987): "The theory of urban residential location" en Mills, ed(1987).

Stull, W.(1978): "The landlord's dilemma. asking rent strategies in a heterogeneous housing market", *Journal of Urban Economic*, 5, 101-115.

Sunley, P.(1991): "Game theories? spatial divisions of labour and rational choice marxisme", *Antipode*, 23, 229-239.

Sugden, R.(1985): "Liberty, preference and choice", *Economics and Philosophy*, 1, 213-229

Sugden, R.(1989): "Spontaneous order", *Journal of Economic Perspectives*, 3, 85-97.

Sugden, R.(1991): "Rational choice: a survey of contributions from economics and philosophy", *Economic Journal*, 101, 751-785.

Sutton, J.(1986): "Non-cooperative bargaining theory: an introduction", *Review of Economic Studies*, 53, 709-724.
Szelenyi, I.(1979): "Au-delà de l'analyse de classes: quelques dilemmes pour la sociologie urbaine", *Sociologie du Traval*, XXI, 2, 201-214.
Sweeney, J.L.(1974): "Quality, commodity, hierarchies and housing markets", *Econometrica*, 42, 147-167.
Sylos-Labini, P.(1986): *Ensaios sobre desenvolvimento e preços.* édition bresilienne. Rio de Janeiro: Forense-Universitaria.
Thépot, J.(1989): "Valeur d'option et jeux dynamiques" in Cohendet et Llerena, eds(1989).
Thévenot, L.(1991): "La trame des organisations: des formes élémentaires de coordination", *Centre d'Etudes d'Emploi*, oct.
Thisse, J.-F.(1988): "La concurrence spatiale" in Ponsard ed(1988).
Thisse, J.-F.(1992): "Espace et concurrence: une cohabitation difficile?" en Dericke, ed(1992).
Thom, R.(1991): *Predire n'est pas expliquer.* Paris: éd. Eschel.
Tirole, J.(1983): "Jeux dynamiques: un guide de l'utilisateur", *Revue d'Economie Politique*,
Tirole, J(1985): *Concurrence Imparfaite.* Paris: Economica.
Tirole, J.(1988): *The theory of industrial organization.* Cambridge, MA: MIT Press. trad franç, 1er vol., 1993. Paris: Economica.
Tirole, J.(1992): "Speculation" in Newman, Milgate and Eatwell, eds(1992).
Titman, S.(1985): "Urban land price under uncertainty", *American Economic Review*, 75, 505-514.
Topalov, C.(1974): *Les promoteurs immobiliers.* Paris: Mouton.
Topalov, C.(1984): *Le profit, la rente et la ville.* Paris: Economica.
Topalov, C.(1987): *Le logement en France: histoire d'une marchandise impossible.* Paris: Presse de la Fondation Nationale des Sciences Politiques.
Topalov, C.(1988): "Régulation du capitalisme et propriété de masse du logement: la révolution hypotecaire des années 50 aux EUA", *Economies et Sociétés.*
Townshend, H.(1937-a): "Liquidity premium and the theory of value", *Economic Journal*, xlvii, 321-326.
Townshend, H.(1937-b): "Review of capital and employment", *Economic Journal*, 47, 321-326.
Turnbull, G.(1990): "The pure theory of household location: an axiomatic appproach", *Journal of Regional Science*, 30, 549-562.
Turnbull, G.(1991): "The spatial demand for housing with uncertain quality", *Journal Real Estate Finance Econ.*, 4(1), 5-17.
Turnbull, G.(1993): "The substitution theorem in urban consumer theory", *Journal of Urban Economics*, 33, 331-343.
Turnbull,G., Glascock, J. and Sirmans, C.F.(1991): "Uncertain income and housing price and location choice", *Journal of Regional Science*, 31, 417-433.
Tutin, C.(1989): "Incertitude et projet keynésien", texte presenté à la table-ronde sur "l'Economie des Conventions" au CAESAR, Univ. Nanterre- Paris X, 22, mai 1989 (roneo).
Tutin, C.(1990): "Dynamiques urbaines et marchés fonciers" en Granelle, coord.(1990)

Vallageas, B.(1981): "Refléxions sur les fondements de l'analyse entermes de circuit", *Revue d'Economie Politique*, 2.
Vallageas, B.(1985): "L"essai sur la réforme monétaire' et l'inflation spéculative" in Poulon ed(1985).
Vallageas, B.(1988): "Le lascinant problème de Bernard Schmitt",*Economies et Sociétés*, serie MP, 5.
Vallageas, B.(1989): "Intérêt, répartition et théorie des circuits", *Economie Appliquée*, XLI, 355-388.
Van Parijs, P.(1990): *Le modèle économique et ses rivaux: introduction à la pratique de l'épistémologie des sciences sociales*. Geneve: Droz.
Vercelli, A.(1985-a): "Keynes, Schumpeter, Marx and the structural instability of capitalism", *Cahier d'Economie Politique*, 10-11, 279-304.
Vercelli, A.(1985-b): "Money and production in Schumpeter and Keynes: two dichotomies" en Arena et Graziani, eds(1985).
Vercelli, A.(1987): *Keynes dopo Lucas: i fondamenti della macroeconomia*. Roma: La Nuova Italia Scientifica.
Vernon, R.(1966): "International investment and international trade in the product cycle", *Quaterly Journal of Economics*, may, 190-207.
Vicarelli, F.(1984): *Keynes: instability of capitalism*. Philadelphia: Univ. Pennsylvania Press.
Vicarelli, F.(1985): "Equilibre et probabilités: une reinterpretation des fondements méthodologiques de la Théorie Générale" in Barrère, ed(1985)
Vila, J-L.(1988): "Spéculation et intérêt collectif" in Dionne(1988).
Vincent, M.(1990-a): "Rente urbaine et coûts de transation" en Granelle, coord.(1990).
Vicent, M.(1990-b): "L'économie de la construction en France face aux mutations de la filière: quelques éléments pour un approche nouvel", E*spaces et Sociétés*, 56.
Visco, I.(1985): *Le aspettative nell'analisi economica*. Bologna: Il Mulino.
Walliser, B.(1985): *Anticipations, équilibres et rationalité économique*. Paris: Calmann-Lévy.
Walliser, B.(1992): "Rationalité instrumentale et rationalité cognitive", *Journées d'études du CAESAR*, 1er et 2 oct. Univ. Nanterre (roneo).
Webber, M.J.(1986): "Survey: the theorie of prices, profits and values", *Space and Society*, 4, 109-116.
Weil-Barais, A. sous dir.(1993): *L'Homme cognitif*. Paris: PUF.
Weinberg, M., Friedman, J. and Mayo, S.(1981): "Intraurban residential mobility: the role of transactions costs, market imperfections, and household disequilibrium", *Journal of Urban Economics*, 9, 332-348.
Wells, P.(1981): "Keynes' demand for finance", *Journal of Post-Keynesian Economics*.
Werlang, S.(1989): "Common knowledge" en Eatwell, Milgate et Newman, eds(1989-b).
Wheaton, W.C.(1974): "A comparative static analysis of urban spatial structure", *Journal of Economic Theory*, 9, 223-237.
Wheaton, W.C.(1977-a): "Income and urban residence: an analysis of consumer demand for location", *American Economic Review*, 67, 620-631.

Wheaton, W.C.(1977-b): "A bid rent approach to housing demand", *Journal of Urban Economic*, 4, 200-217.
Wheaton, W.C.(1982): "Urban spatial development with durable but replaceable capital", *Journal of Urban Economics*, 12, 53-67.
Wildasin, D.E.(1986-a): "Spatial variation of the marginal utility of income and unequal treatment of equals", *Journal of Urban Economics*, 19, 125-129.
Wingo, L.(1961-a): *Transportation and urban land.* Washington, DC: Resources for the Future.
Willianson, O.(1985): *The economic institutions of capitalism.* N.Y.: Free Press.
Witchard, L.(1984): "A comparative static analysis of the optimum town", *Journal of Urban Economics*, 15, 259-269.
Wray, L.R.(1991): "Saving, profits and speculation", *Journal of economics Issues*, 45(4).
Wray, L.R.(1992): "Alternative approaches to money and interest rates", *Journal of Economic Issues*, XXVI, 1145-1178.
Yellin, J.(1974): "Urban population distribution, family income, and social prejudice", *Journal of Urban economics*, 1, 21-47.
Yinger, J.(1976): "Racial prejudice and racial residential segregation in an urban model", *Journal of Urban Economics*, 3, 383-396.
Zoller, H.G.(1988): "L'espace résidentiel et le prix du logement" in Ponsard ed(1988).

TABLE DES MATIERES

REMERCIEMENTS

Cet ouvrage n'auraient jamais vu le jour sans les échanges et commentaires de nombreux de nos collègues et amis. Nous tenons particulièrement à remercier Martim Smolka, auquel nous devons beaucoup, et Ignacy Sachs, qui nous a accueillis à l'Ecole des Hautes Etudes en Sciences Sociales. Nous remercions nos collègues et amis Alain Bourdin, Gerard Le Clerre, Andrea Paulo da Cunha, Alain Rallet, Christian Topalov, Christian Tutin, Joao Rovatti, Tereza Cristina Farias, Emmanuel Chailloux, Marie-Noel De Normandie. Les thèmes traités dans ce livre ayant fait l'objet de cours, comme tout enseignant, nous avons profité des questions soulevées par les étudiants. Qu'ils trouvent ici l'expression de notre gratitude. Nous remercions la CAPES-Brésil et l'IPPUR-UFRJ, qui nous ont permis la possibilité de notre séjour en France. Enfin, nous voulons manifester vivement notre reconnaissance à Maria et Fernando Esteves pour leur l'amitié et leur solidarité, à Joao, mon fils, que m'a permis de découvrir le vrai sens de l'imagination; ensemble nous avons parcouru des pays inaccessibles à la raison; son humour et son énergie m'ont promené dans le temps et l'espace et à Angela, qui m'a toujours fait rêver, et pour qui les mots me manquent, je ne peut déclarer autre chose que mon amour.

Selon la formule consacrée, nous assumons l'entière responsabilité des erreurs et omissions qui subsistent et des points de vue exposés.

Collection ***Villes et Entreprises***
Sous la direction d'Alain Bourdin
et de Jean Rémy

Michèle ODÉYÉ-FINZI, *Les Associations en villes africaines, Dakar-Brazzaville*, 1985.

Martine CAMACHO, *Les Poubelles de la survie. La décharge municipale de Tananarive*, 1986.

Alain MAHARAUX, *L'Industrie au Mali*, 1986.

COLLECTIF, *Nourrir les ville en Afrique sub-saharienne*, 1986.

Guy MAINET, *Douala. Croissance et servitudes*, 1986.

J.-C. WILLAME, Zaïre. *L'Epopée d'Inga. Chronique d'une prédation industrielle*, 1986.

P. VAN DIJK, *Burkina Faso. les secteur informel de Ouagadougou*, 1986.

P; VAN DIJK, *Sénégal. Le secteur informel de Dakar*, 1986.

A. DURAND-LASSERRE, *L'Exclusion des pauvres dans les villes du Tiers-Monde. Accès au sol et au logement*, 1986.

COLLECTIF, *Droit de cité. A la rencontre des habitants des banlieues délaissées*, 1986.

Marc NOLHIER, *Construire en plâtre*, 1986.

COLLECTIF, *Economie de la construction au Maroc*, 1987.

COLLECTIF, *Métropoles de l'Asie du Sud-Est, stratégie urbaines et politiques du logement*, 1987.

COLLECTIF, *Economie de la construction à Lomé*, 1987.

Sous la direction de Sid BOUBEKEUR, *Economie de la construction à Tunis*, 1987.

COLLECTIF, *Economie de la construction au Caire*, 1987.

COLLECTIF, *Economie de la construction à Nouakchott*, 1987.

COLLECTIF, *Economie de la construction à Kinshasa*, 1987.

COLLECTIF, *Production de l'habitat à Antananarivo*, 1987.

M. COLOMBART-PROUT, O; ROLLAND, M. TITECAT, *Economie de la construction à Abidjan*, 1987.

ECONOMIE ET HUMANISME, *Economie de la construction à Hyderabad*, 1987.

G. SPENCER HULL, *La petite entreprise à l'ordre du jour*, 1987.

C. COQUERY-VIDROVITCH (collectif), *Processus d'urbanisation en Afrique*, tomes 1 et 2, 1988.

A. FOURCAUT (collectif), *Un siècle de banlieue parisienne (1859-1964)*, 1988.

M. CAHEN, *Bourgs et villes en Afrique lusophone*, 1989.

COLLECTIF, *Etat, Ville et mouvements sociaux au Maghreb et au Moyen-Orient*, 1989.

Collection ***Villes et Entreprises***
dirigée par Alain Bourdin et Jean Rémy

Déjà parus

COLLECTIF, *Vieillir dans la ville* (Mire, Plan urbain) 1992.
LARGE, *Des Halles au forum*, 1992.
E. CUTURELLO (ed.), *Regard sur le logement : une étrange marchandise*, 1992.
A. SAUVAGE, *Les habitants : de nouveaux acteurs sociaux*, 1992.
C. BONVALET, A. GOTMANN (ed.), *Le logement, une affaire de famille*, 1992.
E. CAMPAGNAC (collectif), *Les grands groupes de la construction*, 1992.
J.-C. DRIANT (collectif), *Habitat et villes, l'avenir en jeu*, 1992.
E. LELIÈVRE, C. LÉVY-VROELANT, *La ville en mouvement, habitat et habitants*, 1992.
G. MONTIGNY, *De la ville à l'urbanisation*, 1992.
D. PINSON, *Usage et architecture*, 1993.
B. JOUVE, *Urbanisme et frontières*, 1994.
G. JEANNOT (sous la direction de), *Partenariats public/privé dans l'aménagement urbain*, 1994.
G. VERPRAET, *La socialisation urbaine*, 1994.
S. THEUNYNCK, *Economie de l'habitat et de la construction au Sahel*, Tome 1 et Tome 2, 1994.
S. JONAS, *Le Mulhouse industriel*, Tome 1 et Tome 2, 1994.
A. HENRIOT-VAN ZANTEN, J.-P. PAYET, L. ROULLEAU-BERGER, *L'école dans la ville*, 1994.
P. LANNOY, *Le village périphérique. Un autre visage de la banlieue*, 1996.
C. CENTI, *Le laboratoire marseillais. Chemins d'intégration métropolitaine et segmentation sociale*, 1996
L.de CARLO, *Gestion de la ville et démocratie locale*,1996.
G. CHABENAT, *L'aménagement fluvial et la mémoire*,1996.
B. POCHE, *L'espace fragmenté*, 1996.
M. HIRSCHHORN, *Ni nomades, ni sédentaires*, 1996.
M. SAFAR-ZITOUN, *Stratégies patrimoniales et urbanisation : Alger 1962-1992*, 1996.
N. MASSARD, *Territoires et politiques technologiques : comparaisons régionales*, 1996.
D. LOUIS, *Naissance d'un site urbain - Les avatars locaux des politiques nationales*, 1996.

Collection *Logiques Economiques*
dirigée par Gérard Duthil

Déjà parus

BOUTILLIER, UZUNDIS, *Grèce face à l'Europe. Dépendance et industrialisation.*
GALAND Gabriel,GRANDJEAN Alain, *La monnaie dévoilée.*
DU TERTRE Christian, *Technologie, flexibilité, emploi : une approche sectorielle du post-taylorisme*, 1989.
GROU Pierre, *Les multinationales socialistes,* 1989.
MARCO Luc, *La montée des faillites en France,* 1989.
PINARDON François, *La rentabilité, une affaire de points de vue,* 1989.
DUMEZ Hervé et JEUNEMAITRE Alain, *Diriger l'économie : l'Etat des prix en France (1936-1986),* 1989.
MIGNOT-LEFEBVRE Yvonne, LEFEBVRE Michel, *La société combinatoire. Réseaux et pouvoir dans une économie en mutation,* 1989.
ZARIFIAN Philippe, PALLOIX Christian, *La société post-économique : esquisse d'une société alternative,* 1990.
ZARIFIAN Philippe, *La nouvelle productivité,* 1990.
BARREAU Jocelyne (ed.), *L'Etat entrepreneur,* 1990.
DUTHIL Gérard, *Les entreprises face à l'encadrement du crédit*, 1990.
MAHIEU François-Régis, *Les fondements de la crise économique en Afrique*, 1990.
VATIN François, *L'industrie du lait. Essai d'histoire économique,* 1990.
BARET Serge, *Monnaie, finance et dépendance aux Antilles françaises*, 1991.
GALAVIELLE Christine, *Rôle des monnaies dans l'économie mondiale,* 1991.
LE BOLLOC'H-PUGES Chantal, *La politique industrielle française dans l'électronique,* 1991.
WILLARD C.J., *Aspects actuels de l'économie quantitative,* 1992.
ZARIFIAN Philippe, *Quels modèles d'organisation pour l'industrie européenne ?*, 1993.
THIREAU Véronique, *Nouvelles dynamiques spatiales,* 1993.
DEVOUE Elina, *Recherche et développement régional,* 1993.
GUILHON Bernard, *Les dimensions actuelles du phénomène technologique*, 1993.
JANY-CATRICE Florence, *Les services aux entreprises dans la problématique du développement,* 1993.

www.ingramcontent.com/pod-product-compliance
Lightning Source LLC
LaVergne TN
LVHW050645051026
849532LV00002B/532